中华千年的文化精粹·精彩独特的中华国学
厚重博大的传统文化·不可不读的国学经典

领略中华文明·感受先贤智慧

每天一堂

文化

常识课

{体悟民族精髓·品味经典人生}

| 墨　非◎编著 |

中国华侨出版社

图书在版编目（CIP）数据

每天一堂文化常识课 / 墨非编著． — 北京：中国华侨出版社，2015.11

ISBN 978-7-5113-5804-2

Ⅰ．①每… Ⅱ．①墨… Ⅲ．①世界史－文化史－通俗读物 Ⅳ．①K103－49

中国版本图书馆CIP数据核字（2015）第286586号

● 每天一堂文化常识课

| 编　　著 / 墨　非
| 责任编辑 / 文　蕾
| 责任校对 / 孙　丽
| 装帧设计 / 环球互动
| 经　　销 / 新华书店
| 开　　本 / 710毫米×1000毫米　1/16　印张 /20　字数 /298千字
| 印　　刷 / 北京柯蓝博泰印务有限公司
| 版　　次 / 2016年2月第1版　2016年2月第1次印刷
| 书　　号 / ISBN 978-7-5113-5804-2
| 定　　价 / 36.80元

中国华侨出版社　北京市朝阳区静安里26号通成达大厦3层　邮编：100028

法律顾问：陈鹰律师事务所　　编辑部：（010）64443056　64443979
发行部：（010）64443051　　　传　真：（010）64439708
网　址：www.oveaschin.com　　E-mail：oveaschin@sina.com

前 言

"文化"是指人类创造的所有物质财富和精神财富的总和,它既是人类社会在过去时间内的发展成果,也是孕育人类走向辉煌的基础。正是文化的一脉相传才造就了人类社会源远流长的历史和光辉灿烂的文明。

对于现代人来说,掌握一些必知的文化常识,不仅可以开阔视野、增长智慧、扩充知识储备,还能提高个人的涵养、提升对世界观的认知度、增强个人能力。

事实上,很多人对一些文化常识仅仅懂点皮毛而已,并没有深入了解其历史渊源。因此,他们往往难以体会到其趣味。一个连最基本的文化常识都不知道的人,在工作或者生活中难免会出现一些不必要的尴尬和错误,从而影响自己的判断和形象。因此,掌握一些必不可少的文化常识是非常必要的。

如何才能在较短的时间内获得更多的知识,从而有效地掌握文化常识呢?为了帮助读者提升文化素养,增强对日常生活基础文化常识的认知,快速地了解中国及世界文化精髓,编者对浩如烟海的传统文化史料进行了适当的取舍,选取了最具代表性,以及对人们日常生活有着紧密联系的主题,推出了这本书。本书分为民俗文化、生理常识、地理文化、天文知识、生活常识、称呼趣谈、成语典故、穷追溯源、奇趣拾录、衣食住行、史海探秘、文学艺术、思想学术、医学常识、生物大观、终极异想16个部分，深入浅出地介绍文化的各个方面，力求将世界文化尤其是中国文化的精神内涵立体地呈现出来，为读者提供一个了解中国文化的平台。

本书以实用性为原则，深入浅出地解析了人们日常生活中经常遇到，却又不甚了解的种种"难题"，熔知识与趣味性于一炉，通过新鲜独到、幽默诙谐的解说，让你在充实自我的同时，获得一定的阅读乐趣。

本书是一本现代百科全书，网罗古今文化常识和科普知识，使人在陶冶情操的同时，剥开文化知识的坚壳，尝到里面甘美的果肉。掌握文化常识会让你变得博闻强识、智慧幽默，不仅可以使你更有内涵，还会让别人对你刮目相看。知道别人所不知道的、了解别人所不了解的，你就可以成为别人眼中的"百事通"。在人际交往中，你的一个有趣的典故或者一个实用的科普小常识，不但可以调节气氛，还能使你成为大众的焦点。做一个有品位、有格调、谈吐不俗、热情幽默的人必需要有一定的知识储备，本书便是你的学习宝典，也是你茶余饭后的休闲娱乐。愿本书陪伴你度过美好的阅读时光，让你在增长见识的同时真正体验到读书的乐趣。

目 录

第一章 民俗文化

第1天 何谓"三从四德" ……………………………………… 1
第2天 你知道古代的"一夫多妻制"吗 ………………………… 2
第3天 古代的帝王为何要"封禅" …………………………… 2
第4天 何谓"三纲五常" ……………………………………… 3
第5天 古人是如何行"孝悌"的 ……………………………… 4
第6天 结婚时为何要喝"交杯酒" …………………………… 5
第7天 "叩指礼"是怎样来的 ………………………………… 5
第8天 "男左女右"的文化起源是怎样的 …………………… 6
第9天 为什么新娘要"回门"呢 ……………………………… 6
第10天 为什么人们春节要相互"拜年" ……………………… 7
第11天 为什么小孩出生后要穿"百家衣"呢 ………………… 8
第12天 古人的贞操观是什么样的 …………………………… 8
第13天 古代妇女为何要"裹足" …………………………… 9
第14天 人们为什么要过生日呢 …………………………… 10
第15天 "抓周"习俗有何意义呢 …………………………… 10
第16天 元宵节为什么要挂大红灯笼 ……………………… 11
第17天 民间为何修建关帝庙 ……………………………… 11
第18天 "二月二,龙抬头"的说法是怎么来的 ……………… 13
第19天 为何要将自己的丈夫叫做"金龟婿" ……………… 14
第20天 古人起名的禁忌有哪些 …………………………… 14
第21天 古代的新娘为何要蒙红盖头 ……………………… 15
第22天 "守岁"这一习俗的来历是怎样的 ………………… 16
第23天 "压岁钱"的来历是怎样的 ………………………… 16

第 24 天	"闹洞房"这一习俗是怎么来的	17
第 25 天	春节前为何要贴"门神"呢	18
第 26 天	清明节为何要插柳	18
第 27 天	为什么人们打招呼时常问"吃了吗"	19
第 28 天	为什么大门前要摆放两个石狮子	20
第 29 天	古代穿的袜子什么样	20
第 30 天	万年历是怎么出现的	21
第 31 天	"黄历"和"皇历"是一回事吗	22
第 32 天	"三星高照"指的是哪三星	23
第 33 天	古代的年号是怎么回事	24
第 34 天	古代用什么方法计时	25
第 35 天	男女成亲叫"结婚",是不是因为古代婚礼在黄昏举行	26
第 36 天	古时男女婚配为什么要"合八字"	26
第 37 天	古人离婚有哪几种形式	27
第 38 天	人们为什么要在冬至吃饺子	28
第 39 天	正月理发真会死舅舅吗	29
第 40 天	人们为什么要在本命年穿红衣、扎红腰带	30
第 41 天	感恩节是为了谁设立的	30
第 42 天	"三宫六院"是哪三宫和哪六院	31

第二章　生理常识

第 43 天	人为什么会感到口渴	33
第 44 天	鼻涕的作用是什么	34
第 45 天	左脸和右脸是对称的吗	35
第 46 天	人为什么要换牙	35
第 47 天	人的声音会变老吗	36
第 48 天	为什么有些人的头发自来卷	37
第 49 天	我们的心脏有记忆功能吗	38
第 50 天	我们平均每分钟眨眼多少次	39
第 51 天	为什么我们的手指长短不一	40
第 52 天	犯困时我们为什么会打哈欠	40
第 53 天	脑袋越大,人就越聪明吗	41
第 54 天	左撇子的右脑比左脑发达吗	42
第 55 天	眉毛除了修饰人脸外,还有什么用处	43
第 56 天	为什么我们挠自己的胳肢窝不会感到痒呢	44

第57天	人每天会脱落多少皮肤	45
第58天	身上起鸡皮疙瘩是什么原因引起的	45
第59天	春季贪睡为何伤身体	46
第60天	运动为何能够提高智商	47

第三章　地理文化

第61天	"楚河汉界"在哪儿	49
第62天	北京"王府井"名字的来历是怎样的	50
第63天	"华清池"名字的来历	50
第64天	"香港"名称的由来	51
第65天	中国哪个省面积最大	51
第66天	浙江"千岛湖"美丽的岛屿	52
第67天	"日月潭"名字的来历	53
第68天	我国"四大名刹"都在哪里	53
第69天	游泰山不能错过的两大奇观	54
第70天	蝴蝶泉的美丽传说	55
第71天	古代"四大古镇"指的是哪四镇	56
第72天	"五台山"的名字是怎么来的	56
第73天	西安大雁塔是怎么修建的	57
第74天	秦始皇陵里面是如何设计的	58
第75天	"江南三大名楼"是哪三座	59
第76天	香山缘何得名	60
第77天	中国南北方地理分界线，你知道吗	61
第78天	各地的鼓楼都是怎么来的	61
第79天	"中原"在古代是指哪里	62
第80天	唐人街的名称是怎么来的	63
第81天	十大历史名关都在哪里	64
第82天	四大道教名山分别在哪里	65
第83天	"澳门"一称是怎么来的	66
第84天	古代"西域"指的是哪里	66
第85天	海水为什么是咸的	67
第86天	大海为什么是蓝色的	68
第87天	雪花为什么大多是六角形	69
第88天	流沙真能吞没人吗	70
第89天	南北极冰盖融化会对地球造成多大影响	70

第90天　撒哈拉大沙漠曾经是一片绿洲吗 ·· 71

第四章　天文知识

第91天　除地球外，哪个星球上会下雨 ·· 73
第92天　太空中的生死与在地球上有什么不同 ···································· 74
第93天　冰雹的大小跟什么相关 ·· 75
第94天　流星雨的出现有什么奥秘 ··· 76
第95天　如果陨石撞击地球，人类将面临怎样的命运 ··························· 76
第96天　为什么在乘坐飞机时不能使用手机 ······································· 77
第97天　雨天用手机打电话，真的会遭雷击吗 ···································· 78
第98天　飞碟在我国古代真的出现过吗 ·· 79
第99天　为什么天体都呈球形 ··· 80
第100天　古人测观天象的仪器有哪些 ··· 81
第101天　"二十八星宿"是怎么来的 ·· 82
第102天　我国最早测量子午线长度的人是谁 ···································· 83
第103天　为什么黑子增多，太阳反而越亮 ······································· 84
第104天　"天干地支"是什么意思 ··· 84
第105天　《授时历》是一部怎样的历法 ··· 85
第106天　《太初历》是什么时候制定的 ··· 86
第107天　《夏小正》是什么历法 ··· 87
第108天　"三正"指的是什么 ··· 87

第五章　生活常识

第109天　巧除衣物污渍的方法有哪些 ··· 89
第110天　微波炉烹饪应注意些什么 ·· 90
第111天　吃什么能帮你调节情绪 ··· 90
第112天　为什么说低温烹调食物有益于人体健康 ······························ 91
第113天　红薯为何能延年益寿 ·· 92
第114天　怎样用旋转的方法分辨生鸡蛋和熟鸡蛋 ······························ 93
第115天　毛衣产生静电的原因是什么？ ·· 94
第116天　为什么在浴室里唱歌歌声更好听 ······································· 94
第117天　吃什么有助于化解体内结石 ··· 95
第118天　如何使干枯的头发变亮 ··· 96
第119天　为什么抬高脚能消除疲劳 ·· 97

第120天	怎样自行矫正扁平足	98
第121天	人体生物钟各种最佳时间是何时	98
第122天	青少年长期穿运动鞋有什么危害	99
第123天	什么是冷气病，应如何预防	100
第124天	酒精分析器辨别人是否喝过酒的原理是什么	101
第125天	人真的能空手劈砖吗	102

第六章　称呼趣谈

第126天	为什么称女儿为"千金"？	103
第127天	古人为什么把未婚女孩称作"黄花闺女"	104
第128天	为什么人们管知识分子叫"老九"	104
第129天	两姐妹的丈夫为何被称作"连襟"	105
第130天	为什么称两兄弟的妻子为"妯娌"	106
第131天	"老公"、"老婆"的叫法从何而来	107
第132天	为何称呼古代的皇帝为"陛下"	107
第133天	皇帝的女婿为何称为"驸马"	108
第134天	为什么把原配夫妻称作"结发夫妻"	109
第135天	古代的"先生"，你知道几个	109
第136天	为什么花钱买到的是"东西"，而不是"南北"	110
第137天	为何用"丈人"称呼妻子的父亲	111
第138天	古人为什么把旅费称为"盘缠"	112
第139天	东西混乱，为何叫"乱七八糟"呢	112
第140天	"和尚"一词从何而来	113
第141天	古人有"名"为何还要"号"	114
第142天	"二百五"的称呼是怎么来的	114
第143天	为何称皇帝死为"驾崩"	115
第144天	"老百姓"这一称呼是怎么来的	115
第145天	县官老爷的办公地为何叫"衙门"	116
第146天	"王老五"为什么用以形容单身汉	117
第147天	平民为什么被叫做"匹夫"	117

第七章　成语典故

| 第148天 | "不学无术"说的是谁 | 119 |
| 第149天 | "百步穿杨"说的是谁 | 120 |

第150天	"不入虎穴，焉得虎子"说的是谁	121
第151天	"为虎作伥"一说是怎么来的	121
第152天	"投笔从戎"说的是谁	122
第153天	"朝三暮四"是指几天几夜吗	123
第154天	"废寝忘食"是怎么来的	124
第155天	"结草衔环"指的是什么	124
第156天	"金龟换酒"是怎么回事	125
第157天	"南柯一梦"是怎么回事	126
第158天	"奇货可居"说的是什么	126
第159天	"请君入瓮"是什么意思	127
第160天	"远交近攻"的策略是谁提出来的	128
第161天	"尔虞我诈"之说是怎么来的	129
第162天	"丧家之犬"的典故出自哪里	129
第163天	"退避三舍"说的是什么	130
第164天	"狡兔三窟"出自什么典故	131
第165天	"沧海桑田"一说出自哪里	132

第八章　穷追溯源

第166天	"溜须"跟"拍马"有什么关系，"溜"的又是谁的"须"	133
第167天	为什么把令人扫兴叫"煞风景"	134
第168天	女孩额前的头发为什么叫"刘海"呢	134
第169天	技术不好叫"三脚猫"功夫，这跟猫有关系吗	135
第170天	摆架子被称做"摆谱"，这种说法是怎样产生的	136
第171天	事情没办成为什么叫"砸锅"	137
第172天	"难兄难弟"是形容很困难的两兄弟吗	138
第173天	"江郎才尽"中的"江郎"是谁	139
第174天	战败为什么叫"败北"	140
第175天	"对牛弹琴"指的是什么	141
第176天	"小巫见大巫"中的"巫"指什么	142
第177天	"九牛一毛"是怎么来的	143
第178天	为何人们称女子的纤纤细腰为"小蛮腰"	144
第179天	"卖关子"古今指的是一个意思吗	144
第180天	何为"下马威"，是指下了马就威风了吗	145
第181天	"走后门"和"走前门"有什么区别	146
第182天	为什么"说曹操，曹操就到"	147

第 183 天	"一问三不知"的"三不知"具体指什么	147
第 184 天	"两袖清风"究竟是什么"风"	148
第 185 天	"人心如面"是什么意思	149
第 186 天	"洛阳纸贵"从何而来	150
第 187 天	"爱屋及乌"中的"屋"和"乌鸦"指什么	151
第 188 天	"马首是瞻"中的"马首"是什么意思	152
第 189 天	"一日曝之,十日寒之"和天气有关吗	153
第 190 天	"杯弓蛇影"和蛇有关吗	154
第 191 天	为什么用"才高八斗"比喻文采比较高	154
第 192 天	"不可救药"是怎么来的	155
第 193 天	"入木三分"和谁有关	156
第 194 天	你知道关于"老生常谈"的故事吗	157
第 195 天	是谁"点石成金"	158
第 196 天	"门可罗雀"是什么意思	158
第 197 天	为什么讨论问题叫"切磋"	159
第 198 天	"义结金兰"和兰花有关吗	160
第 199 天	"桃花运"是怎么来的	160
第 200 天	"五花八门"是什么意思	161
第 201 天	为什么人们要说"三十年河东三十年河西"呢	162
第 202 天	"斟酌"一词的来历是什么呢	162
第 203 天	"瓜田李下"是在告诫我们什么	163
第 204 天	为何将男女之间的忌妒称为"吃醋"呢	164
第 205 天	"吹牛皮"吹的真是牛皮吗	165
第 206 天	"穿小鞋"一词究竟是怎么来的	165

第九章 奇趣拾录

第 207 天	古代没有身份证,古人用什么方式证明自己的身份	167
第 208 天	在发明牙刷前,古人是怎么刷牙的	168
第 209 天	古代"悬丝诊脉"是真的吗	169
第 210 天	道士可以娶妻生子吗	170
第 211 天	中国古代出现过女医生吗	170
第 212 天	古代能制造玻璃吗	171
第 213 天	汉墓女尸为何千年不腐	172
第 214 天	钟表发明出来之前,古人使用什么计时工具	173
第 215 天	古墓中的神秘"墓毒"是什么	174

第 216 天	金缕玉衣是怎么制作的	175
第 217 天	秦始皇陵为何建在骊山	176
第 218 天	牛河梁遗址在哪里	176
第 219 天	古代青花瓷器的烧制中心在哪里	177
第 220 天	古人也变魔术吗	178
第 221 天	中国的"三教九流"具体指什么	179
第 222 天	原始人是如何识文断字的	180
第 223 天	法老的诅咒真的会应验吗	181
第 224 天	古时为何要给犯人剃光头？	182
第 225 天	古代是如何惩罚不婚大龄男女的	182
第 226 天	餐巾的出现和男人的胡子有什么关系	183
第 227 天	世界上独一无二的"低智商大学"是怎样的	184
第 228 天	外国人有属相吗	185

第十章　衣食住行

第 229 天	古代的"凤冠霞帔"是什么样的	187
第 230 天	古人的腰带有哪些作用	188
第 231 天	古代的"冠"与"帽"一样吗	188
第 232 天	"兜肚"是一种什么样的内衣	189
第 233 天	人们常吃的馒头是谁发明的	190
第 234 天	四川蜀锦是怎样得名的	190
第 235 天	勺子是如何产生的	191
第 236 天	古人是如何请安的	192
第 237 天	"沙琪玛"是哪个民族发明的小吃	192
第 238 天	"北京烤鸭"为何如此有名	193
第 239 天	"宫保鸡丁"这道菜是谁发明的	194
第 240 天	面条起源于何时	195
第 241 天	馄饨是怎样发明出来的	195
第 242 天	"点心"这一叫法是怎么来的	196
第 243 天	最早的"老婆饼"是谁发明的	197
第 244 天	王致和是怎样发明臭豆腐的	197
第 245 天	"松鼠桂鱼"是怎样来的	198
第 246 天	"叫花鸡"是叫花子发明的吗	199
第 247 天	"狗不理"包子为什么名气这么大	200
第 248 天	是孙中山设计了中山装吗	201

第249天	古代的"桌"和"案"各指什么	201
第250天	古代的"堂"和"室"是什么样的	202
第251天	安车是一种什么样的交通工具	203
第252天	古代的轿子是如何发明的	203

第十一章　史海探秘

第253天	古人是用什么洗涤的	205
第254天	古代的纸牌怎么玩	206
第255天	不为五斗米折腰的陶渊明靠什么为生呢	206
第256天	"岳母刺字"是真的吗	207
第257天	刘禅被称做"扶不起的阿斗",诸葛亮为什么不取而代之呢	208
第258天	皇帝被呼为"万岁",为什么太监魏忠贤竟被称为"九千岁"	209
第259天	"只识弯弓射大雕"的成吉思汗是如何成为一代天骄的	210
第260天	史上四次民族大融合分别是什么时候	211
第261天	中国人和玛雅人有亲缘关系吗	211
第262天	古埃及人究竟是黑种人还是白种人	212
第263天	"国子监"为什么是中国古代最高的学府	213
第264天	何为"唐代五监"	214
第265天	"徐娘"真实存在吗？"徐娘半老"之后还有无风韵	215
第266天	昭君出塞是怎么回事	216
第267天	顺治帝真出家了吗	216
第268天	历史上的张飞真是个有勇无谋的"大老粗"吗	217
第269天	明朝的"东厂"和"西厂"是什么机构	218
第270天	古代公堂上为什么常见"明镜高悬"的匾额	219
第271天	故宫因何又被称做"紫禁城"	220
第272天	《大明律》是一部什么样的律法	220
第273天	皇帝都有哪些特定称谓	221
第274天	皇帝的坟墓因何被称为"陵"	222
第275天	"达鲁花赤"是什么官职	223
第276天	克拉苏带领的罗马大军为何在东征时离奇消失	224
第277天	埃及法老的木乃伊为何要改葬	225
第278天	孟尝君为何被列为"鸡鸣狗盗"之徒	226
第279天	杨家将满门忠烈,流传的说法合乎史实吗	226
第280天	古人是如何钓鱼的	227
第281天	清代八旗是怎么划分的	228

第十二章 文学艺术

第282天 汉字的五种主要书法字体是什么 …………………………… 229
第283天 "八股文"是什么 ……………………………………………… 230
第284天 你知道儒家"五常"吗 ………………………………………… 231
第285天 为什么绘画又被称为"丹青" …………………………………… 231
第286天 《左传》的"左"是什么意思 …………………………………… 232
第287天 "扬州八怪"究竟有多怪 ………………………………………… 232
第288天 "三言二拍"指的是哪三言、哪二拍 …………………………… 233
第289天 古代四大奇书指的是哪四部名著 ……………………………… 234
第290天 孙悟空可以腾云驾雾,为什么不背着唐僧飞到西天取经 …… 235
第291天 古代儿童的启蒙读物是什么书 ………………………………… 236
第292天 我国历史上的"书圣"指的是谁 ……………………………… 236
第293天 《红楼梦》原名是什么,它因何而得名 ………………………… 237
第294天 你了解中国的"二十四史"吗 ………………………………… 238
第295天 "四书五经"具体指哪些书 …………………………………… 239
第296天 经史子集是什么呢 ……………………………………………… 239
第297天 《聊斋志异》是一部怎样的著作 ……………………………… 240
第298天 "春秋笔法"是一种什么样的笔法 …………………………… 240
第299天 我国现存最早的诗歌总集是什么 ……………………………… 241
第300天 《礼记》是礼法方面的书吗 …………………………………… 242

第十三章 思想学术

第301天 道家和道教是怎样的关系 ……………………………………… 243
第302天 《圣经》为什么叫"约"呢 …………………………………… 244
第303天 庄子为什么认为"无用"才是真正的至用 …………………… 245
第304天 孟子为什么选择熊掌而不选鱼 ………………………………… 245
第305天 阴阳学说对我国文化产生过怎样的影响 ……………………… 246
第306天 "性三品"说的是什么 ………………………………………… 247
第307天 "魏晋风度"说的是什么 ……………………………………… 248
第308天 "非攻"是一种怎样的主张 …………………………………… 249
第309天 "尚贤"与"尚同"说的是什么 ……………………………… 249
第310天 "天理人欲"是关于什么的论述 ……………………………… 250
第311天 "立功、立德、立言"是什么意思 …………………………… 251

第312天　如何做到忠孝两全……………………………………………252
第313天　"独善与兼济"指的是什么…………………………………252

第十四章　医学常识

第314天　中医主要分为哪些流派………………………………………255
第315天　华佗因何被称为"外科鼻祖"………………………………256
第316天　孙思邈为什么被称为"药王"………………………………257
第317天　中医说的"人身三宝"指的是什么…………………………258
第318天　"中医八纲"指的是什么……………………………………258
第319天　《黄帝内经》是一部怎样的著作……………………………259
第320天　《四部医典》是谁编著的……………………………………260
第321天　中医上说的"邪气"和"正气"分别指什么………………261
第322天　医生在古代都有哪些别称……………………………………262
第323天　古代的医院叫什么……………………………………………262
第324天　世界上最早的医学校是什么…………………………………263
第325天　我国有哪些药材之乡…………………………………………264
第326天　古代哪位医学家被称为"医圣"……………………………265

第十五章　生物大观

第327天　动物会做梦吗…………………………………………………267
第328天　鱼类需要睡觉吗………………………………………………268
第329天　提取古老的DNA能使恐龙复活吗…………………………269
第330天　鹦鹉为什么会学舌，它明白自己说的是什么吗……………270
第331天　洗衣树真能洗衣服吗…………………………………………270
第332天　蚂蚁为什么能搬动比自己重几百倍的东西…………………271
第333天　为什么说猫有九条命…………………………………………272
第334天　世界上哪种鸟最长寿…………………………………………273
第335天　大熊猫为什么有黑眼圈………………………………………274
第336天　食人花真能吃人吗……………………………………………275
第337天　松柏为什么能常青……………………………………………276
第338天　夹竹桃真的含有剧毒吗………………………………………276
第339天　麻雀站在电线上为什么不会触电……………………………277
第340天　鳄鱼流眼泪是在哭吗…………………………………………278
第341天　音乐有助于植物生长吗………………………………………279

第342天　向日葵的花盘为什么总是朝向太阳 …… 280
第343天　贝壳里是怎么产生珍珠的 …… 281
第344天　为什么狗的鼻子总是湿漉漉的 …… 281
第345天　公蚊子是素食主义者吗 …… 282
第346天　树也能产奶吗 …… 283

第十六章　终极异想

第347天　克隆人会合法化吗 …… 285
第348天　将来人类能随心所欲地造出新的物种吗 …… 286
第349天　人造器官将充斥医疗市场吗 …… 287
第350天　人类能到其他星球定居吗 …… 287
第351天　记忆可以被移植吗 …… 288
第352天　如果人类能活到200岁，世界将会怎样 …… 289
第353天　将来人类的工作方式要如何调整 …… 290
第354天　未来高速公路发展趋势会是什么样 …… 291
第355天　远程手术能实现吗 …… 292
第356天　飞行汽车将成为车市新宠吗 …… 293
第357天　跑步鞋能直接充电吗 …… 294
第358天　建造海上城市可行吗 …… 294
第359天　农业也能立体化吗 …… 295
第360天　打印机真能打印出人体组织吗 …… 296
第361天　空中度假村有望打造出来吗 …… 297
第362天　在未来，人类的基因能量身定做吗 …… 298
第363天　机器人会和人类争夺地球统治权吗 …… 299
第364天　清洁能源取代石油是大势所趋吗 …… 300
第365天　纸币会从世界上消失吗 …… 301

第一章 民俗文化

第1天 何谓"三从四德"

"三从四德"是儒家礼教对古代妇女的一种要求规范,即她们在道德、行为以及修养等方面都要遵循一定的规范,这样做是为了实现家庭稳定,维护父权及夫权家庭(族)的利益。

"三从"一词最早出现在周、汉儒家经典《仪礼·丧服·子夏传》中,所谓的"三从"指的是未嫁从父、既嫁从夫、夫死从子。意思是说在出嫁前,女孩子一定要听从家长的教诲,不能随意反驳长辈的训导,因为长辈们的社会见识比较多,有很强的指导意义;出嫁之后要同丈夫一起操持家业、孝敬长辈、教育孩子;如果夫君遇到不测比自己早去世,就必须做好自己的本分,尽自己最大的努力扶养子女长大成人,子女长大后要尊重他们的生活理念。

"四德"一词出现在《周礼·天官·九嫔》中,所谓的"四德"是指,德、容、言、功,就是说作为女子,"德"是立身之本,就是说一定要有良好的品德;"容",即相貌,指女子一定要注意自己的妆容,出入要端庄、稳重、有礼,不能轻浮随便;"言",是指与人交谈要能理解别人说的话,并且知道自己如何应对;"功",即治家之道,其内容包含相夫教子、勤俭节约、尊老爱幼等生活方面的细节。

第2天　你知道古代的"一夫多妻制"吗

一些现代人对古人的"一夫多妻制"产生疑问和不解，一夫多妻于情于理都说不通，难道古代法律也允许这个制度吗？

在说这个问题之前，我们需要搞清楚妻和妾的区别。妻是通过相关嫁娶礼节明媒正娶的女子，《现代汉语词典》对于妾的解释为"旧时男子在妻子以外娶的女子"，可见妻和妾不是同一概念，俗话说"娶妻纳妾"，所以说中国古代其实是"一夫一妻多妾制"。

在氏族社会，妾只是氏族首领女儿出嫁时的陪嫁，通俗地说属于女奴的一种，后来穷苦家庭出身的女子为生活所迫为妾的比较多。妾在家庭中身份比较卑微，虽然也为家庭男子生儿育女，但却永远不能享受"妻"的待遇。原因何在？其实很简单，为"妻"的女子家庭出身都是比较高的，为妾的女子都是可望而不可及的。由此可见妾在当时家庭中的地位是非常低下的，更有甚者，把妾作为战败国奉献的礼品。《谷梁传》载道"毋为妾为妻"，指的就是为妾的女子没有资格扶正为妻，若妻子去世了，男子即便有再多的姬妾也属于无妻者，要另寻嫡妻。

妾的地位低下，无法与妻相比，对于天子、皇亲国戚这些权位显赫之人来说，"伎"、"婢"、"姬"，无一不是妾的缩影，每个华贵高尚的名目背后都有一群在痛苦中挣扎的女子。

 第3天　古代的帝王为何要"封禅"

经常在古代电视剧中看到帝王将相在泰山举行封禅大典，其宏大的场面可以说不亚于太子登基继帝时的盛况。

"封"为祭天，指天子登上泰山筑坛祭天，"禅"为祭地，指在泰山下的小丘除地祭地。"封禅"一词最早出现于《管子·封禅篇》，司马迁在《史记·封禅书》中曾引用《管子·封禅篇》中的内容，并对其内容加以演绎。唐朝的张守节在对史记进行注解时把封禅定义为"君王在泰山上筑圆坛来报答上天的功德，在泰山脚下筑方坛感谢大地的福佑"，即是对《史记·封禅书》中的"登封报天，降禅除地"的诠释。

在古代，封禅就是君王祭祀天地的一种礼仪。古人认为泰山是群山之中最高的山，尊为"天下第一山"，世间的君王只有到泰山祭过天地之后，才算是受命于天。早在夏、商、周的远古时代，已有君王登山封禅的传说。《史记·封禅书》中关于齐相管仲论桓公封禅的记载，意思是齐桓公取得霸业后想进行封禅，管仲劝说其打消这个念头，认为历朝历代封泰山、禅梁父的共有12位帝王，如三皇五帝和尧、舜、禹等。

这些圣贤君主的封禅仪式都是顺民意、得民心的，顺应天地常理，祥瑞之兆不召而至。齐桓公知道自己的修为不够，就打消了封禅的念头。《史记》上记载，继舜帝和禹帝之后举行过封禅仪式的帝王只有两个人，即秦始皇和汉武帝。

 第4天　何谓"三纲五常"

孔子最早提出"三纲五常"的思想，而且在儒家文化中，"三纲五常"对儒家文化的传播发展起到了构架式的作用。《论语·为政》中说："殷因于夏礼，所损益可知也。"集解："马融曰：'所因，谓三纲五常也。'"孟子在此基础上提出了"夫妇有别，父子有亲，长幼有序，君臣有义，朋友有信"的"五伦"规范。西汉思想家董仲舒结合儒家"五伦"的思想在其所著的《春秋繁露》一书中也提出了三纲五常论，但它的主要核心是为了维护封建等级制度的存在和发展。

"三纲"是指"君为臣纲，父为子纲，夫为妻纲"，即为臣者必须服从于君，为子者必须服从于父，为妻者必须服从于夫，君、父、夫又要为臣、子、妻作出表率。它反映了在封建社会中君臣、父子、夫妇之间的一种特殊的道德关系。

"五常"就是仁、义、礼、智、信。常就是不变的意思，这里指日常基本准则。"五常"即五条准则，也叫"五伦"。五常的内容，古时有两种主流思想。一是指君臣、父子、兄弟、夫妇、朋友之间所规定的关系；二说是仁、义、礼、智、信等人与人之间的道德标准。它和"三纲"常被连起来说，即"三纲五常"。

第5天　古人是如何行"孝悌"的

《弟子规》开篇就说道："首孝弟"（"弟"，同"悌"），"次谨信"，全篇内容更是以"入则孝"、"出则弟"作为点题而引出下文，那么何为孝悌？

儒家思想认为，孝悌是一个人应该懂得的基本准则，一个人如果连孝悌都不懂，就不配去做学问。孝悌并不是生搬硬套强加给人的现成的条例，生活中提倡的孝悌都是人性本真的体现，传承着中华民族的优良传统。

孝，就是孝顺父母，孝敬长辈，这是为人立世的本分。生活中所提倡的"尊老爱幼"、"尊师敬贤"并不是全部意义上的孝顺，俗话说："身体发肤，受之父母，挖肉刮骨亦不能报答其生养之恩。"真正的孝就应该从心里爱父母，从对父母的一言一行开始做起，时刻要感恩于父母，明白父母养儿、育儿的不易和艰辛。

"百善孝为先。"当今社会生活水平提高了，对父母的"孝"也换一种方式了，很多人认为所谓的"孝"就是送套房子给老人、给老人请保姆等。其实老人看重的不是这些，而是期待多和子女相处的时刻，物质可以解决温饱，但却无法给予父母心理上的安慰。财富可以改善生活条件，却不能解决只有通过心灵的交融才能给予老人情感上的慰藉。

"悌，善兄弟也。"（《说文》）"弟爱兄谓之悌。"（贾谊《道术》）汉字构成是很有讲究的，"悌"字从心从弟，心指用心、关心，弟指兄弟、兄长，是悌敬，指兄弟姊妹之间互相友爱、相互帮助。作弟妹的要做到尊敬兄姊，哥哥姐姐以身作则友爱弟妹，兄弟姐妹能和睦相处，一家人其乐融融，父母自然就会欢喜，这样，孝道就不表而显了。

4

第6天 结婚时为何要喝"交杯酒"

交杯酒又称为"合卺","卺"是古代用来盛酒的一种瓢。"合卺"的意思就是把一个匏瓜分成两个瓢瓜,新郎新娘各拿一个。交杯酒是古代婚礼程序中的一种礼仪形式。

先秦时期,就已经出现了婚礼上喝交杯酒的习俗。到了唐代,不仅有瓢这样的酒器,还可以用杯子来盛酒。宋代,新婚夫妇就已经使用两个杯子来喝交杯酒了,夫妻双方将自己酒杯中的酒喝掉一半时,互换酒杯,然后一起将酒喝完,喝完酒后就将杯子按照一正一反的顺序放到床下面,这样做表达了对新婚后的感情寄托了美好的心愿。到了清朝末年,喝交杯酒这个习俗已经有了"交杯"、"攥金钱"、"合卺"三个部分。

现在的婚礼中已经没有了把酒杯放到床下的礼节,而"掷纸花"代替了之前的"攥金钱","交杯酒"这个礼节依然还存在,并十分盛行,比如绍兴地区新婚夫妇就要喝交杯酒,在喝酒之前,还有吃汤圆的习俗。喝完交杯酒新郎新娘就会在大门外撒很多喜糖,在场的人都会争先恐后地抢喜糖吃。总之,交杯酒是婚礼程序中一个重要的礼仪形式。

第7天 "叩指礼"是怎样来的

饮酒的乐趣除了和酒质的好坏有关系,还和饮酒时的气氛和场面有一定的关系,因此,文明饮酒的重要性就凸显出来了。当主人向自己斟酒表达一种祝福和祝愿的时候,客人可行"叩指礼",以表对主人斟酒的谢意。

"叩指礼"就是指客人把食指、中指并在一起,用指头在桌上轻轻叩几下。这个礼仪是从古时中国的叩头礼演变过来的,其实,叩指就代表叩头。据说乾隆帝有一次微服南巡时,来到一家茶楼喝茶,这件事情传到了当地知府的耳朵里,这个知府无论如何也得去护驾,生怕皇上遇到什么不测。于是这个知府也穿着便衣来到这家茶楼,保护皇上。

到了茶楼,这位知府就坐在了皇上对面的座位上。皇帝知道了知府的身份，但是并没有当面揭穿，于是就装作不知情。当皇上给这位知府倒茶的时候，这位知府迫于形势也不好当时就跪在地上给皇上行礼，这时，这位知府想到了一个主意，他就弯起自己的食指、中指在桌面上轻叩了三下，就当作向皇上行了三跪九叩的大礼。

这位知府知道敬茶是一般人都会做的事情，并且可以假装自己没有认出皇上，皇上给自己敬茶，那样在桌上叩几下，也不费功夫，以防后患。后来，这个"叩指礼"就成为了饮酒时的一种礼节。

  第8天 "男左女右"的文化起源是怎样的

一说到男左女右，我们生活中有很多事情都遵循着这样的一个习俗。比如公共厕所是遵循男左女右习俗的；结婚时戴的戒指也是按照男左女右这样一个习俗的；一些重要的场合中也是这样。那么这个习俗是什么时候形成的呢？

传说，日月星辰、江河湖泊、四极五岳，以及万物生灵都是中华民族的始祖盘古身体的各个器官变成的。虽然这个传说具有神话的色彩，但是也给我们提供了一定的参考资料。在《五运历年记》中有记载，盘古氏的左眼变成了日神，右眼变成了月神，民间流传的男左女右的习俗就是这样形成的。

  第9天 为什么新娘要"回门"呢

回门就是指女儿带着女婿回女家认门拜亲。回门的时间各地都有不同，古时有的是满月回门，有的是结婚第三日、第六日或第七、八、九日。春秋时期，回门之俗就已经出现了，后来沿袭至今。又因为"回门"是新婚夫妇一起回门，故称"双回门"，有成双成对的吉祥含意。

回门时，旧俗有一些规定，即新娘走在前面；返回男家时，新郎走在前面。又因为回门是女儿新嫁后第一次回娘家，又称"走头趟"。在"双回门"后，一般是不允许在娘家过夜的，必须在当天就返回男家，因为在古代有新婚开头的第一个月内不能空房的风俗。

回门具有一定的风俗意义。迎娶那天，男女双方都要装饰一下门户，比如在院门和房门贴上喜联，在窗户上贴上大红双喜字和一些名为"喜鹊登枝"、"鸳鸯戏水"的吉祥剪纸，还可以在大门口悬挂红布彩绸，张贴大红双喜。新郎和新娘以及主持婚礼的人身上披着红绸，胸佩红花。新娘不但要穿红衣红裤，还要盖上红盖头。

拜堂之后，新郎、新娘挽着"同心结"的彩带进入洞房，象征一对新人结为一体，相亲相爱，白头到老。忻州等地，还有吃"合欢饭"的习俗，就是指新娘在婆家吃的第一口饭要经新郎口含过，表示两人生活有一个美好的开端。因此，回门具有祈求吉祥如意的含义。

 第 10 天　为什么人们春节要相互"拜年"

大年初一这天，人们一大早就起来了，穿戴整齐，出门访友，相互拜年，祝福大家新的一年大吉大利。

说到拜年，第一个就会想到拜年的形式。拜年有很多的方式，有的地方是同族带领若干人挨家挨户地拜年；有的是几个同事一起去拜年；还有的是大家在一块儿相互拜年，互相祝贺，称作"团拜"。因为上门拜年很费力，后来人们就开始用"贺年片"相互拜年。说到拜年，第二个想到的就是压岁钱。春节拜年时，晚辈要给长辈拜年，祝福自己的长辈幸福安康、健康长寿。拜年时，长辈已经事先准备好了压岁钱。

为什么要给压岁钱呢？据说，压岁钱可以压住邪祟，"祟"和"岁"是谐音，"祟"指的是名为"祟"的小妖，得到压岁钱的晚辈就可以在新的一年平平安安、事事如意。压岁钱有两种，一种是最常见的，就是家长用红纸将钱包起来分给孩子。另一种是用彩绳穿线编作龙形，放在床脚。压岁钱既可以当众赏给，也可以在孩子睡着时，父母悄悄地放在孩子的枕头下面。至今，春节大家相互拜年的习俗依然盛行。

第11天 为什么小孩出生后要穿"百家衣"呢

"百家衣"就是古人从邻里乡亲那里讨取零碎布帛，缝制成适合婴儿穿的衣服，为的是图个吉利。为什么出生的儿童要穿百家衣呢？

民间有一种说法，认为婴儿穿上百家衣，可以长命百岁。每当婴儿出生时，尤其是那些历代单传的家庭非常高兴，孩子的爷爷奶奶就会高兴地告诉他们的左邻右舍，然后向他们要来一些零碎的布料，为孩子缝制衣服穿。特别是从那些姓氏为"刘"、"陈"的人家要来的碎布，因为谐音分别为"留"和"成"，老人们都将这看成是吉利的东西，这些对于孩子的成长有着非常重要的作用。所以，很小的一块布老人们都很珍惜。

对于布料的颜色没有太多的讲究，但是蓝颜色的布料是最好的，因为蓝的谐音是"拦"。只要做好的百家衣上面有蓝色的布料，那么人们认为孩子就不会被那些妖魔鬼怪带走。还有的地方认为，穿百家衣的孩子不会被病魔缠身。穿百家衣的习俗在河南、河北、山东、山西、陕西等地非常流行，南方的某些地区也有这样的习俗。

 第12天 古人的贞操观是什么样的

古代对女人自觉坚守贞操的要求始于西周初年。《周易》说道："恒其德，贞，妇人吉，夫子凶。"就是说，坚持美好的品德，终其一生，坚贞无悔，对女人来说是吉祥的。但对于男人而言，却不好，男人应该开拓。这在本意上就是要求女人要自觉坚守贞操。东周早期的《易传》更是对此做了明确的表述："女人贞，吉，从一而终也。"对女人守贞的基本要求就是永远要追随丈夫，一直到丈夫寿终。

贞操观包括婚前贞操、婚后贞操、寡妇节操和妻妾殉葬制度等。其中婚前贞操，指女子在出嫁前必须是处女，否则就要受严酷的惩罚。婚后贞操，指妻子不能和其他男子发生私通行为。寡妇节操是指丈夫死后，寡妇要"守节"。在古代，寡妇守节，不但本身可以记其事迹，赐于祠祀、树坊表，表彰节妇烈妇，而且可以免除本家的差役。哪个女子能不守节，哪家能不劝导寡妇守节？一时守节风盛。

妻子妾殉葬制度是指丈夫去世后，强迫妻妾殉葬，这种制度萌芽于氏族社会末期。进入奴隶社会后，女奴隶和男奴隶一样被大量杀殉或生殉。殷墟卜辞中有杀殉女奴的记载。妇女殉葬者中也有墓主的妻妾，《西京杂记》卷六记载："幽王（周幽王）冢甚高壮，羡门既开，皆是石垩，拨除丈余，乃得云母。深尺所，乃得百余尸，纵横相枕，皆不朽。唯一男子，余皆女子，或坐或卧，亦有立者，衣服形色，不异生人。"

古人的贞操观是封建男权社会的产物，这种封建的伦理道德禁锢了妇女的心灵、限制了妇女的权利，是一种摧残妇女的道德教条。历史上，无数女子的青春、灵魂被这种观念所吞噬，上演了一幕幕人间悲剧。作为一种"一偏的贞操论"、"忍心害理、男子专制的贞操论"，单方面要求妇女守节是极不公平、极无道德的。

 第 13 天　古代妇女为何要"裹足"

裹足又称缠足，就是女孩子用布将自己的脚裹住，使自己的脚骨变成畸形。裹足是中国古代的一种陋习。

据考证，古代女子裹足是由南唐后主李煜引起来的。这位皇帝不善治理国家，和妃子以及宫女待在一起玩乐，最终使自己的王朝走向灭亡。宫中的妃子们为了争宠，使出浑身解数。其中有一位妃子想出了一个很特别的方法，就是将自己的脚用布紧紧地缠住，缠好后看起来像一个三寸金莲，走路一摇一摆的，紧皱双眉，这是因为脚被缠得很疼，当她见到皇上时，还要勉强地露出微笑。

这种场景被李煜看到，很心疼这个妃子，对她宠爱有加。这件事情传开了，宫中其他的女子也都学着她的模样裹起脚来。后来裹脚就成为了一种风尚，凡是大脚的女子皆被认为是难看的妇人，以至于全国的女子都开始裹脚。宋、元、明清时期，历朝历代都推崇小脚。到了"五四"新文化运动时，经过陈独秀、胡适、鲁迅等人的强烈批判后，这个陋习才慢慢消失乃至绝迹。

 第 14 天　人们为什么要过生日呢

对于生日文化，人们有不同的说法。其实，早在先秦《礼记·内则》中就有相关记载："子生：男子设弧于门左，女子设帨于门右。"其中，"弧"意思是弓，"帨"意思是帕子，意思就是说生下的是男孩，就在家门的左边挂一张弓；生下的是女孩，就在门的右边挂上手绢。自此，人们每年都要庆祝今天，俗称"过生日"。那么，人们为什么要过生日呢？

民间对于为什么过生日这个问题说法不一。其中有一种是说过生日可以消灾驱邪。据说，曾经有一个少年，家庭非常贫困，和自己70多岁的老母亲艰难度日。有一次，少年生了一场怪病，家里根本就没有钱给他看病，少年的生命危在旦夕。就在这时，有人告诉他某月某日八仙将路过此地，只要他备上酒水求八仙帮忙就能治好他的病。少年按照那个人说的做了，结果真的见到了八仙，八仙帮少年治好了怪病，临走时还告诉他："今日是你再生之日，以后每年今日予以庆祝，就能长寿。"消息一经传开，人们每逢过生日就会置酒请客，慢慢就形成了一种习俗。虽然这只是一个传说，但足以看出在很多人的眼中过生日具有消除疾病、祈求平安的意思。

 第 15 天　"抓周"习俗有何意义呢

抓周是在小孩子周岁时举行的一种仪式，抓周这种仪式也是对孩子生日纪念日的一种庆祝。这种仪式和产儿报喜、满月礼，以及百日礼都属于传统的诞生礼之一。

抓周是一种美好的祝愿，它预示着生命的顺利诞生、延续，以及兴旺，深刻地反映了父母对孩子那份浓浓的爱，是一种风俗。随着生活水平的不断提高，这种习俗也越来越受到人们的重视，不少地方甚至举行集体的抓周活动来庆祝宝宝的生日。

节日那天，人们要在中午吃"长寿面"之前举行抓周的仪式。抓周时，大人抱着小孩，让其端坐在板凳上，不给孩子任何的提示，让其随意抓东西，通过孩子抓的东西来判断其未来前途、志趣，以及将来要从事的行业，等等。

抓周是长辈们对小孩子的一种厚望和祝愿，这也是抓周这个习俗在民间流传时间之久的一个原因。

 第 16 天　元宵节为什么要挂大红灯笼

灯笼又称为灯彩，灯笼象征着团圆。每年的元宵节前后，人们就会挂起红红的大灯笼，给整个节日增添了浓浓的喜庆。

关于挂灯笼的由来说法很多，民间比较有趣的一个说法是：传说，很久以前有很多凶禽以及猛兽，它们经常出来危害人类和动物，人们就组织起来去打它们。有一次，一位猎人不小心错伤了一只神鸟。天帝知道了这个消息之后，非常恼怒，于是就下令，吩咐天兵天将在正月十五日那天到人间放火，一定要烧光人间的所有人、所有牲畜，以及财产。天帝有一个心地善良的女儿，她不忍心看百姓无辜受难，就瞒着自己的父亲偷偷来到人间，把这个消息告诉了人类。

人间有一个人比较聪明，他想出了一个解决的办法。这个方法就是大家在家中连续三天张灯结彩、燃放烟火，以及点响爆竹，这三天是正月十四、正月十五和正月十六。这样，天帝就会误以为是天兵在人间放火。正月十五那天晚上，天帝往下一看，果然发觉人间响声震天，一片红光，而且连续 3 个夜晚都是这样，就认为是大火燃烧的火焰，于是就不再追究此事。为了纪念这天，每到正月十五，人们就会挂起红红的大灯笼，元宵佳节挂灯笼逐渐就形成了一种风俗。

 第 17 天　民间为何修建关帝庙

我国很多地方都有关帝庙，在中国境内，东起我国的最先看到太阳的乌苏里江，西到我国的西部边陲伊犁，北起冰雪塞外的蒙古高原，南至四季飘香的椰岛天涯，都建有关帝庙。关帝庙里面供奉的就是"武圣"关羽。

"武圣"只是关羽的一个称号，这个尊号是人们后来给加上去的，但是人们为什么这么尊敬、崇拜关羽呢？日常生活中我们也时常看到旅馆、酒店、公司的大厅里或是供有关公的神龛，或是立着一位手拿青龙偃月刀、枣面美髯、英武逼人的关羽塑像，人们为什么对他如此顶礼膜拜呢？

简单地说，关羽是勇武、忠贞、正直的化身，在封建的伦理道德里，关羽代表着"仁、义、忠、勇、信"。这些美好的品质正是儒家极力推崇和孜孜追求的，也是佛道两教所遵从的精神，同时，也是上至统治阶级的皇帝，下到市井走卒都崇尚的。这些品质上可用来教化万民，巩固统治，下可修身齐家，所以，关羽从一个和张飞、赵云差不多的武将慢慢地被抬到了至高的"关帝"上了，历代不断地建庙祭拜，以示尊崇。受中华文化影响深远的周边国家也建有很多的关帝庙，如日本、韩国等。随着人们移居北美，海外的华人也把关帝庙建到了美国，东南亚的缅甸、马来西亚、新加坡、泰国等也都建有关帝庙，而且建筑得都很气派、富丽堂皇，供人们拜谒。

关羽的一生的确是重情重义的，他武艺高强，智勇兼备，白天征战、夜读《春秋》，纵横沙场，建功立业。坚毅守信，仁义忠贞，为寻结义的大哥刘备，携两位皇嫂千里走单骑，亲冒锋镝，过五关斩六将，所向披靡，终于找到刘备，帮助他东征西讨，南征北战，为蜀汉政权立下赫赫大功。为报答曹操的厚爱，在华容道仁义地放走曹操，可谓义薄云天。

关羽用其一生的所为给人们树立了做人的榜样，其德行也被万世后人所敬仰，人们不但把他奉为"武圣"，和孔子齐名，更把他当作"关帝"，被很多的行业奉为正义的保护神。在商业界，更是被尊奉为"财神爷"，而且是众文武财神之首。

一座座的关帝庙本身即是中华文明和思想文化的综合体现，象征着中国人民的精神追求和寄托，体现了我们民族忠诚、信义、勇武、仁爱的善良美好品质。

第18天 "二月二，龙抬头"的说法是怎么来的

俗语常说："二月二，龙抬头。"农历二月初二前后是二十四节气之一的惊蛰。据说经过冬眠的龙，到这一天被隆隆的春雷惊醒，便抬头而起。所以古人称农历二月初二为春龙节，又叫龙头节或青龙节，在南方叫踏青节、挑菜节。

龙在中国自古就被认为是吉祥之物，是主管降雨的尊神。农历的二月二处在"雨水"、"惊蛰"和"春分"之间，全国各地大都已经进入了雨季，于现在来说这是一种正常的自然规律，但在古代，老百姓认为这天是龙欲升天的日子，普降甘霖、滋养万物是"龙"的功劳。久而久之，龙在中国人的心目中的地位有增无减，所以才有"二月二，龙抬头"之说。事实上，在"龙抬头"这天，经过冬眠的百虫开始苏醒，正所谓"二月二，龙抬头，蝎子、蜈蚣都露头"。人们在当天理发，有与"龙抬头"之意，主要是讨个喜庆吉利。

我国明朝时期对这个礼俗就有相关记载。明沈榜《宛署杂记》中说："宛人呼二月二为龙抬头。乡民用灰自门外委婉布入宅厨，旋绕水缸，呼为引龙回。"明朝的于奕正、刘侗《帝京景物略》卷二，春场中记载："二月二日龙抬头，煎元旦祭余饼，熏床炕，曰熏虫儿，谓引龙，虫不出也。"龙是天子的象征，在中国人的心中有着崇高的地位，龙抬头之时，是春季来临、万物复苏之时，所以"二月二，龙抬头"这句谚语预示一年的农事活动即将开始。

"二月二，龙抬头"在古代还有天文学方面的解释。中国古代用二十八宿来表示日月星辰在天空的位置，并依此来判断季节更替。二十八宿中的角、亢、氐、房、心、尾、箕七宿组成一个完整的龙形星座，其中角宿恰似龙的角。每年二月二以后，黄昏时"龙角星（即角宿一星和角宿二星）"就从东方地平线上出现，这时整个苍龙的身子还隐没在地平线以下，只是角宿初露，故称"龙抬头"。

第 19 天　为何要将自己的丈夫叫做"金龟婿"

金龟婿这个称呼来源于唐代诗人李商隐的《为有》一诗："为有云屏无限娇,凤城寒尽怕春宵。无端嫁得金龟婿,辜负香衾事早朝。"这几句诗的意思是说一贵族女子埋怨自己身居高官的丈夫,在冬去春来这样美好的时候,因为要赶早朝,辜负了一刻千金的春宵。

那么为什么要把丈夫叫作"金龟婿"呢,这就要说到唐代官员的佩饰。根据《旧唐书·职官志》、《新唐书·车服志》记载,唐朝初期,五品以上的官员都佩鱼符、鱼袋。鱼符是用不同的材料做成的,"亲王以金,庶官以铜,皆题其位、姓名"。装鱼符的鱼袋也是"三品以上饰以金,五品以上饰以银"。

到了武后天授元年(690年),内外官佩戴的鱼符被改作了龟符,与此同时,鱼袋也被改作了龟袋。还重新规定了三品以上官员的龟袋用金饰,四品以上的官员龟袋用银饰,五品以上官员的龟袋用铜饰。由此可见,金龟代表的是亲王或者是三品以上的官员。所以,人们就用金龟婿指代身份比较高贵的女婿。但在现代,"富"的含义不断增强,而"贵"的含义不断减弱。

 第 20 天　古人起名的禁忌有哪些

古代礼法制度众多,古人在起名时并不像现代人一样自由,各种忌讳更是让老百姓不敢逾越半步,稍微一个不留神,脑袋就可能会搬家。

在远古的氏族社会,姓名也是一个人身份的象征,是具有神秘力量的符号。古人认为,自己的名字被其他人知道后,对方就会得到他的一部分力量,这就是姓名避讳产生的根源。由此可见,原始社会落后,人们对本身和自然没有完全的了解,姓名的避讳就在这种情况下产生了。在接下来的历史发展中,姓名的避讳主要有以下几种:

家讳,针对家族内而言的忌讳,规定要避父祖名,也称私讳,家族里的人说话办事、写作文章时都要避开和祖名相关的事物。家讳其实是"国讳"的一种延伸，都不同程度地体现了当时的伦理观念和封建等级。《礼记·曲记》上说"入门而问讳"，就是说到别人家做客之前一定要知道主人有什么避讳的，如果不小心犯了主人的忌讳，好心也可能会招来恶果的。

东汉有个叫毛贤的人，他的父亲名叫溪，某日他去拜访好友李名甫，刚好碰见他的儿子李奕在庭院练武，就近前问道："你的武艺和甫公比起来谁更技高一筹啊？"李奕因他触犯了家讳，冷言回敬道："我与家父相比，犹如以溪论海。"毛贤听罢灰脸而退。

圣人讳，指对贤者圣人名字的避讳，与家讳、国讳不同。圣人讳没有那么严格和广泛，封建社会时除了朝廷有相关规定的圣人讳外，百姓也会自发地为圣贤避讳。史料记载，宋朝因避孔子讳就曾经把瑕丘县为瑕县、龚丘县为龚县。

个人讳，即指对自己名字的避讳，分为两种情况：一是一些封建官僚仗恃自身位高权重，令其手下避其名讳，这叫自讳其名。人们常常说的"只许州官放火，不许百姓点灯"，说的便是宋朝有位名叫田登的州官，自讳其名，下令州境之内把灯叫做火，正月十五元宵节放灯，令手下人公告与市曰："本州岛依例，放火三日。"而不说"放灯三日"，当时人们便讥讽说："只许州官放火，不许百姓点灯。"

 第21天　古代的新娘为何要蒙红盖头

古代的人们举行婚礼时，出嫁新娘的头上都蒙有一块大红绸缎，这块大红绸缎就是人们常说的红盖头。这块盖头只有新娘行完礼被送入洞房后，才能由新郎揭开，是民间迎亲途中的礼仪之一。

关于新娘头上蒙一块红盖头有一个神话传说。据说，在远古时期，百姓一不小心触怒了天帝，于是，天帝就下达旨意，命令风伯和雨师用呼啸洪灾的方式使人类灭亡。天神知道了这件事后，不忍心看着勤劳善良的伏羲和女娲兄妹二人受难，于是送给了他们一只竹篮，让他们把这只竹篮作为船避过灾难。经过洪荒,人类灭亡了,只有他们两兄妹幸存了下来,为了人类的繁衍生息,兄妹二人决定结为夫妻。为了遮羞,女娲"乃结草为扇,以障其面,今时人娶妇执扇,象其事也"。

后来就把这个风俗传承了下来,表示躲避邪恶、祈求平安。

 第22天 "守岁"这一习俗的来历是怎样的

守岁,俗名"熬夜",就是说在旧年的最后一天不睡觉直到新年的到来,因为那天是除夕,所以也叫除夕守岁。这个习俗是怎么来的呢?据说源于民间一个有趣的故事。

太古时期,深山中有一种名叫"年"的怪兽,这种怪兽形貌狰狞、生性凶残,专吃飞禽走兽、鳞介虫豸,每天变换不同的口味,从磕头虫一直吃到大活人,人们真是谈"年"色变。后来,人们对"年"的活动规律已经非常熟悉,总结出它是每隔三百六十五天必到人群生活的地方尝鲜,一般都是在天黑以后出现,鸡鸣破晓时,它就会回到山林中去了。

人们知道了"年"肆虐的时间,便把一年的最后一天视为可怕的一天,并且想了很多方法来对付"年"这头怪兽。每到那天晚上人们就会提前做好晚饭,然后再关好鸡圈和牛栏,宅院的前后门都会被封好。把门关好后,一家人在屋里面吃年夜饭,因为这一顿年夜饭不知道是吉是凶,所以做得很丰盛,不但一家老小坐在餐桌前吃年夜饭,还要在吃饭前供祭祖先,祈求祖先能够保佑一家人平安地度过一年的最后一夜,吃完饭后,谁都不敢睡觉,坐在一起聊天闲谈,人多就能壮胆。后来,就逐渐有了守岁的习惯,成为了春节的一种风俗。

 第23天 "压岁钱"的来历是怎样的

压岁钱有两种,一种是给老人的,另一种是给小孩子的。小孩的是"压祟钱",而老人的才是真正意义的"压岁钱",意思是不让老人的年龄继续增长,能够幸福长寿。

关于"压岁钱"的由来共有三个传说，其中比较可信的传说是一个名叫"祟"的小妖的故事。这个小妖每逢腊月三十的时候就会出来作祟，他会溜进别人的家里专门摸熟睡小孩子的脑袋。据说被他摸到的小孩会发高烧说梦话，即使烧退了也会变成傻子。

据说嘉兴有一户人家，老年得子非常疼爱，年三十的晚上，为了防止"祟"这个小妖骚扰孩子，给了孩子八枚铜钱。孩子把它们包了拆，拆了包，睡后，包着的八枚铜钱被孩子放在了枕边。半夜里，"祟"这个小妖果然来摸孩子的头，但是刚一伸手，孩子枕边突然迸出了一道金光，"祟"这个小妖尖叫着逃跑了。于是，这件事传到了其他人的耳中，大家争先效仿，每逢大年夜就会用红纸包上钱给孩子，祟以后就再没有出现过。所以，人们就把这种钱叫"压祟钱"，"祟"是"岁"的谐音，逐渐就被称为"压岁钱"了。

第24天　"闹洞房"这一习俗是怎么来的

古往今来，闹洞房这个习俗一直深受人们喜爱。因为闹洞房时，喜家高兴的同时，亲朋好友也可以借机闹腾一番，想出各种整人的招数，让新郎新娘"坐困愁城"哭笑不得。

闹洞房这一习俗的来历，我国民间有两种说法。

第一种说法是避灾说。相传，很早以前紫微星下凡来到人间，在路上他发现一伙迎亲队伍的后面跟着一个披麻戴孝的女子，他看出这个女子是一个想趁机作恶的魔鬼，于是就跟踪到新郎家，发现那女人已经躲进了洞房。新郎和新娘拜完天地之后，正要进入洞房时，紫微星站在门口不让他们进去，并告诉他们里面藏着魔鬼。众人问他怎么办，他建议道："魔鬼最怕人多，人一多，魔鬼就会害怕不敢做坏事了。"于是，新郎就把客人们邀请到了洞房里嬉笑打闹，打算用笑声吓走魔鬼，到了五更时分，魔鬼果然逃走了。由此可见，闹洞房从一开始就具有避灾的含义。

第二种说法是闹洞房最开始出现在北方，且主要是和新郎有关。北方人主要以狩猎和游牧生活为主，这样的生活习性使得男子十分剽悍和勇健，新婚时忍受棒打则说明这个男人是一位合格的丈夫。

第25天 春节前为何要贴"门神"呢

贴门神是我国各地过年时都有的风俗。人们贴门神是为了祈求一家人能够健康长寿，一生平安。在古代，人们认为在大门上贴上门神可以吓跑一切的妖魔鬼怪，因为门神是正气和武力的象征。

关于门神的记载有以下几种。东汉应劭的《风俗通》中引《黄帝书》说，上古时，度朔山上住着神荼、郁垒两兄弟。在这座山上有一棵桃树，树荫如盖。每天早上，神荼、郁垒两兄弟就会在这棵桃树下搜查鬼怪。如果发现有些恶鬼出来害人，他们就会将这些恶鬼抓起来喂老虎，后来人们为了驱鬼辟邪，就在两块桃木板画上了神荼、郁垒两兄弟的画像。但是真正史书记载的门神，却不是这两位兄弟，而是古代一个名为成庆的勇士。班固的《汉书·广川王传》中记载，广川王的殿门上贴的门神画像是一位名为成庆的勇士，身穿短衣大裤，手持长剑。到了唐代，门神的画像就变成了秦叔宝和尉迟敬德。

第26天 清明节为何要插柳

清明节那天，人们都要扫墓、踏青、上坟。人们不但要戴柳，还要在门口插上柳枝。清明节插柳这个习俗由来已久，这个习俗到底是怎么来的呢？关于这个习俗的来历有一个传说。

宋朝时期，据说大词人柳永非常有才华，但是却经常游荡在花街柳巷之中，平时生活十分放荡。当时的歌妓没有一个不喜欢柳永的才华的，她们并以受柳永的青睐为荣。柳永的放荡不羁对他的仕途生涯也有一定的影响，虽然曾经考中过进士，但是最后还是因为生活贫困死在了襄阳。据说，柳永死后的墓葬费用是由崇拜他的歌妓集资的。后来，每年清明节时，歌妓们都会来到柳永的坟前，插柳枝表示对柳永的纪念，后来就逐渐行成了清明插柳的习俗。

第一章·民俗文化

事实上,清明插柳的习俗在唐代就已经出现了。当时的人们认为三月三在河边祭祀时,头戴柳枝可以避免毒虫的伤害。宋元以后,人们踏青游玩回来后,就在自己的家门口插上柳枝,防止害虫侵袭,此时清明节插柳的习俗非常盛行。不管是民间的一些传说还是历史典籍的相关记载,清明节插柳总是与避免疾疫有一定的关系。春节气候变暖,各种病菌开始繁殖,人们插柳希望避免疾病。

 第27天 为什么人们打招呼时常问"吃了吗"

中国人见面打招呼常问"吃了吗",这倒不是说我们中国人嘴馋,这里面有更深层次的原因。可以说这是我们中华民族的一种习俗、一种文化心理,也是一个历史的沧桑标记。中国是一个传统的、历史悠久的农业国家,是世界闻名的四大文明古国之一。在漫长的封建时代,创造了灿烂的农业文明。作为中华民族主体的汉族就是传统的农耕民族,历代绝大多数的人口都是从事农耕,种植五谷、栽培果蔬、喂养牛羊,生生不息。

但是,在统治阶级的荒淫无度、横征暴敛,变化无常的水旱灾害,生产能力的低下,人类生产生活对环境资源的过度破坏等这些因素作用下,会产生一个连锁反应,第一个最明显的结果就是粮食不够吃,人们很饥饿,食不果腹。饥荒是个很严重的问题,它直接关系到社会的稳定、国家的存亡安危,这绝不是危言耸听。安居乐业、衣食无忧,国家才能长治久安,饥荒将直接引发慌乱,进而形成暴动、农民起义,推翻一个王朝,重新建立一个王朝。统治阶级在开国之初相对地比较清明,注重恢复生产,休养生息,但慢慢地就会重蹈覆辙,周而复始。

吃饱穿暖是人们心中向往的美好生活,这样的生活记忆深深地印在了人们的心中。吃饱饭是人生命延续的第一需要,只有吃饱饭了才有可能发展其他方面,这也就是我们现在常说的经济基础决定上层建筑。所以,人们见面就相互问"吃了吗",无形地表达了对吃饱饭的重视和关心,慢慢地就形成了一种习俗。

第28天 为什么大门前要摆放两个石狮子

古代的官衙、豪门巨宅的门前都摆放有一对石狮子,为的是保卫自己的衙门和宅院。现在很多的建筑物前面依然能见到这种石狮子。那么,从何时起人们开始在大门前放置石狮子呢?

汉朝时期,石狮子传入中国。据《后汉书·西域传》中记载:"章帝章和元年(公元87年),(安息国)遣使献师(狮)子、符拔。"意思是说,西亚安息国派使臣送给汉章帝一只狮子。从此,狮子在中国得到很好的礼遇。

汉唐时,帝王陵墓、贵胄坟宅前开始出现石狮子,并与石马和石羊等放在一起,这样让人看了十分敬畏。但这是仅仅摆放在陵墓坟宅的前面。这种狮子和后来的狮子有一些区别,那就是这种石狮子下面没有高大的石头台座,这都可以在汉唐古石狮遗物中找到证据。

唐宋之后,石狮子开始走向民间,并成为了守卫大门的神兽。据考证,唐朝京城的百姓大部分住在"坊"中,"坊"就是由政府规划的住宅区。据说每根坊柱的柱脚上都有一对大石块,这样做的目的是为了抗震防风。于是,人们就想到在石块上雕出一些狮子、海兽等动物的图案,一来美观,二来又有吉祥的寓意,这就是石狮子守门的雏形。

到了宋代,门楼取代了坊,一些有钱的大户人家为了张扬自己家的声势,仿照前人的做法,将狮子等预示吉祥的瑞兽刻在了石柱上。此后,这种习俗就流传了下来,一直延续至今。

第29天 古代穿的袜子什么样

袜子由来已久,我国古人就已经穿袜子了。可见,袜子具有了相当长的历史。

在古代,古人所穿的袜子是用皮革制成的。古代有两种袜子:"鞡"和"韎"。"鞡"指的是生皮袜,"韎"指的是熟皮袜。这两种袜子的外形特别相似，一般是在古人穿高筒鞋时使用，目的是为了方便穿脱。在皮袜的筒部有一个开口，这样做的目的是为了散热；在袜筒上设计有带子，这样是为了能够将筒口束得更紧，穿着时把带系在脚踝上。此外，由于袜子的质地较为结实，也可以穿着它直接走在地上，就可以代替鞋子了。

秦汉时期，袜子的质料已经从原来厚重的皮革变成了质地柔软的布帛。在曹植的《洛神赋》中就有相关的记载："凌波微步，罗袜生尘。"西汉以后的袜子大部分是用纺织品制作而成的，有出土的文物为证。主要有绢袜、锦袜、绫袜、罗袜等，一般是做成高筒的。因为在穿的时候容易往下滑，所以一般是用带子系着。

东汉时期，随着纺织水平的提高，用布帛制作出来的袜子具有很强的伸缩性，袜筒能够紧紧地贴在腿上，所以再没有开口和带子。

 第 30 天　万年历是怎么出现的

万年历是我国古代传说中历史最悠久的一部太阳历。它最早的由来是为了纪念历史上一位名叫万年的人。后来人们为了纪念万年编著的历法，故而叫作"万年历"。而现在所使用的万年历，实际上就是记录预设年代范围的具体阳历，以便人们日常生活中快速查询。关于万年历还有这么一个故事。

商朝时期，有个名叫万年的樵夫。有一次上山去砍柴，劳累不堪躺在树下休息的时候，万年望着树影发呆，心里一直琢磨着如何将节令定准。不知不觉大半个时辰过去了，这时万年偶然发现地上的树影已悄悄地移动了方位。万年心里暗自想道：何不利用日影的长短来计算时间呢？于是，万年回到家后，就夜以继日地研制了一个"日晷仪"。但是，晴天的时候他的"日晷仪"还能派上用场，但凡一遇上阴雨天，日晷仪就失去应有的作用了。

万年为此事也烦闷了些时日。有一次万年在泉边喝水，忽然看见崖上的水很有节奏地往下滴，颇有规律的滴水声再次启发了他。之后，万年就亲自动手创造了一个五层的漏壶，利用漏水的方法来计时。如此一来，想要正确地掌握时间就不受天气的限制了。有了计时的工具，万年更加用心地观察天时节令的变化。经过长期的归纳，他发现，每隔三百六十多天，天时的长短就会重复一次。只要搞清楚日月运行的规律，就不用担心节日时令的问题了。

之后的日子里，万年就带着自制的日晷仪及水漏壶去觐见天子祖乙，然后经过不断的研制、改造，万年终于制定出了新的太阳历。祖乙深受感动，就把太阳历定名为万年历，并封万年为日月寿星，这就是万年的故事。

第31天　"黄历"和"皇历"是一回事吗

我国古代使用的历法主要有六种，分别是黄帝历、颛顼历、夏历、殷历、周历、鲁历。其中，最古老的要数轩辕黄帝创建的"黄历"了。还有一种历法称为"皇历"，虽然"黄历"和"皇历"都是我国古时人们经常使用的历书，但是它们是有所差别的。

"黄历"，即黄帝历。黄历的历史非常悠久，经考古学家认证，4000多年前，我国就开始出现了历法，3000多年前，历史上就出现了一些记载着甲骨文的历书。就像唐朝诗人卢照邻在《中和乐·歌登封章》中所说："炎图丧宝，黄历开睿。"由于古时我国使用"黄历"的区域广阔，影响很深，所以人们习惯把历书称为"黄历"。不过，民间在使用"黄历"的过程中，给其添加了许多宣扬吉凶忌讳的内容，故"黄历"的迷信色彩很浓。

"皇历"则属于"官方"历书。历书在社会生活中起着非常重要的作用，历代皇帝都对历法非常重视。自唐朝开始，各代王朝都很注重历法的管理。唐文宗大（太）和九年（835年），唐王下达命令，开始印刷历书《宣明历》，这成为了我国第一本雕版印刷的历书。当时，为了民间规范地使用历书，唐文宗传下旨意，历书必须经过皇帝的审核以及认定才能印刷。以后，人们就把历书叫作"皇历"。下面是一则关于"皇历"来历的故事：

宋朝时期，宋太宗每到年末岁尾都要给文武官员、皇亲贵族各送一本历书。宋太宗还吩咐人在这本历书里刻上农历的日期、节令，以及一些农作物方面的常识等。因为历书是宋太宗所赠送颁发，因此叫作"皇历"。众所周知，有谁能得到宋太宗皇帝赠送的礼物，就意味着享有了莫大的荣耀，因而被众多官员翘首以待。受到这种风气的影响，民间逐渐就把历书统统称为"皇历"了。"皇历"和"黄历"都是旧历书，读音又相同，因此人们常常会在不留意间把它们相混淆。

 第32天　"三星高照"指的是哪三星

中国自古就非常重视长寿，"福如东海，寿比南山"是晚辈们对长辈们衷心的祝福，希望他们能够健康长寿，永远幸福。道教为了满足能够享受长寿的心愿，创造了福、禄、寿三星的形象。所以"三星高照"就成了人们常用的祝福语。人们对福、禄、寿三星的敬佩，开始于中国远古时代，那时人们就对星辰非常崇拜。

寿星，位于天狼星之南，别称南极老人星，这颗星掌管着天下所有人的寿命的长短，是人们最崇拜的寿神。福星即木星，木星能够成为福星，是与中国古代的天文历法，还有一些风土民俗是分不开的。因为木星标志着新一年的开端以及旧一年的终结，所以人们很早就开始祭祀木星，表示辞旧迎新的意思。人们祈求木星能够让他们在新的一年交好运，平平安安，幸福快乐。所以这颗星慢慢就成了人们的福星。

而说起禄星，不得不说说来源于最原始的星辰崇拜的禄神。民间又称之为"文昌帝君"、"禄星"等。根据史料《史记·天官书》中记载："斗魁戴匡六星，曰文昌宫：一曰上将，二曰次将，三曰贵相，四曰司命，五曰司中，六曰司禄。在斗魁中，贵人之牢。"我们可以得知，这其中的司禄，所指就是专管人间功名利禄的禄星。由于我国古代历史奉行科举制度，很多秀才学子为了更好地博取一官半职，遂寄托希望予禄星，禄星就成为了古代士子们实现其报效国家、光宗耀祖的有力精神支柱。因而，主管人间爵禄的司禄星就堂而皇之地受到天下读书人的顶礼膜拜，虔诚供奉。

其实，中国人很早就将天上的星辰现象和人世间的吉凶祸福、生老病死密切地联系在一起了。古人们常常赋予星辰以独特的神性魅力以及神奇的精神力量，久而久之就在世俗社会中产生了深刻而广泛的影响力。再加上受到中国封建社会体制的巨大束缚，这种星辰信仰就顺理成章地成为了统治阶级推行王道教化的有力工具。尤其在道教产生后，为了扩大道教其本身的社会影响力，壮大其发展规模，也尽力推崇这种星辰信仰。所以，福、禄、寿三星的崇拜以及信仰逐渐融入到了中国的传统文化中。

人们不仅仅赋予星辰以威严庄重的形象，而且还赋予了"三星"以独特的亲和力。在民间，人们对它们顶礼膜拜，希望得到更多的幸福安乐、健康长寿。因而，"三星"也合情合理地成为了民间绘画的重要题材，最常见的就是三星同时被描绘在一张图画上，福星手拿一"福"字，禄星手托一只金元宝，寿星一手托着寿桃、一手拄着拐杖。

第33天　古代的年号是怎么回事

年号就是用于纪年的名号，通常是由皇帝发起。年号最早发源于中国，并先后在7世纪后期传到日本，10世纪传到越南。年号被认为是帝王正统的标志，称为"奉正朔"。在我国历史上，假如出现一个政权使用另一个政权年号的情况，则是藩属、臣服的标志。中国年号的使用情况非常复杂。同一时期并存的政权，往往各有年号。还有的政权一年之中数次改元，几个年号重叠使用。也有政权自己不建年号，而沿用前朝或其他政权的年号。例如后晋的天福年号用至九年，改为开运元年。3年后，后汉刘知远称帝，不自建年号，也不沿用开运年号，而是追承天福十二年。那么，年号究竟是如何创建的呢？

在公元前113年，汉武帝以当年为元鼎四年，正式创立年号，并追改以前为建元、元光、元朔、元狩，每一年号六年。汉武帝此次创举深刻地影响了以后近两千余年的中国皇朝纪元方式，并创立了以奉正朔的方式推广给藩属于中国中央王朝的周边臣属国，以明确宗主臣属国关系的高明政治手法。

干支兼用纪年是年号的纪年方法之一。皇帝年号置前，干支列后。如《扬州慢》"淳熙丙申"，"淳熙"为南宋孝宗赵昚年号，"丙申"是干支纪年；《核舟记》"天启壬戌秋日"，"天启"是明熹宗朱由校年号，"壬戌"是干支纪年；《祭妹文》"旷乾隆丁亥冬"，"乾隆"是清高宗爱新觉罗·弘历年号，"丁亥"是干支纪年。

第34天　古代用什么方法计时

在不同历史发展时期，我们的祖先为了适应当时社会经济的发展，以及满足他们生活的需求，发明了多种多样的计时仪器。比如圭表、日晷、漏刻等。

圭表是历史最悠久的一种计时器，古代典籍《周礼》中记载了圭表计时器的使用方法。圭表主要是通过观察太阳摄影影子的长度确定时间。圭表是由表和圭两个部分构成。表是一种杠杆或者石柱，把它竖立在平地上面可以测量太阳的影子。圭是一种带有刻度的木板，可以平放在正南正北方向，测量表的影子的长度。这就是圭表计算时间的方法。

日晷计算时间的方法也和日影有关系，它是根据日影的方位来确定具体的时间。从出土文物来看，日晷的使用可以追溯到汉代之前。日晷是由一根晷针和刻有刻线的晷面构成的，随着太阳在天空运转，晷针的投影就会在晷面上运动，这样就能够表示时间了。

漏刻计时器以其自身的优点应运而生。我们知道圭表和日晷计算时间都必须要依赖太阳的影子，如果碰到了阴天没有太阳，或者是晚上要看时间，那该怎么办呢？漏刻计时器便解决了这个难题。漏刻计时的原理是用壶盛水，通过观察壶中刻箭上显示的数字来确定时辰。漏刻计时器没有那么大的局限性，是一种使用非常普遍的计时器。

古代关于计时的仪器还有很多，如沙钟、香篆、油灯钟、蜡烛钟等。这都反映了我国古代计时器的发展水平。

第 35 天 男女成亲叫"结婚",是不是因为古代婚礼在黄昏举行

男女结为夫妻叫"结婚",是因为古代的婚礼必须在黄昏时分举行吗?

现代人举办婚礼,主要是庆祝一对新人的结合,宴请答谢父母亲朋,讲究的是热闹喜庆,新人着装也是为了烘托这一气氛,要么是西式圣洁的白色婚纱配考究的黑色西服,要么是中式的大红嫁衣配传统长袍。古代婚礼却不是这样,古人成亲讲究的是庄重的仪式感,着装主要以黑色为主,新郎的礼服、迎亲队伍和迎亲的物什都是黑色。大婚之日,一袭黑衣的新郎要在黄昏时分到新娘家迎亲,浩浩荡荡的迎亲队伍黑压压一片,由一人手持蜡烛在前方引路。古人的这种独特的婚姻仪式,在现代人看来有些费解,但仔细想来,发现古人的婚礼方式跟当时的社会习俗有关。

远古时代,民间流行抢婚,强壮彪悍的男子常常在黄昏前抢新娘。为了防止新婚妻子被他人抢走,男女成婚时都异常低调,婚礼选在不太引人注意的黄昏,那时暮色四合,白昼将至,不易发生抢婚事件。所以,男女结合叫做"昏因",后来演化成了现代的"婚姻","结婚"便由此而来。

"结婚"也跟我国的阴阳学说有很大关联。古人认为,黄昏处在白昼和黑夜交界的特殊时刻,正是男女阴阳之气相调和的最佳时机。选在此时举办婚礼,可以利用天时地利的条件使阴阳达到平衡状态,日后必福运连连、大吉大利。为了与阴阳交替之时的黄昏在色调上和谐统一,新郎和迎亲队伍所穿的礼服皆为黑色。此时举办的婚礼就叫"昏礼",即黄昏时分举行的典礼。

 第 36 天 古时男女婚配为什么要"合八字"

古代男女婚配都非常相信"合八字"的说法,那么这是为什么呢?

现代人追求自由恋爱,只要双方两情相悦便可步入婚姻殿堂。在古代,男女婚姻受到封建礼教的束缚,父母之命媒妁之言是必须的,两个人的八字合不合也是衡量男女是否能够结合的重要标准。

八字即生辰八字。指的是把一个人出生的年月日时与天干地支两两相配，恰好组成八个字。一般情况下，男女双方会把自己的生辰八字写在庚帖上，媒人为他们互换庚帖后，两人可以根据对方的八字是否与自己相合来决定答应或拒绝这门亲事。

合八字是建立在五行学说的基础上的。正所谓：木生火，火生土，土生金，金生水，水生木；水克火，火克金，金克木，木克土，土克水。倘若男女二人八字是相生的关系，那么他们的结合便属天赐良缘，婚姻定会幸福长久；如果两个人的八字相克却结为夫妻，那么他们的结合便属孽缘，是不被上天祝福的，轻者婚姻不美满，重者妻离子散家破人亡。

古人认为姻缘乃天定，对于命理中的忌讳宁可信其有不可信其无，在婚姻大事上，依据八字择亲，是为了避免婚后不幸和各种灾祸。如今，随着人们思想的转变，男女婚配八字这种迷信思想已经退出历史舞台。

 第 37 天　古人离婚有哪几种形式

离婚是指男女双方通过法律手段解除婚姻关系。古人离婚并不叫离婚，女子犯了七出，丈夫可以一纸休书休妻，叫做"出妻"；夫妻一方或亲属殴打或杀害另一方或其亲属，则可以强制离婚，叫做"义绝"；夫妻感情破裂以和平方式协议离婚叫做"和离"。

古代社会是男权社会，女性在婚姻关系上明显处于弱势。男性对女性提出了种种道德要求，如果妻子违背其中的一条，丈夫就可以名正言顺地将其抛弃。"七出"是古代封建社会丈夫休妻的基本准绳。所谓的"七出"是指："不顺父母去，无子去，淫去，妒去，有恶疾去，多言去，窃盗去。"也就是说如果妻子不孝顺父母、不能生儿育女、生活淫乱、好妒忌、身染重病、多嘴多舌、偷盗，丈夫都可以休妻。妻子触犯其中任意一条，丈夫就可以与其解除婚姻关系。其实在古代"出妻"不仅限于"七出"，只要丈夫不再喜欢妻子了，便可以一纸休书将其休掉，可见女性在家庭关系中完全处于被动地位。

"义绝"是夫妻双方已经发展到了恩断义绝的地步，法律规定婚姻关系予以解除。如果夫妻不按规定解除婚姻关系，国家将强制执行。具体而言，义绝是指夫妻间或夫妻双方亲属间或夫妻一方对他方亲属若有殴、骂、杀、伤、奸等行为，就视为夫妻恩断义绝，不论双方同意与否，由官府强制离异。"义绝"明显偏袒男方，对女方要求更严，体现了封建社会的纲常伦理思想。

古代社会最合理的离婚方式是"和离"，"和离"是在双方自愿的情况下和平解除婚姻关系。在唐代"和离"也叫"放妻"，对双方感情破裂所持的是好聚好散的开明态度，丈夫给妻子重新选择家庭的机会，被放掉的妻子仍然可能寻找到属于自己的幸福。

第38天 人们为什么要在冬至吃饺子

在我国北方每年农历冬至，民间家家户户都要包饺子吃饺子，那么这个习俗从何而来呢？人们为什么一定要在冬至这天吃饺子呢？其实这个习俗是为了纪念医德高尚的医学大家张仲景而来的。

张仲景是我国东汉时期著名医学家，被称为医圣，他所著的《伤寒杂病论》被业界奉为中国最具价值的医学典籍之一。张仲景不但医术精湛，而且为人高尚，常以济世救人为己任，是一位非常令人钦佩的良医。

他出任长沙太守时，常在大堂之上为民医病对症施药。后来他辞去职务回归故乡，开始为家乡人治病。张仲景回归故里的时候，正值寒冬时节。他看到乡亲们面色蜡黄、瘦弱不堪，因为没有御寒的衣物，在刺骨的寒风中瑟瑟发抖，许多人的耳朵都冻坏了，便让弟子搭建医棚，在地上支上大锅，熬制"祛寒娇耳汤"，分给乡亲们喝以驱寒治病。所谓的"祛寒娇耳汤"就是以煮熟的羊肉、辣椒和驱寒药物为馅，用面包成耳状的食物。下锅煮熟后，面食和汤水都可食用。这种有馅的面食就叫"娇耳"。乡亲们吃着"娇耳"，喝着肉汤，全身暖融融的，两只耳朵也跟着有了热度，耳上的冻疮也治好了。

后人感怀张仲景的医者仁心，为了纪念他发明的"祛寒娇耳汤"，也学着用面和其他食物做成耳状的"娇耳",取名为"饺子",并在天寒地冻的冬至煮饺子吃饺子。如今饺子已成为中华美食中最受民间喜爱的食物之一,它让人们在怀念医圣张仲景的同时,身心都感受到春天般的温暖。

 第 39 天　正月理发真会死舅舅吗

古代,民间有"正月不理发,理发死舅舅"的说法,于是正月动刀理发便被视为不吉利,"正月不理发"成为人们约定俗成的习俗,那么这个习俗是怎么来的呢?头发跟舅舅又是怎么扯到一块儿的呢?

清军入关以后,大清王朝为了加强对汉人的统治,强制推行满族人的发式,即剃光前额至头顶的头发和四周发际,仅留中间的一片和一根长辫子。为了一统江山,清廷强行贯彻剃头令,并提出"留头不留发,留发不留头"。此项政策遭到了汉人的强烈反抗。因为在汉人的传统文化中,"身体发肤受之父母",汉族男儿自古就有蓄发的习俗,通常他们将头发视作生命一样宝贵,去发是对犯人的一种侮辱性刑罚。在《三国演义》中,曹操犯了错割发代首就是自我惩戒的一种方式。清朝大肆推行的这种发式致使许多情绪高涨的汉人宁为束发鬼,不做剃头人。为了反对剃发,无数汉人成为清军的刀下亡魂。

历史上著名的"江阴十日"就是其中的一个缩影。当年江阴百姓为了保留汉人发式与清军整整对抗了 81 天,城破之后,清军惨无人道地血洗全城,屠杀了十日,城内百姓除了 53 名幸存者外几乎全部罹难,悲惨景象令人发指。

一些文人士大夫也不满清朝的剃发政策,同时又十分怀念昔日的明王朝,便以"正月不理发"表达"思旧"之情,但因不敢与清廷公然对抗,"思旧"就变成了谐音"死舅",隐晦地传达了对明朝的思念,"正月理发死舅舅"的说法便流传了下来。

第40天　人们为什么要在本命年穿红衣、扎红腰带

古人认为本命年会诸事不顺，但只要"穿红衣扎红腰带"便可辟邪转运，这种习俗在民间极为流行，那么什么是本命年？在本命年穿戴红色真能趋吉避凶吗？

本命年是根据我国天干地支纪年法而来。天干包括：甲、乙、丙、丁、戊、己、庚、辛、壬、癸。地支包括：子、丑、寅、卯、辰、巳、午、未、申、酉、戌、亥。所谓的干支纪年法就是把天干和地支两两相配，从甲子年到癸亥年，六十年作为一个循环周期，出生的那一年便是本命年。

本命年十二地支以十二年为一个循环周期。所以从出世的第一年算起，每隔12年都要过一个本命年。古人认为人在过本命年时，与太岁在星象上相冲，极为不吉利，所以必有灾祸，必须用红色来驱灾消邪。

在我国，民间一直盛行崇尚红色的观念。早在原始社会时期，红色便有了吉祥的寓意。在漫长的历史时期内，红色代表的都是喜庆和鸿运，比如新年家家户户贴的对联必是红色；古人大婚新娘必穿红色嫁衣，头上必盖红色盖头，洞房的花烛也必是红色；新科的红榜同样是红色的。所以红色也有护身的作用，可以用来辟邪和消解灾难。在本命年除夕，穿红衣扎红腰带，以消除灾祸、回避厄运。

还有一种说法是，每当本命年来到时，妖魔鬼怪都会趁着生肖守护神参拜天庭的时候攻击人类，人们便用红色之物辟邪。这种传说虽有几分迷信的色彩，但却反映出人们对于平安和好运的追求，蕴含着一种美好而淳朴的愿望。

 第41天　感恩节是为了谁设立的

每年11月的第四个星期，美国人开始过感恩节，无论是日理万机的政府要员，还是整日忙得不可开交的商贾名流，抑或平平凡凡的劳动人民，

都会在这个特殊的节日放下手头的工作,和家人聚在一起吃火鸡品大餐,互相表达感谢。那么这个节日是为了感谢谁而设立的呢?

感恩节起源于英国的清教徒。当年这些清教徒对本国的宗教改革失望透顶,又受到来自英王和英国教会的宗教迫害,为了寻求真正的宗教自由,他们毅然从英国教会脱离出来,远走他乡,来到人烟稀少的广袤土地上开始新生活。1620年,一批英国清教徒迎着海风乘坐"五月花"号来到北美大陆。初次踏上这片神奇而又陌生的土地,他们满怀热情,坚信自己可以在这里找到真正的宗教信仰和宗教精神,根本没有考虑到这里恶劣的气候和严酷的环境将给他们带来多大的挑战。第一年冬天,他们过得异常艰苦,由于没有足够的粮食储备,他们常常挨饿,后来寒冷的气候和肆虐的传染病将他们击垮了,一半的人在痛苦和饥寒交迫中死去。

在这生死存亡的危急时刻,当地淳朴善良的印第安人无私地为幸存下来的人提供了帮助,不但供给他们必要的食物和生活用品,还教给他们种植庄稼的农业知识和打猎捕鱼的相关技巧。由于印第安人的热情帮助,幸存下来的清教徒们过上了丰衣足食的生活。为了表达对印第安人的感激之情,他们真诚地邀请印第安人一起庆祝丰收,这就是史上的第一个感恩节。

 第42天 "三宫六院"是哪三宫和哪六院

"三宫六院"一词源于元·无名氏《抱妆盒》楔子:"兀那三宫六院,妃嫔彩女听者:明日圣驾亲到御园,打一金弹,金弹落处,有拾得者。"这里的"三宫六院"指的是帝王的妃嫔们。那么,你知道"三宫六院"是怎么来的吗?

"三宫六院"一词的命名是源于故宫的建筑形式。故宫分为外朝和内廷,把乾清门作为分界线,其以南为外朝,以北为内廷,即是皇帝和他的妃嫔们居住的地方。"三宫六院"都分布在故宫的内廷。

"三宫"又称"后三宫",指乾清宫(皇帝居住的地方)、坤宁宫(皇后居住的地方),以及交泰殿(位置在乾清宫和坤宁宫之间)。这些宫殿的名称是从《易经》中得来的，具有"天地交合、康泰美满"的美好含义。在交泰殿中竖立着写有"内宫不许干预政事"的铁牌。

"六院"并不是有六院，而是十二院。"三宫"在东西方向分别有六大宫殿。"东路六宫"的具体名字是：景仁宫、承乾宫、景阳宫、永和宫、钟粹宫，以及延禧宫；"西路六宫"的具体名字是：永寿宫、翊坤宫、咸福宫、长春宫、储秀宫、太极殿（启祥宫）。因为每个宫的建筑风格都是庭院式的，所以称为"东六院"和"西六院"。

第二章 生理常识

 第43天　人为什么会感到口渴

我们在天热和剧烈运动后都会感到口渴难耐,如果不能及时痛饮一杯凉水,就会感到精力不济,身体的每一个细胞仿佛都将发出无声的抗议。那么我们为什么会感到口渴呢?答案很简单,就是因为我们身体里丧失了太多的水分,所以需要加以补充。

水是生命之源,地球上的任何生物都离不开水,人类自然也不例外。水对人体机能的正常运行起着至关重要的作用。水是人体必不可少的化学剂,它将身体所需的各种营养物质水解,以利于身体的消化和吸收;水是人体的强大搬运工,它源源不断地给五脏六腑和各类人体组织输送营养物质,并将人体产生的废物搬运到排泄器官处,以便排出体外;水是人体的忠实清道夫,它用眼泪冲出落入眼中的灰尘和沙粒,并将不洁净的食物以腹泻的方式排泄出去。水还是人体的温度调节器,它通过身体呼出的气体、排出的汗液和代谢的残渣带走体内的过剩热量,使体温维持在37℃左右。因此人类也像鱼儿一样分分秒秒都离不开水,人体缺水时,身体机能将运转失灵,长时间缺水,生命机体将失去活力。

那么人体是怎么发现自身处于缺水状态的呢?科学家认为,身体严重缺水时,血量就大量减少,肾脏器官会因此分泌"血管紧张素","血管紧张素"被血液运送到脑部,大脑里的一种感受器了解了这一信息,便发出

"渴"的警报，告诉我们此刻必须得补充水分了。如果我们感觉不到口渴，就无法及时补足体内缺失的水分，这会严重影响身体健康，所以口渴是一种正常现象。感到口渴，就痛快地喝杯水吧。

第44天 鼻涕的作用是什么

感冒的时候人会不停地流鼻涕，很多人都觉得不胜其烦，甚至有人会想如果人体不生产鼻涕这种废物就好了，又脏又麻烦的鼻涕为什么总聚积在鼻腔里呢？

其实鼻涕绝不是毫无用处的废物，鼻子的很多功能都需借助它发挥作用。我们吸进的空气有可能是寒冷而干燥的，直接进入机体会刺激我们的肺。鼻子通过分泌黏湿的鼻涕，将经过鼻腔的空气变得温暖而湿润，这样就可以保护我们的呼吸器官。空气中有很多微小的有害颗粒，比如花粉粒，它们到达肺里极容易引发过敏，从而造成呼吸不畅，严重危及人体健康。鼻子作为呼吸的门户，自然要把握好这一环节，鼻腔内的鼻涕可以黏住那些有可能伤害到我们的小颗粒，而后伴着纤毛运动将它们驱逐出境，可以称得上是高度负责的安全卫士。另外，鼻涕里含有溶菌酶，可以起到抗菌和杀菌的作用。

正常情况下，鼻子每天都要分泌几百毫升的鼻涕。鼻腔里始终都存有鼻涕，鼻涕时刻都在发挥着自己的作用。我们平时不常看到鼻涕是因为很多鼻涕会随着鼻黏膜纤毛运动到达鼻后孔，然后进入到了咽部，还有一些鼻涕会蒸发和干结，因此我们误以为鼻腔里分泌的鼻涕并不多。感冒时流鼻涕是因为它在为我们自然消毒，吃感冒药虽然可以缓解鼻塞症状，但也妨碍了鼻涕杀菌消毒。所以，感冒还是靠自愈更好。当然流鼻涕的滋味很不好受，你可以尝试吸入一些蒸汽，这种方法也可以有效缓解鼻塞，而且并不太干扰鼻腔的自然机制，不失为一种对付感冒的妙招。

第45天 左脸和右脸是对称的吗

由于人的左右脸存在细微差异，因此世界上不存在完美对称的左脸和右脸。从审美角度看，人的左右脸越趋向于对称，看起来就会越美，反之看起来就越丑。英国皇家艺术家尼基·菲利普在为凯特王妃画像的时候，就曾感慨王妃脸部几近达到几何对称，美得难以入画。美国前总统尼克松因为左右脸差异巨大而引发争议，因为左右脸失衡不但会使人的外貌形象大打折扣，而且还会给人以一种表里不一的感觉。

据有关人士分析，人的左右脸可以显示出人的显性性格和隐性性格，其中总有一面脸会不自觉地暴露你心底的秘密，因为它能体现出你的潜意识。也就说左右脸差距越大，人的性格反差也就越大，内心世界就会越矛盾。

通过拍下自己的照片可以在一定程度上检查一下自己左右脸的差异，但要精确了解左右脸的实际对称度，需要借助一款"左右脸测试软件"，它可以自动生成四张照片，第一张是原照，第二张是左脸和右脸的合成照，第三张是左脸照，第四张是右脸照，软件通过对左右脸对称度的测试，准确计算出它们的吻合程度。拍摄完成后你会惊讶地发现，一个人的纯左脸合成照与纯右脸合成照，简直存在天壤之别，几乎让人无法相信它们来自同一个人的同一张脸。

文艺复兴时期的杰出画家达·芬奇在创作时追求人体的几何对称美，并将这一风格发挥到了极致。但作为一名经验丰富的解剖学家，他应该早就发现了人脸的秘密，即人的左右脸是不对称的。

第46天 人为什么要换牙

一般小孩子从6岁左右开始掉牙，然后长出新的牙齿。换牙是件很麻烦的事，缺了几颗牙，吃东西费力，讲话也有点吐字不清，更糟糕的是如果新长出的牙齿不够整齐，还需戴上笨重的牙套来矫正，那么人为什么非要换牙呢？

人出生时颌骨中就已经发育好了两副牙胚，即乳牙胚和恒牙胚。新生儿的颌骨又短又弱，口腔很小，由于靠吸食母乳为生，所以降世的头几个月，不长牙齿。6~12个月时，婴儿开始长乳牙，上下乳中切牙最早长出来，之后萌出乳侧切牙，第一乳磨牙，乳尖牙和第二乳磨牙，牙齿长齐的话一共会有20颗。6岁左右，第二乳磨牙后面会长出第一恒磨牙，从此乳牙和恒牙开始换班。恒牙牙胚长在乳牙牙根上，牙根的发育会促使恒牙发生位移，乳牙牙根在挤压中被慢慢吸收，致使乳牙失去了固定能力，因此乳牙会从口中脱落。我们幼年时掉牙是看不到牙根的，因为它被完全吸收了。这种漫长的换牙过程一般要一直延续到14岁左右，这段时间是人体生长发育较快的时期，身体需要吸收更多的营养物质，牙齿和颌骨的发育更符合进食的要求。随着年龄的增长，颌骨会变长，更为坚固，恒牙的体积增大，牙齿的咬合度更好，也变得更为牢固，使得我们的咀嚼能力更强。我们的食谱也变得更为丰富，从幼时柔软的食物过渡到各种存在一定硬度的食物，米饭和馒头成为主食，肉、蔬菜、水果是我们日常饮食的一部分，牙齿咀嚼起来并不费力。由此可见，人换牙是为了满足自身生长发育的需要，由于饮食结构的改变对牙齿的功能提出了更高的要求，恒牙代替乳牙是一种必然趋势。

第47天　人的声音会变老吗

随着美容业的快速发展和整形技术的不断进步，上了年纪的女人可以变成光彩照人的青春丽人，年华不堪的大龄男人可以摇身一变，成为风度翩翩的英俊小生。容颜固然可以给人造成年龄上的错觉，但声音却不能，声音会随着年龄的改变而变老，而且变老的声音难以美容，那么声音变老的原因是什么呢？

我们的声音会发生变化是因为帮助我们发声的声带出现了变化，同时在各年龄段体内的激素分泌也对声音产生了一定程度的影响。新生儿时期，人的声带只有6~8毫米，非常短，黏膜固有层缺少纤维没有出现层次分化，所以声音音色较为单一、稳定性差，但音质清脆，听起来颇为悦耳。声带随着年龄的增长而加长，在变声之前，男孩的声带长到12~13毫米，女孩的声带长到10~12毫米，黏膜固有层发生了巨大变化，纤维成分增加，但层次分化不显著。步入青春期后，性腺激素的分泌促使身体快速发育，声带也跟着迅速增长，长度急剧增大，男孩喉结变大并突出，导致喉腔增大，声音变低变粗。女孩的声音变化相对而言没有那么明显。中青年时期，男性女性激素分泌较为稳定，声音也没有明显变化。到了更年期，男女的声带老化变薄，男性的声音因此而变高，女性因为雌性激素分泌下降，声音变得低沉喑哑。

总之，年轻女性的声音甜美清脆，年龄变大后声音便不再迷人；年轻男性的声音低沉而富有磁性，到了中年声音也丧失了磁性。所以声音保养是非常重要的。平时多喝开水，忌吃辛辣食物，切忌过度用声，便可在一定程度上延缓声音衰老。

第48天 为什么有些人的头发自来卷

人是直发还是卷发主要是由遗传基因决定的。我们可以较为明显地看到，不同人种头发的形状存在显著的差异。黑种人头发大多浓密卷曲，很多欧美人也天生卷发，而亚洲人大部分都是直发，只有少部分人是自来卷。

头发的卷曲程度取决于毛囊，而毛囊的形状取决于DNA（脱氧核糖核酸），简单来说就是直发毛囊长出直头发，卷发毛囊长出卷发。如果毛囊结构均匀，发根就会呈圆柱形生长，长成后成为直发；如果毛囊结构不均，是椭圆形的，那么毛发长成后就会自然弯曲。在电子显微镜下观察直发和卷发，就会发现直发的横切面是循环往复的，在结构上呈现对称状，而卷发内含有一种角质白，它呈不均匀分布，集中在卷发的内侧边缘和发弯下部。

卷发也像人类的其他特征一样，反映了人类为适应环境而出现的进化。比如说非洲人有一头密实的大卷发，主要是因为他们生活在阳光强烈的热带，卷发可以护住他们的头皮，将光和热与头部隔离，从而使他们的大脑保持清醒。而欧洲较为寒冷，卷发可以隔绝冷空气，使头皮保持温暖，这样他们可以更好地抵抗低温。亚洲的温度既不过分炎热也不过分寒冷，因此保持一头清爽的直发就可以照常生活。

由于地域和文化的差异人们对于不同的发型看法各不相同。有的人偏好直发，总为自己的一头卷发苦恼，费尽力气把卷发一次次拉直处理。而有的人羡慕别人的卷发，不惜将自己的天然直发一次次弄卷，而且还用弹力素保持卷发的形状。其实头发是直是卷并不重要，它作为我们身体的一部分，理应得到很好的呵护，能尊重它们原本的样子最好，如果不能也要尽量不伤及发质。

 第49天 我们的心脏有记忆功能吗

我们知道大脑是负责储存记忆信息的，但美国的科学家却提出心脏也有记忆功能，理由是做过心脏移植手术后的人性情大变，个性与捐赠者表现得非常相近。

据报道，美国的一名大大咧咧的货车司机在接受心脏移植手术前，从未对诗歌发生任何兴趣。他本人个性粗糙，谈吐并不优雅，文笔也很糟。自从经历换心手术之后，他突然给妻子写下了一行行浪漫感人的情诗，诗歌文辞优美，情感细腻真挚，灵感仿佛从天而降。后来他才知道这种天赋来源于那颗心脏，捐赠者生前便是一个多愁善感的诗人。

一对澳大利亚夫妇将死于车祸的儿子的心脏捐献了出去，两年后他们拜访了受捐者，令他们诧异的是那名男孩也像儿子一样酷爱汉堡圈，而男孩及家人声称在接受心脏移植前，他一点也不喜欢这种食物。

美国亚利桑那大学著名的心理学教授盖里·希瓦兹在20多年的时间里研究了70多件类似的案例，很多受捐者在手术之后都体现出了捐赠者的人格特质，他们在爱好和情感上出现了惊人的一致。科学家认为中枢神经细胞是记忆的存储区，而大脑是拥有神经细胞最多的部位，所以毫无疑问大脑具有记忆功能。但除了大脑意外，人体全身都布满了神经，监管心脏的神经窝状组织使大脑和心脏之间形成某种传递和反馈的联系，因此从理论上讲，心脏应该也是可以储存记忆的。大脑拥有上亿的反馈回路，心脏也有10亿个小型反馈回路，大脑和心脏内部及它们之间的细胞核分子构成信息的循环交流系统，故而诸如写诗这类记忆可以从大脑细胞循环到心脏细胞，而后转移给受捐者。

 第 50 天　我们平均每分钟眨眼多少次

日常生活中，我们几乎每天都会眨眼，但是你统计过每分钟自己会眨多少次眼吗？

一般情况下我们4～6秒会眨一次眼，但如果受到烟雾的刺激或者有沙砾进入眼部我们眨眼的次数会变得更加频繁。这主要是因为眨眼可以使泪腺中的分泌物溢出，将沙砾等异物冲出去，起到保护和湿润眼球的作用。

婴儿不大喜欢眨眼，一分钟只愿眨一次眼，而成年人每分钟眨眼的次数达到10～15次。眨眼的次数与我们收集信息的快慢有关。当我们在短时间内接收到大量信息时，我们眨眼的次数较少，而当我们得到的信息量较少时，我们眨眼的次数就会非常多。如果我们对自己阅读的内容感兴趣，平均每分钟会眨3～8次眼；如果我们对自己所做的事毫无兴致、注意力涣散，那么每分钟会眨15次眼。读书或看报时，我们都喜欢在换行和换页时眨眼。

眨眼的频率会因为环境的不同而发生相应的改变。空军飞行员驾机飞过与本国交好的国家的领空时眨眼频率较快，闭眼时间也较长；而当他们飞过与本国有敌意的国家的领空时眨眼频率较慢，闭眼时间也短。飞行员被敌方发现时，逃避致命导弹时，以及着陆时，眨眼次数都不多。

由此可见，注意力集中时，对某些事物感兴趣时，心情愉快时，我们更爱眨眼；而当我们注意力分散、心不在焉、心情紧张沉重时，我们较少眨眼。看来用目不转睛来形容对某一事物投入、认真并不准确，而当一个人意志坚决、英勇无畏时用不眨一下眼来形容则有一定的科学道理，毕竟在紧张危险的环境中人的眨眼次数会大大减少。

第 51 天　为什么我们的手指长短不一

观察一下我们的五只手指，最长的一根是中指，食指和无名指次之，大拇指和小拇指都很短。那么想一想我们的手指为什么长短不一呢？

人在胚胎阶段，最初每根手指是一样长的，长度大约都是 1 毫米，是由正待生长的软骨细胞组成的。每根手指都携带了自己的"遗传码"，所以在发育时会根据独自的信号传输分别生长，由于它们接受的信号各不相同，因此在长度上就会体现出差异，受信号传输影响较强的手指长得更长，比如说中指，而像拇指这类受信号传输影响弱的手指长得就比较短。

手指长短不一，方便我们抓握，拇指和其余四指分开，可以轻而易举地把物体抓牢。当我们手握某一物品时，指尖可以抵达相同的位置。五指参差不齐，分开之后受力点不同，可以抓握体积更大的物品或数量更多的小体积的东西。假如我们的手指都是同一个长度的话，手指之间会互相阻碍，整只手的使用功能下降，失去原来的优势。

五只手指特点不同各有分工，大拇指又粗又短，抓东西时是主要着力点；食指较为灵活，方便翻东西；中指最长可以辅助食指，无名指和小拇指主要用来辅助中指。

人的手指和其他动物相比，长度差异还不算太大，翼龙的大爪子和小爪子的指头比较起来，长度相差得极为悬殊。人的手指构造和长度符合力学以及生物遗传学，当然也跟人类进化有关，在进化之初，人类为了获得更多的食物，更灵巧地抓握工具，进化出了一双灵巧的双手，五根指头长短不一，但分工协作，可以起到非常良好的作用。

 第 52 天　犯困时我们为什么会打哈欠

天气转热时或者睡眠不足时，我们都会不由自主地打哈欠，那么我们打哈欠的原因是什么呢？

人的大脑处于冷静的状态中时，运行效率会很高。人体为了提高大脑的办事效率，就用哈欠这个动作来提神，一次哈欠可以持续 6 秒钟，这段时间人的躯体神经、肌肉完全处于放松状态。打哈欠时面部肌肉被拉动，人会下意识地咬紧牙关，大脑会在某一刻立即清醒。

美国科学家认为，打哈欠可以给我们的大脑降温，进而促使困倦的大脑保持清醒。哈欠就像我们的散热器，当空气的温度低于我们大脑的温度时，哈欠吸入的冷空气会使大脑的温度降低。因此打上一个哈欠就像喝了一杯咖啡，提神效果十分明显。疲劳和缺乏睡眠的人更容易打哈欠，这是因为过度疲劳和睡眠不足会使大脑温度陡升，人体必须要给大脑降温，打哈欠就是最佳途径。另外，打哈欠可以让人从昏昏欲睡的状态快速切换到清醒状态。

频繁打哈欠并不是什么好事，它反映出一个人糟糕的生活状态，也许是压力太大、休息不足，或者患有某些疾病。哈欠连连的人很有可能是大脑的冷却机制出了毛病，患有多发性硬化症的人或者体温调节出现问题的人都会频繁打哈欠。有些癫痫病患者和头痛病患者在病发前也会频繁地打哈欠。因此通过观察打哈欠的频率，可以了解到一个人的生活状况和身体健康状况，哈欠是一种身体预警，传达给你的是注意休息或者关注自己身体健康的消息，可以让你及时发现自己的问题，纠正自己的不良生活方式或者及时查出自己所患的疾病。

第 53 天　脑袋越大，人就越聪明吗

作为高级动物，人类的大脑平均重量为 1350～1400 克，而人类的近亲猩猩，其大脑的重量只有 400 克，猿类大脑的重量为 850 克。由此可见，大脑越重，动物则越高等。但是高智商的科学家、伟人脑容量却不及普通人，这是怎么回事呢？

物理奇才爱因斯坦的大脑只有 1230 克，轻于现代人的平均脑重量。一代伟人列宁的脑重量也只达到了 1340 克，同样比不上现代人脑重量的平均值。这足以说明脑容量大小决定智商高低的说法站不住脚，脑容量小的人未必智商就不高。

其实智商的高低受到多种因素的影响。大脑重量所占身体总重量的比例越大,智商可能越高。鲸鱼的脑重约为7000克,是人脑重量的5倍,但相对于它们动辄几十吨甚至上百吨的体重而言,大脑所占的比重实在太小了,所以拥有庞大大脑的鲸鱼智商远远不及人类。

大脑不同区域的容量也跟智商密切相关。大脑皮质层的沟回数量与深度影响人的智商。如果一个人大脑皮质层表面的沟回比常人更多、更深,那么就意味着他的大脑皮质层表面积所占大脑总面积的比例越高,他的大脑就会越发达。

大脑皮质中额叶面积所占整个皮质层面积的比例也同样决定人的智商。爱因斯坦的大脑左右半球顶下叶面积比普通人大15%,大脑后上部的顶下叶区与数学思维、想象力和空间认知有密切联系,此区域发达的人数学演算和空间推理能力超出常人。

另外,海马区的神经细胞和表层的凹沟也影响人类智商。常人海马区左侧和右侧的神经细胞大小大致相同,爱因斯坦海马区的左侧神经细胞却明显大于右侧神经细胞。由于海马区左侧的神经细胞比右侧神经细胞与大脑皮层的联系更密切,所以这个区域神经细胞大的人通常智商比较高。爱因斯坦大脑表层凹沟非常少,因为这些凹沟阻碍神经细胞的联系,所以凹沟越少,神经细胞交流越顺畅,大脑思维更活跃,人也越聪明。

第54天 左撇子的右脑比左脑发达吗

人的大脑左右半球各有分工,左脑掌管人右侧的躯体活动,控制人的语言、概念、分析、逻辑推理等方面的功能;右脑掌管人左侧的躯体活动,决定人音乐、绘画、艺术、空间想象等方面的能力。科学研究表明,左右半脑发展是不均衡的,有的人左脑发达而有的人右脑发达。世界上90%的人左脑比较发达,他们的右手比左手灵活。左撇子仅占全球人口的10%,他们拥有比常人发达的右脑。

右脑发达的人情感较为丰富,拥有不俗的艺术品位和很高的鉴赏力,想象力和记忆力更强,空间感也更好。他们拥有超常的创造性思维能力,通常不拘泥于局部问题分析，而是统筹全局，依据敏感和准确的直觉行事，办事比较果断，动作也更为敏捷。由于右脑的记忆力远远超过左脑，所以左撇子通常比普通人聪明，他们具有过目不忘的本领，记录信息时又快又准。由于他们的形象思维和艺术思维更为发达，所以他们在建筑、设计、广告、文学、音乐等领域都颇有建树。

然而这并不意味着所有的精英都必是左撇子，事实上左脑发达也同样具有优势。比如说左脑发达的人组织语言的能力较强，很适合成为演说家。他们的数学和逻辑能力更好，尤其擅长数据分析，这就意味着他们更适合成为数学家、物理学家和高级财务分析师。另外，他们的推理能力很强，适合构思悬疑小说，也可能成为优秀的侦探。大侦探福尔摩斯极有可能就是左脑发达的人。

第 55 天　眉毛除了修饰人脸外，还有什么用处

五官之中，目能视物，耳能闻声，鼻能嗅香，口能言谈和进食，那么眉毛有什么作用呢？它栖息于眉骨，可以修饰人的面容，相貌英俊的男子大多眉清目秀，清丽妩媚的女子大多眉毛秀气细长，看来眉毛确实能提升人的气质，但除修饰作用外，眉毛还有其他用途吗？

眉毛最重要的作用是保护眼睛。人类自古爱护眼睛，常言道"要像爱护生命一样爱护眼睛"，可见对眼睛的重视。如果说眼睛是人类观察世界的窗口，那么眉毛就是防止异物破窗而入的窗帘。眉毛位于眼睛上方，可以抵挡雨水和汗水，弓形的形状和眉尖能把这些刺激眼睛的液体引流到脸的两侧和鼻梁上，从而避开脆弱的眼球，这样眼睛就不会发炎，视线也不会被水滴阻断。即使我们长时间奔跑或从事繁重体力劳动，挥汗如雨时，因为有了眉毛，眼球也不会被咸咸的汗液浸湿，这就意味着人不会因此得眼病。眉毛还可以防止灰尘、头皮屑和其他微小的细屑落入眼中，是一道天然的保护屏障。

眉毛的另一个作用是表达喜怒哀乐。心情沉重、思考问题的时候总是"眉头紧锁"；心情舒畅、兴高采烈时便会"眉飞色舞"；情绪低落、心事

重重时,眉毛下垂,就会"愁眉不展";怒发冲冠、义愤填膺时则会"横眉冷对"。眉毛就像我们的心情晴雨表,经常可以显示我们的情绪信息。我们通过"锁眉"、"扬眉"、"垂眉"、"横眉"向外界传达必要的信息,方便他人理解我们的情绪和态度。此外"挑眉"可以表示惊讶,"皱眉"则可表达关注,作为表情符号,有时眉毛比任何语言和动作都更具表现力和张力。

第 56 天 为什么我们挠自己的胳肢窝不会感到痒呢

别人挠我们的胳肢窝时,我们会感到奇痒难当,忍不住哈哈大笑。但我们自己挠胳肢窝,却一点痒的感觉都没有,这是为什么呢?

原来痒是我们身体的一种防御反应机制,当我们感受到来自外部的威胁时就会产生痒的生理反应。有人认为痒的感觉是由人体皮肤中痒的感受器传达给大脑神经末梢的,大脑接收到痒的信号时,就会做出一定的反射行为来抵御这种感觉。痒的感觉有两种,一种是轻微的痒感,仿佛小虫在肌肤上缓慢地爬过,人的耳朵、鼻孔、手掌心和脚心最容易接收这种感觉;另一种是抓挠刺激产生的痒感,胳肢窝对这种感觉最为敏感。一旦人怕痒的敏感部位被外界触碰,人体就会感受到威胁,产生痒的感觉其实是提醒自己避开眼前的威胁。

人类在进化过程中不断升级趋利避害的防卫机制,使人体不自觉地产生各种反应,这种自然反应几乎是不受个人控制的。比如当别人挠我们的胳肢窝时,我们已经明白这种举动并不会对自己构成什么威胁,但我们的机体依然处于防卫状态,以至于把威胁的信息传达给大脑,并使躯体做出相应的反应。但当我们自己挠胳肢窝时,心态就会比较放松,这是因为几乎所有的物种在大多数情况下都不会做出伤害自己的行为,故而我们自己触碰怕痒部位时,身体的防御机制会自动解除,我们也就感觉不到痒了。从心理学的角度来讲,自己深信不疑的人为自己挠痒时,也不会让我们感到痒,因为信任会解除身体和心灵的全部武装。

第57天　人每天会脱落多少皮肤

不光蛇会定期蜕皮，人每天也会脱皮，人类每分钟脱落的皮肤细胞足有3万～4万，每年脱去4000克死皮，这种脱皮的速度和数量的确让人惊讶。那么脱落的死皮都去哪儿了呢？定期看看我们的皮肤就知道了，尤其到了秋冬干燥季节，我们的面部和其他部位的皮肤都爱起皮。其实大部分死皮会因和衣服摩擦而脱离我们的身体，散布于室内的空气中。

人体最外层的皮肤，即人类肉眼可见的那层，是表皮，它是由4～5个细胞层组成的。表皮层在人体分布的厚度不一，由于我们的手掌和脚底经常与外界产生摩擦，所以这两个部位表皮层较厚。表皮的顶层叫角质层，它是由25～30个平面层和死皮细胞组成。表皮的底层叫基底层，那里便是新细胞不断分裂增生的源头，新的细胞成型后会透过表皮层的所有层，直到到达角质层，这很像部队重重闯关最终抵达目的地。

表皮细胞的寿命只有2～4个星期，寿终正寝后会自然脱落。当然你不必为皮肤细胞的大量死亡而感到忧虑，人体皮肤新陈代谢的功能还是很强大的。新的皮肤细胞会取代死皮继续完成它们的使命。

皮肤细胞前赴后继赶赴前线成为人体最大的保护屏障，结束短暂的一生后悄无声息地消失于尘埃之中，然后会有新的精力旺盛的生命于基底层诞生，它们成为这场漫长接力赛中的一支数量庞大的精锐部队，一路突破皮肤的重重障碍，抵达角质层，以自己的躯体为皮肤打造出一道坚固的城墙，所以人类无论脱掉多少皮肤都没有关系，因为总会有足量的新生力量及时替补。

 第58天　身上起鸡皮疙瘩是什么原因引起的

我们都曾有过这样的经历，穿得不够暖或者心理紧张或恐慌时，身上就会起一层鸡皮疙瘩，这是为什么呢？

起鸡皮疙瘩是恒温动物为了保持体温而引发的一种正常生理现象。皮肤上起鸡皮疙瘩时，立毛肌收缩牵动汗毛立起，导致皮肤表面隆起。当人体感到寒冷时，每根汗毛下面的立毛肌就会猛地收缩，同时拉动汗毛向上竖起，在皮肤表面凸现出一个个小疙瘩，看起来像拔过毛的鸡皮一样，所以就叫鸡皮疙瘩。起鸡皮疙瘩可使立毛肌收缩产生热量，同时毛孔关闭起到防寒保暖的作用。体毛立起后，体毛之间出现的空隙可有效保温。这时皮肤的表面较之前紧密，有助于防止人体热量散失。起鸡皮疙瘩是皮肤传达给人体的一个保暖信号，它用这种方式提示你需要马上增加衣物，否则就有可能感冒着凉。

人不只在感到冷时身上会起鸡皮疙瘩，受到强烈刺激感到紧张、害怕时，汗毛也会竖起来，牵动皮肤产生一层鸡皮疙瘩。这是因为大脑接受到紧张或恐怖的信息时，感知紧张与兴奋的交感神经产生了一种防护反射，拉动立毛肌收缩，从而牵动体毛向上竖立，鸡皮疙瘩就出现了。

感到过冷或受到惊吓都会让人产生鸡皮疙瘩，消除这种现象的有效方式是注意保暖，要根据天气的变化适当换上更加保暖的衣物，为了漂亮而忽略温度会得不偿失，因为身上起了一层鸡皮疙瘩将严重影响皮肤的美感。平时避免接触过于恐怖的东西，如果胆小尽量不要看恐怖电影，适当放松身心，以此减轻自己的恐惧心理，这样鸡皮疙瘩就会远离你。

第 59 天　春季贪睡为何伤身体

朱自清在散文《春》中写道："一年之计在于春，刚起头儿，有的是功夫，有的是希望。"春天万物萌动，青草发芽，鸟儿歌唱，阳光也变得和煦而明媚，应该是一年中最美好的季节，适合做各种计划和安排。但人们却常常被春困夏乏秋打盹的说法困扰，很多人一到春季就开始犯困，经常睡到日上三竿，还美其名曰睡到自然醒。其实春季贪睡并不能缓解疲劳，睡眠时间过长会给身体带来很多伤害。

过于贪恋床榻，迟迟不愿醒来，会造成身体虚弱。人处于活动状态时，心脏的工作能力才会增强，适度的运动可使心跳加快，促使心肌强有力地收缩，于是更多的血液会从心脏流向全身，心脏排血量大幅度增加。

人体静止不动时心脏则处于休息状态，心跳变慢，心肌收缩力减弱，心脏排血量减少。长时间卧床不起，心脏始终在休憩，最终将导致收缩乏力，久而久之，体质会越来越差。

贪睡容易患上呼吸道疾病。卧室中空气流通最差，即便虚掩窗户，室内与户外气体交换依然不畅，空气中不仅含有大量的二氧化碳，还含有不少细菌和尘埃，易造成呼吸道感染，引发各种疾病。所以，闭门大睡的人非常爱感冒，经常咳嗽，还常常感到喉咙痛。

睡眠过多会使人周身乏力。休息一晚后，人的肌肉和关节得到了充分放松，早起立即活动肢体，可以增加肌肉张力，加强血液循环并加速肌肉组织中的新陈代谢，使肌肉快速恢复到良好状态。贪睡的人错过了适合肌肉活动的最佳时机，起床便会感到腿软腰酸、全身乏力不适。

第 60 天 运动为何能够提高智商

人的智商不仅跟遗传基因、营养状况和所接受的文化教育有关，跟体育运动也有一定的关系。许多人认为体育运动不过是简单的体力活动，无须大脑参与太多，其实这种看法完全是错误的，体育运动也是一种复杂和细微的智力活动。

运动可促进脑细胞再生。人类的大脑由 1000 亿个神经元组成，虽然在儿童时期大脑已经基本发育好了，但美国科学家发现，成年人的脑细胞也是可以再生的，他指出坚持运动是促进脑细胞再生的最佳方法。运动可以提高人的身体素质，促进大脑发育，还能使大脑重量增加、脑皮层增厚。运动对主管人类学习和记忆的海马体影响最大，因此经常从事体育运动不仅可以舒缓大脑疲劳，还能增强记忆力和学习能力。

人体运动时，大脑可获取更多的营养和氧气，促使思维能力和记忆力增强，进而提高脑细胞的反应速度。经常参加体育锻炼的人，视觉、听觉都比不爱运动的人敏锐，反应速度也更快，思维较为敏捷，给人以聪慧的印象。运动可使人的分析能力、综合能力增强，利于发挥人的智力潜能，全面提高人脑对信息的选择、判断、加工处理的能力。科学研究表明，人的左脑支配着论理分析思维，右脑支配着情感和创造性思维。大部分人右脑的潜能开发较少，而运动是开发右脑的良好方式，体育锻炼可以培养大脑的创造性和想象力，从而全方位地提高人的智力。

体力和脑力活动是双向的，我国教育家陶行知就把双手和大脑誉为人的两件宝物，认为体脑结合最能培养人的才干。因此多多参加体育运动，对自己的身体健康和智力提高都有好处。

第三章
地理文化

第61天 "楚河汉界"在哪儿

中国象棋中有"楚河汉界"四个字，象棋的发明也是源于历史故事。那么，楚汉河界到底在哪里呢？

现在我们常说的"楚"指的是湖北省，"汉"指的是陕西一带。楚汉河界在历史上指的并不是这两个地方。据史料记载，楚汉河界是历代兵家都想要争夺的地方，当时是在古代豫州的荥阳、成皋一带，豫州指的就是现在的河南省。它具体的地理位置是黄河南岸、邙山东边，东边是平原，南面是嵩山。由此可见，其地理位置非常重要。

公元前204年，刘邦和项羽在这里打过仗。第二年，刘邦率领的军队，实力非常强，士兵不但精神振奋，后方的粮草非常充足。在和项羽交战的时候，非常占有优势，项羽的军队不敌刘邦的军队，不得不提出"中分天下，割鸿沟以西为汉，以东南为楚"，即以鸿沟作为分界线，鸿沟西面的属于汉，鸿沟以东属于楚国。从此，就有了"楚河汉界"的说法。其实，楚河汉界就是指的"鸿沟"，即现在的古运河。

现在荥阳城东北的广武山上，依然还保留有两座古城遗址，西边的叫汉王城，东边的叫霸王城，两城之间那一条宽300米的大沟，就是鸿沟，即大运河。

第 62 天　北京"王府井"名字的来历是怎样的

王府井大街，是北京名气最大的商业区。有人就问：王府井这个名字和商业没有关系，为什么要把这个商业区起名为王府井呢？

原来，北平王罗艺曾经在这里修过王府，至今仍有帅府园的称号。罗艺就是《隋唐演义》中罗成的父亲。明朝时期，也有不少的达官贵人把王府修建在了这里。据《明成祖实录》载，这里曾经还有十王府、王府街的称号。

当时，北京老百姓的生活并不富裕，没有钱来打井。那些能够出水的井，打出的水也是苦涩的，人们只能用那些水来蒸饭、洗衣服，喝的水还要去买。我们也经常见到电视上那些推着水车卖水的人，其实那些商贩卖的水也不是特别的甘甜，仍然会有一点苦涩的味道。当时有一口甜水井特别有名，那口井打出来的水无色无味，还很甘甜，位置正好就在王府街旁的西侧。所以，人们就把这个地方命名为王府井。

 第 63 天　"华清池"名字的来历

华清池，亦名华清宫，它既是一座皇家园林建筑，又是一座以温泉汤池著称的中国古代离宫，位于现在西安市临潼区骊山北麓，并且拥有得天独厚的自然条件，南依骊山，北临渭水。

从古至今，华清池就是非常著名的旅游胜地。华清池温泉共有 4 处泉源，水质特别清澈，蒸汽缓缓上升，脚下暗道中还能听到潺潺的流水声，池中的水温一年四季都稳定在 43℃左右。西周公元前 11 世纪～前 771 年，发现了四个泉源，另外 3 处是在解放后开发而成的。水内含丰富的矿物质和有机物质，比如有碳酸钠、石灰、氧化铝、硫磺、二氧化硅等。

历史文献及考古发掘的资料证明，这块曾被周、秦、汉、隋、唐历代统治者视为风水宝地的行宫别苑已经拥有 3000 多年的历史了。历代皇帝曾经在这里修建过骊山汤、罗城、温泉宫等。相传，曾经在这块风水宝地修建过离宫的是西周的周幽王。到了秦、汉、隋各代又重新修建过。唐朝时期，又增加了一些建筑，改名为汤泉宫，后又改名温泉宫。直到唐玄宗时期，又重新修建了，把汤井改为了池，在周围环山的地方修建了一系列的宫殿，这时才被称为华清宫。因为宫的下面有温泉，所以也称华清池。

第64天　"香港"名称的由来

香港是中国的国际化大都市。"东方之珠"和"购物天堂"都是香港的美誉。香港还是世界上经济自由度最高的一个大都市。

关于香港名字的由来说法不一，其中最流行的说法是，香港的得名是源于一种香料。宋元时期，香港在行政上属于广东东莞的管辖范围。从明朝开始，在香港岛南部有一个小港湾，它是一个转运南粤香料的集散港。这个小港湾转运的香料都是来源于广东东莞，时间一长，这个小港湾就渐渐有了知名度，就被人们称为"香港"。据说，当时香港转运的香料，质量都非常好，可谓是上乘品，还有"海南珍奇"的美称。

后来，香港当地的许多人也慢慢开始把卖香料作为一种致富的门道，得到了广泛经营，于是香港就和它种植的香料，都有了很大的名气。这种香料曾经还成为了皇宫的贡品，当时鼎盛的制香和运香业得到了快速地发展。后来，虽然香料的种植业和转运业失去了以往的繁荣，但是香港这个名称却一直都没有改变。这就是香港名称的由来。

第65天　中国哪个省面积最大

中国土地面积大约有960万平方公里，划分为20多个省区，但是有一个省区的面积占到了中国国土面积的六分之一，这个省区就是新疆。

新疆地处祖国的西部，我国最大的沙漠塔克拉玛干沙漠就在新疆，但是你可不要就据此认为新疆是荒凉的不毛之地哦，实际上，新疆可以称作

"聚宝盆"。新疆是著名的瓜果之乡,盛产哈密瓜、核桃、葡萄、梨子、大枣等多种瓜果,而且由于新疆日照时间长、昼夜温差大等得天独厚的自然条件,新疆的瓜果品质上乘,果粒大、果肉多、糖分高。

而且,新疆的煤炭和天然气蕴藏量很丰富,是国家重要的能源基地。此外,新疆也是我国的四个大的牧区之一、伊犁马的故乡,更是历史上著名的汗血马的故乡之一。高山上流下来的冰雪融水,形成了肥沃的沙漠绿洲,是人们安居乐业的好地方。总之,新疆是个好地方。

第66天 浙江"千岛湖"美丽的岛屿

浙江千岛湖在浙江省淳安县境内,千岛湖景区的面积共有982平方公里,其中湖区的面积就有573平方公里。因为在这个湖内一共有1078个岛屿,所以把它称为"千岛湖"。千岛湖中不乏美丽的岛屿,比如梅峰观岛、孔雀岛,以及三潭岛等。

梅峰观岛在千岛湖中所有岛屿中海拔最高,位于千岛湖中心湖区西端的状元半岛上,和千岛湖只有12公里的距离。它是千岛湖中一级景点,这个岛屿港湾纵横交错、群岛星罗棋布,具有绝佳的生态环境。登上梅峰观景台,可以观看到大大小小的岛屿300多个,可谓是观岛的最好去处。曾经到这里的游客都一致称赞梅峰观岛的效果极佳。

孔雀岛也是一个不错的去处,位于界牌岛山,即千岛湖中心湖区与东南湖区交界处。这里空气非常清新,树木枝繁叶茂,在这里可以观看到孔雀开屏、孔雀觅食、孔雀群飞、孔雀欢叫,另外还可以和孔雀一起拍照留念,真是别有一番风趣。

三潭岛的位置在千岛湖中心湖区和东南湖区的交界处,还有10千米的距离就可以到达千岛湖镇,这里由三大区块组成,分别是山寨遗风、娱乐参与和特色餐饮。山寨遗风区的景点主要有民间用品陈列馆、山越文化馆等,还有一些本地的民家风情可供游客欣赏,比如民间歌舞、现场麻绣、茶艺表演等。

浙江千岛湖还有很多美丽的岛屿，吸引着八方来客，是继西湖之后，杭州第二个被评为国家 5A 级的旅游景区。

 第 67 天　"日月潭"名字的来历

日月潭位于中国台湾南投县鱼池乡水社村，它是台湾唯一的天然湖泊。日月潭这个名字到底是怎么来的呢？下面就探寻一下日月潭名字的来历。

日月潭四周都有山，连绵不断。潭水清澈透亮，湖面宽阔，湖中倒映着群峰的影子，犹如一幅美丽的图画。夕阳西下之时，当月亮悄悄挂在天空的时候，有日光有月影，更加幽静，使日月潭显得更富有诗意。日月潭中有一个名叫珠子屿的小岛，之所以叫这个名字是因为从远处看，这个小岛就像漂浮在水面上的一颗珠子。后来人们就把这个岛屿作为界限，北边的湖形状像太阳，南边的像月亮，人们就把这个小岛叫做了日月潭。

关于日月潭来历的传说有很多，说法不一，流传最广的是：相传日月潭的发现要归功于一只神鹿。大约在 300 年前，有一只巨大的白鹿被当地打猎的人发现，白鹿拼命地跑，他们追了它三天三夜，都不见白鹿的踪影。第四天，他们偶然发现了一片翠绿的森林，在这片森林中，他们发现了一片碧水，碧水之中藏着一个拥有茂密树林的圆形小岛。这个小岛把大湖分为两半，一半像太阳，一半像月亮。于是他们把大湖称为了"日月潭"。

 第 68 天　我国"四大名刹"都在哪里

我国"四大名刹"指的是山东济南的灵岩寺、浙江天台的国清寺、湖北当阳的玉泉寺、江苏南京的栖霞寺。

灵岩寺是中国"四大名刹"之首，位于济南市长清区万德镇境内。该寺有辟支塔、千佛殿等景观，属于国家级风景名胜区和全国重点文物保护单位，是中国首例世界自然与文化双重遗产泰山的重要组成部分。

国清寺始建于隋开皇十八年（598年），位于浙江省天台县城，它是我国创立的第一个佛教宗派天台宗的发源地。初名天台寺，后改名为国清寺。武宗灭佛和北宋宣和年间国清寺曾经遭到严重性的毁坏。而后，在1734年重建。清末时又对国清寺进行增建。寺院占地面积7.3万平方米，共有六百多间古建筑。

玉泉寺位于湖北省当阳市，是全国著名的风景名胜区。南北朝大通二年（528年），梁武帝敕建"覆船山寺"。智者大师在隋开皇十二年（592年），奉诏建造此寺。这里还有隋文帝御赐的额，上面写有"玉泉寺"3个字。唐朝初期，玉泉寺和山东灵岩寺、浙江国清寺、江苏栖霞寺并称"天下四绝"。

栖霞寺始建于南齐永明七年（489年），位置在南京市的栖霞山上。梁僧朗，即江南三论宗初祖曾经在这里大力宣扬三论教义。

第69天　游泰山不能错过的两大奇观

"五岳"之首的泰山位于山东泰安。泰山素有"中华国山"、"天下第一山"的美称。游览泰山最好是在每年的5月到11月。在游泰山时，我们一定不能错过两大奇观：泰山日出和晚霞夕照。

泰山日出特别美，是泰山最壮观的奇景之一。黎明之时，站在泰山之顶举目远望，就会看到特别美丽的景色，只见一线晨曦由灰暗变成淡黄，逐渐又从淡黄变成了橘红。此时此刻，变化莫测的云朵以及布满天空的彩霞几乎和地平线上的茫茫云海成为一个整体，就好像悬在天空中的一幅巨大的油画即将从天而降。太阳终于露出了笑脸，冉冉升起在天际，不一会儿，群峰都仿佛被染上了金灿灿的颜色，煞是美丽，好一幅壮观的泰山日出画面。

晚霞夕照是泰山另一个壮观的奇景。当夕阳西下之时，又恰逢晴朗天气，此时漫步泰山，抬头仰望，便会看见天空的残云就好像是连绵不断的群山，一道道金光穿云破雾，撒遍人间。云峰在阳光的映照下仿佛被镀上了一层金边，不时地闪耀着奇异的光辉。五颜六色的云朵让人喜爱之极，好像经过了仙人的手修饰一番，变化速度极快，这时如果出现了云海，漫天的霞光就会被映照在"大海"之中，景色宜人，极其壮美，让人十分陶醉。因为这样的奇观和天气的联系十分密切，所以要想欣赏到这样的奇观，必须把握好时机。时机选好了就能领略这样的奇观美景，让你大饱眼福。

第70天 蝴蝶泉的美丽传说

蝴蝶泉，是一个旅游的好去处，它位于大理点苍山云弄峰之下。这里不但景色秀丽、泉水清澈，还有更吸引游客的蝴蝶会奇观。

每年的蝴蝶会那天，有很多人慕名而来观赏蝴蝶会。人们的欢声笑语更使这个蝴蝶会显得热闹非凡。关于蝴蝶会还有一个美丽的传说。

蝴蝶泉又名无底潭。相传，古时在云弄峰下的羊角村中住着一位名叫雯姑的姑娘，这位姑娘不但相貌出众，而且还特别的勤劳能干。小伙子们做梦都想得到这位好姑娘。在云弄峰上还住着一个猎人名叫霞郎，他长得很英俊，心地好，还有高超的武艺。有一年，雯姑与霞郎两人在三月三的朝山会上相遇，可以说是一见钟情，所以二人就互订终身。苍山下有一个凶恶残暴的俞王想让雯姑做他的妃子。于是就派人抢走了雯姑。

后来，霞郎冒着生命危险潜入宫中把雯姑救了出来。这件事被俞王知道后，立即带兵穷追。当他俩跑到无底潭边时，已经累得不行了，在前有深渊、后有追兵的情况下，二人跳入了无底潭。第二天，人们发现深潭中翻起了一个很大的水泡，接着就有两只美丽的蝴蝶飞出了水面，蝴蝶在水面上形影相随，翩然起舞，招来了成群结队的蝴蝶，它们都在潭上面嬉戏飞舞。从此，人们就把无底潭命名为了蝴蝶泉。

第71天 古代"四大古镇"指的是哪四镇

四大古镇一般是指江西景德镇、广东佛山镇、河南朱仙镇、湖北汉口镇。这四大古镇的历史文化都有不同的特色,各自展现着独有的地域面貌和不同时期的历史风貌。

江西景德镇,位于江西省东北部,周围拥有众多著名的旅游胜地,比如庐山、龙虎山、三清山、黄山、九华山,还有鄱阳湖、千岛湖等。景德镇的瓷器特别有名,制瓷历史非常悠久,所以景德镇被人称为"瓷都"。

广东佛山镇,位于广东省佛山市。这个古镇拥有悠久历史和深厚的文化底蕴。佛山的历史非常悠久,约有4500~5500年的历史,最早起源于今禅城区澜石街道区域。当时百越的先民到此繁衍生息,开创了制陶和鱼耕的原始文明。到唐贞观二年(628年),在这个城内的塔坡岗上发现了三尊佛像,人们就认为这里曾是佛家之地,于是就把这个乡改为了"佛山"。

河南朱仙镇,位于开封市南部,也是一座历史非常悠久的古镇。自唐宋以来,这个古镇就是一个交通要道和商埠之地。到了明朝,这个古镇成为了开封仅有的水陆转运码头,自此,朱仙镇的经济发展走向了繁荣。明末,朱仙镇成为了四大名镇之一。

湖北汉口镇,位于湖北省武汉市,位于四大名镇之首。这个古镇位于长江中下游地区,古代时交通就比较便利,主要以水运为主,故有"九省通衢"的称号。后来,出现了铁路,交通更加便利,又处于我国南北中间的位置,地理位置十分优越,所以和其他省市的往来特别方便,很大程度上促进了该地区的经济发展。

第72天 "五台山"的名字是怎么来的

五台山原名紫府山,也叫五峰山,位于中国山西省东北部。因为五台山作为佛教寺院,历史悠久,规模宏大,所以有全国佛教四大名山之首的美誉。

五台山名字的来历，还有一段历史故事。据说，远古时代五峰山的气候炎热，常年如此，当地百姓的生活十分难熬。一次文殊菩萨正好去那里讲解经文，他看到百姓的生活那么艰难，十分同情他们，于是他下定决心要帮百姓们摆脱痛苦的生活。文殊菩萨化成了一个化缘的和尚，不远万里去向东海龙王求助。

到了东海，文殊菩萨看到了龙宫门口有一块青色的大石头，那块石头能够散发出清凉，于是，文殊菩萨就将石块带了回来。文殊菩萨将那块石头放在了五峰山的一个山谷中，山谷出现了令人惊讶的一幕，顷刻间变成了清爽无比、山水富饶的纯天然牧场。因此，那个山谷就被称为了清凉谷。

后来，人们在那里建造了一座寺院，清凉石被人们放在了院内。因此，五峰山又叫作清凉山。文殊菩萨的事迹被隋文帝知道后，为了供奉文殊菩萨，便下诏在五峰山的台顶上分别建立一些寺院。东台顶建有聪明文殊，西台顶建有狮子吼文殊，南台顶建有智慧文殊，北台顶建有无垢文殊，中台顶建有孺童文殊。因此，人们便把这座山改名为了五台山。

第 73 天　西安大雁塔是怎么修建的

大雁塔又名大慈恩寺塔，是西安著名的景点，具体位置在陕西省西安市南郊大慈恩寺内。

这座塔是于唐代永徽三年（652 年）为玄奘藏经而修建的，是古城西安的象征，是中国唐代佛教建筑艺术的杰作。大雁塔名字中有一个"雁"字，这座塔是否和大雁有关呢？

据玄奘的《大唐西域记》卷九中记载，很久以前，在摩揭陀国（今印度比哈尔邦南部）的一个寺院内有一些和尚，这寺院内的和尚信奉南传佛教，于是这些和尚每天就吃三净食，即雁、鹿、犊肉。

有一天，一位和尚恰巧看到了天空中飞了一群雁，然后就说："今天大家还没有东西吃呢，菩萨应该知道我们肚子饿吧！"刚说完，就有一只雁突然坠下死在了这位和尚的跟前。他高兴地告诉了寺院内所有的僧人，他们都认为是佛祖显灵，用这样的方式教化他们。于是就在雁落的地方建造了一座塔，用很隆重的仪式将这只雁埋葬在了这座塔内，最后取名为雁塔。在公元629年至645年间，唐朝的高僧玄奘在印度游学时，曾经见过这座雁塔，回到国内，就在慈恩寺翻译经文。后来，为了收藏从印度带回来的经书佛像，就在这所慈恩寺的西院建造了一座和印度雁塔形式比较相似的砖塔，这座砖塔就是大雁塔，名字一直沿用至今。

第74天 秦始皇陵里面是如何设计的

秦始皇陵位于陕西省西安市临潼区骊山脚下。这座陵墓是世界上规模最大、结构最独特、内涵最丰富的陵墓之一，现今已成为世界第八大奇迹和世界文化遗产。这座规模巨大的陵墓是怎么设计的呢？

据说，秦始皇陵前后共修了37年。秦始皇13岁时就开始在骊山修建这座陵墓，但是这并不是秦始皇的想法，这是秦代历代帝王都需要建造的。最开始主持修建这座陵墓的是吕不韦，当时秦始皇手中并没有掌握实权。后来六国得到统一，这座陵墓继续修建，直到秦始皇死去。修建规模如此巨大的陵墓也是秦始皇好大喜功的表现。

据载，修建秦始皇陵时，挖到了泉水的下面，然后用铜汁浇铸而成，特别坚固。在墓宫中可以看到宫殿楼阁和百官相见的位次，以及价值连城的宝物。在墓室内还设计了一碰就会出来的暗箭，这样设计的目的是为了防止盗贼偷盗。墓室穹顶上装饰着宝石明珠，这是天体和星辰的象征；下面设计有九州、百川、五岳的地理形制，里面被机械灌注了大量的水银，象征了江河大海滔滔不绝；墓室内还点有长明灯，这些灯的灯油是鲸鱼油。还有巨型兵马俑阵被布置在陵墓的周围。陵墓的整体设计，处处都彰显着始皇帝至高无上的权力和威严。

第 75 天 "江南三大名楼"是哪三座

"江南三大名楼"分别为：江西南昌市的滕王阁、湖北武汉市的黄鹤楼和湖南岳阳市的岳阳楼。

黄鹤楼始建于三国时期东吴夺回荆州之后（223 年）。最初建楼的目的是为了防御蜀汉刘备的来犯，作为观察瞭望之用。黄鹤楼高 51.4 米，明面上看为 5 层，实际上还有五个夹层，共为 10 层。因修建武汉长江大桥而从原来的黄鹄矶移到了蛇山的高观山上。黄鹤楼是现代武汉市的标志和象征。黄鹤楼在历史上是文人墨客会聚的场所，并留下很多不朽名篇。唐代诗人崔颢的七律《黄鹤楼》："昔人已乘黄鹤去，此地空余黄鹤楼。黄鹤一去不复返，白云千载空悠悠。晴川历历汉阳树，芳草萋萋鹦鹉洲。日暮相关何处是？烟波江上使人愁。"将黄鹤楼的地理、环境、传说和楼的雄姿，描述得淋漓尽致，以至于唐代大诗人李白到此之后，想写诗赞颂黄鹤楼，因看到了崔颢的佳作，不得不发出"眼前有景道不得，崔颢题诗在上头"的感叹。

滕王阁坐落在江西省南昌市赣江之滨，建于永徽四年（653 年），现阁是 1989 年重修落成。共 9 层，高 57.5 米，是一座大型的仿宋建筑，也是江南三大名楼中最高的楼阁。在阁的第六层东西两面，各挂着写有"滕王阁"三字的大匾，是宋代大文学家苏轼的字体；阁的三个明层四周，均建有平座栏杆，以供游人远眺；在第五层的屏壁上，还镶嵌着铜制的王勃《滕王阁序》碑；在滕王阁的门柱上，还有毛泽东亲笔手书的《滕王阁序》中的佳句"落霞与孤鹜齐飞，秋水共长天一色"。

位于湖南省岳阳市洞庭湖西岸的岳阳楼，是三国时期东吴将领鲁肃为了对抗驻守荆州的蜀国大将关羽所修建的阅兵台，当时称为阅军楼。据记载，这就是最早的岳阳楼的原型，也是江南三大名楼修建年代最早的楼阁。是江南三大名楼中唯一的一个木质结构的建筑，比滕王阁和黄鹤楼的规模小得多，但是这个屹立在洞庭湖边上的古代建筑，也可以说是江南三大名楼中唯一不是在解放后重新修建的,并且是保留完好的中国古代传统建筑风格的楼阁。北宋大文学家范仲淹写下了一篇脍炙人口的《岳阳楼记》,其中的"先天下人之忧而忧,后天下人之乐而乐"被中外广为传诵,亘古不衰。岳阳楼也与范仲淹的这篇《岳阳楼记》一起声名远播。

第76天　香山缘何得名

　　香山的得名来源于几百年前的一个传说,据说当时的皇帝为了在西山修建庙宇,就下令抓来全国最好的工匠。

　　皇帝听说永定河边上住着一位手艺特别好的马工匠,于是就派人包围了永定河,还扬言抓不到马匠人就杀光全村的村民。马匠人苦苦哀求官兵,但是都无济于事。马匠人还有一位年迈的母亲要赡养,但是最后还是被官兵抓去了。

　　自从马匠人被抓之后,吃不好,睡不香,常思念老母亲,每天干活之时,就会爬到山上望一望自己家乡的方向。一天,他像往常一样爬到了山上张望,碰巧捡到了几块碎银子,他没有想那么多,就揣进了怀中。下工后,他去集市上买了一把香,快速地跑到了山上准备找一个适合插香的地方,可是找了大半天,还是没有找到合适的地方,后来累了就躺在一块石头上睡着了。

　　梦中他见到了一个闪着亮光的大香炉在天上飞,然后落在了他的脚下,兴奋之余,他将香插在了香炉内。在他准备参拜的时候,他听到了一声呼喊声从山下传来。他回过头一看,原来是自己的同乡王石匠正被一只大恶狼追赶。他急忙将香炉砸向了那只恶狼,恶狼一怒之下就扑倒了马木匠,然后狠狠地咬住马木匠的脖子。当其他的工友们赶到的时候,马木匠已经奄奄一息。马木匠指着不远处的香炉说:"别忘了把金香炉给我娘……"话音刚落就死了。后来人们就将他葬在了山顶上,并把金香炉压在了马木匠的坟头上。人们就把那座山叫作"香炉山",后来,干脆顺口叫作了"香山"。

第 77 天　中国南北方地理分界线，你知道吗

我国南北纵跨不同的地理温度带，你知道怎么区分我国的南北方吗？

很长的时期内，我国的南北方的划分其实是很模糊的，没有明确的概念。人们只是大致地根据南北方不同的气候和地理物产，产生了南船北马、南稻北麦的初步印象。一直到中华人民共和国成立后，中国的地理学家们根据中国的地理气候，终于明确地提出，秦岭淮河一线是中国的南北方的地理分界线。

这是一条很神奇、很有意思的地理分界线。

从气候上说，它和我国一月份的零度等温线基本上是一致的。这条线以北，一派北国风光，冰封千里，雪飘万家；而同时这条线的南方，则是另一番的风景了。这条线以南一般情况下是不会降雪的，冬季北方的候鸟都飞到这条线以南的地方过冬，这里的冬季树叶也很少凋落，仍是满眼的生机。

秦岭是一座很有历史厚重感的山脉，在地理上也得天独厚。秦岭北麓是渭河的发源地，渭河则是黄河最大、最主要的支流，滚滚的渭河注入黄河，极大地补充了黄河的水流量。渭河流域是我国的八百里秦川，这个号称旱涝保收的关中沃野，和黄河一道哺育了最早的华夏民族，并一直滋润着这片大地。秦岭南麓是汉水的发源地，汉水是长江的最大的支流。秦岭和淮河一起，分开了我国最大的两条河流——长江和黄河。这是大自然的神奇力量。

 第 78 天　各地的鼓楼都是怎么来的

经常出去旅游的人对鼓楼并不陌生，好多城市都有古代遗留下来的鼓楼，而且都成为了当地有名的景点之一。像北京、天津、南京、西安等地都有各自的鼓楼，形态不一，各具特色。

鼓楼在古代是用来报时与警示的建筑，与"钟楼"搭配使用，白天撞钟报时，夜晚击鼓报时，"晨钟暮鼓"说的就是这个意思。

鼓楼最早建于北魏时期，当时社会动荡，匪盗猖獗。时任兖州刺史的李崇为了防范盗贼、稳定治安，想出了一个别出心裁的办法，下令每个村庄都建造一座高楼，楼上悬一面巨鼓。一旦有盗贼出现，就迅速击响大鼓。附近百姓听到鼓声后就会封锁各个通道，上报官府准备缉盗。同时，鼓声会在附近的村庄依此传递击响，顷刻之间，百里之内，鼓声就连成一片。而且，各险要地段及路口要道，也都埋伏好了缉盗之人。盗贼刚刚作案，就被擒获。时间不久，盗贼就吓得不敢作案，地方也就平静无虞了。于是，各府州县纷纷效仿这个行之有效的好办法，在各乡镇村庄构筑高楼，置木架，悬巨鼓，并一直延续到清代。

因此可以说，是兖州刺史李崇最早下令建造的鼓楼，而击鼓的原始作用则是为了报警防盗。后来，建造鼓楼的位置由乡镇农村转移到了城里，其作用也由单纯的击鼓防盗逐渐演变成为祭祀和迎宾礼仪，以及报时等多种用途了。

大多数的钟楼、鼓楼建筑在城市的中心偏北侧一些，并按照我们对地名命名的习惯，鼓楼所在的位置就会被称为"鼓楼"。即使原来的鼓楼被拆除，地名往往也会留下来，所以有的城市虽有的地方被称为鼓楼，但其实并没有鼓楼的存在。

第79天　"中原"在古代是指哪里

"中原"这个词语最早在《诗经》中出现，如《小雅·吉日》中有"瞻彼中原，其祁孔有"，再如《小雅·小宛》中有"中原有菽，庶民采之"。这里的"中原"有"平原"和"原野"的意思，并不指代地域。

"中原"的意思有狭义与广义的说法。"中原"从广义上讲是指把河南作为中心（中原七大古都群），河南周边比较近的省份所在的广大平原地区。"中原"从狭义上讲就是指河南省。据《辞源》中关于"中原"的记载:"狭义的中原,指今河南一带。广义的中原,指黄河中下游地区,主要是河南省。"

古有"得中原者得天下"的说法。由此可见,中原地区的地理位置是非常重要的。4000多年前,河南名为豫州,当时是中国九州中心,所以当时被称为"中州"和"中原"。历史上的夏朝就曾经在河南建都,自此,先后就有商、西周、东周、西汉、东汉、曹魏、西晋、北魏、隋、唐、五代、北宋和金等20多个朝代在河南建都。在中国八大古都中,河南地区就有四个,分别为夏商故都郑州、商都安阳、十三朝古都洛阳和七朝古都开封。

第80天 唐人街的名称是怎么来的

"唐人街"指的是移居海外的广大华人在其他国家聚集和居住的地区。早期华人移民,初到一个陌生的国度,人生地疏,在当地属于少数族群,力量弱小。为了更好地适应环境,他们便聚居在一个地区,互相扶持和帮助,久而久之,就形成了华人的聚居区。

"唐人街"最早出现在日本,那时正值日本江户时代。在那段历史时期,许多中国人离开故土移居日本,被当地人称为"唐人"。这主要是因为中国在大唐时期曾强盛一时,世界许多国家都向中国学习先进的技术和文化,中国与各国之间的交流十分频繁,中日之间的文化交流主要源自那个时代。所以日本人就以"唐人"来称呼中国人。中国人聚居的街道被称为"唐人町",日文的"町"指的就是街道。此后其他国家把"唐人町"改成了"唐人街",用以指代海外华人的聚居之地。

如今,华人遍布世界各地,数以千计的唐人街已经遍及全球。较大的"唐人街"是由多条街道组成的城区,城区内处处展现着浓浓的中国风情。就海外而言,美国的"唐人街"数量最多,在纽约、华盛顿、旧金山等几十个大中城市都能看到"唐人街",其中最大的"唐人街"位于旧金山,它享有亚洲以外最大中国城的美誉。

1850年前后,旧金山的"唐人街"便已形成。当年,华人漂洋过海,来到美国西海岸务工,他们既不懂英语,也不熟悉当地的环境,生存压力很大,于是便集中在一个地带居住生活,共同迎接生活的挑战。之后他们在城区开办特色餐饮,创立华人学校,并将古玩刺绣等中华传统艺术带入日常生活,建设出富有中国情调的"唐人街"。

第81天 十大历史名关都在哪里

山海关,位于河北省秦皇岛东北15公里处,因地处山海之间而得此名。山海关是东北与华北的咽喉要冲,是万里长城起点的第一道雄关,拥有"天下第一关"的美誉。

武胜关,位于河南省与湖北省交界的大别山脉的鸡公山下,它与平靖关、九里关合称"义阳三关",是历代兵家必争要地,有"关中之关"的美誉。

友谊关,位于广西凭祥市西南18公里处,原名镇南关,附近山势险峻,关处山谷深处,为西南边防重镇。

嘉峪关,是举世闻名的万里长城的西端的重要关隘,它位于甘肃省嘉峪关市,古称其为"天下雄关"。

雁门关,位于山西省代县县城西北的雁门山腰,历朝历代都是拱卫京都、屏护中原的兵家重地。

紫荆关,位于河北省易县紫荆岭上,是内长城的重要隘口之一。因位于居庸关和倒马关之间,明代时合称它们为"内三关",是由河北平原进入太行山区的要口。

娘子关,位于山西省平定县与河北省的交界处,是出入山西省的咽喉之地。唐朝初年,高祖李渊的三女儿平阳公主曾率兵镇守于此地,因而得名"娘子关"。

居庸关,位于北京市昌平区,始建于秦朝,是长城险要关口之一,居庸关号称"天下第一雄关",毛主席亲笔题词的"不到长城非好汉"便坐落于此。

剑门关，位于四川省广元市剑阁县城北 30 公里处。山处大剑山中断处，两旁断崖峭壁，峰峦倚天似剑；绝崖断离，两壁相对，其状似门，故称"剑门"，享有"剑门天下险"之誉。

平型关，是内长城的一个关口，在雁门关之东，位于山西省大同市灵丘县白崖台乡，解放前属繁峙县管辖，解放后划为灵丘的一部分，成为了灵丘同繁峙的分界线，并把岭北原属繁峙县的东跑池等几个村也划归灵丘县的平型岭。

 第 82 天　四大道教名山分别在哪里

道教是我国固有的宗教，由张道陵于东汉顺帝时首创于四川鹤鸣山，兴盛于南北朝时期。四川的青城山与江西的龙虎山、湖北武当山、安徽齐云山合称为道教四大名山。

龙虎山，位于江西省鹰潭市。东汉中叶，张道陵于江西鹰潭龙虎山修道炼丹大成后，从汉末第四代天师张盛始，历代天师华居此地，守龙虎山寻仙觅术，坐上清宫演教布化，居天师府修身养性，世袭道统 63 代，奕世沿守 1800 余年，他们均得到历代封建王朝的崇奉和册封，官至一品，位极人臣，形成中国文化史上传承世袭"南张北孔（夫子）"两大世家。

青城山，位于四川省都江堰市西南部，主峰老霄顶海拔 1260 米。全山林木青翠，四季常青，诸峰环峙，状若城廓，故名青城山。丹梯千级，曲径通幽，以幽洁取胜，自古就有"青城天下幽"的美誉。与剑门之险，峨眉之秀，夔门之雄齐名。素有"拜水都江堰，问道青城山"之说。青城山是中国著名的道教名山，中国道教的发源地之一

齐云山，又名白岳、云岳，位于今黄山市休宁县城西约 15 公里处，海拔 585 余米，因最高峰齐云岩得名，以幽深奇险著称。有三十六奇峰、七十二怪岩、二十四涧及其他许多洞泉飞瀑，与黄山、九华山合称"皖南三秀"，素有"天下无双胜境，江南第一名山"之誉。

武当山，又名太和山。位于湖北省西部丹江口市境内的武当山，有七十二峰、二十四涧、十一洞、十石、十池、九泉、九井、三潭、九台以及元、明建筑群等风景胜迹，居于七十二峰之道的天柱峰，海拔1612米。北宋书画家米芾曾赞武当为"天下第一山"。

 第83天 "澳门"一称是怎么来的

澳门古称濠镜，秦朝时属南海郡番禺县。晋朝元熙二年，澳门属新会郡封乐县地。隋开皇十年，新会郡被纳入宝安县。唐朝至德二年，废宝安县，改为东莞县辖。南宋时期，澳门隶属广东省香山县（今中山市）。

澳门以前是个小渔村，因盛产牡蛎，后人赋其雅号"濠镜"。因为古代泊口称为"澳"，所以称其为"澳门"。清朝典籍《澳门纪略》中说："濠镜之名，著于《明史》。东西五六里、南北半之，有南北二湾，可以泊船。或曰南北二湾，规圆如镜，故曰濠镜。"

澳门之名还源于古代渔民非常尊敬的一位女神——妈祖，又称天妃、天后、天上圣母。相传，一艘渔船在出海捕鱼时，突遇飓风雷暴，正值渔民生死攸关之际，一位朱衣少女从天而降，风暴立刻退去，大海顷刻之间恢复了平静，此时，少女化作一道耀眼红光，消失在妈阁山尽头。渔民得救后，平安地到达了海镜港。后来，人们在岸边建了一座庙宇供奉这位神仙，名为妈祖阁。明嘉靖三十六年（1557年），葡萄牙人从当时明朝广东地方政府取得澳门居住权，成为首批进入中国的欧洲人。葡萄牙人上岸时曾从妈祖阁附近登陆，向当地人询问这里的地名，因在妈阁庙旁，当地人便回答妈阁，于是澳门便被称为Macau（葡萄牙语对妈阁的译音）。

 第84天 古代"西域"指的是哪里

古地所说的"西域"，是汉朝以后对玉门关、阳关以西地区的统称，《汉书·西域传序》："西域以孝武时始通，本三十六国，其后稍分至五十余，皆在匈奴之西、乌孙之南。南北有大山，中央有河，东西六千余里，南北千余里。东则接汉，陇以玉门、阳关，西则限以葱岭。"当今对西域的解释有两层意思：狭义是指葱岭以东地区而言，如《汉书·西域传》所述的西域三十六国；广义的西域则指凡通过狭义西域所能到达的地区，包括亚洲中、西部，印度半岛、欧洲东部和非洲北部。

汉武帝于公元140年派张骞出使西域，汉宣帝始置西域都护，治乌垒城，距阳关2700余里。唐在西域设安西、北庭二都护。以后各代，中原与西域均在政治、经济、文化上有着不可分割的密切关系。亚欧海运畅通前，横贯西域的大路长期是东西往来要道。自19世纪末年以来，西域之名逐渐废弃不用。《汉书·西域传》："自玉门、阳关出西域有两道，从鄯善（即楼兰）傍南山北，波河（即塔里木河）西行至莎车为南道；南道西逾葱岭，则出大月氏、安息。自车师前王廷随北山，波河西行至疏勒为北道；北道西逾葱岭，则出大宛、康居、奄蔡、焉耆者。"《魏书·释老志》："魏先建国于玄朔，风俗淳一，无为以自守，与西域殊绝，莫能往来。"

 第85天 海水为什么是咸的

地球表面的71%是海洋，海洋蕴藏着丰富的资源，然而在当代，它却不能为人类解决水资源问题，其根本原因是海水不同于淡水，它是咸的，如果想要让海水达到饮用标准，必须经过淡化处理。那么海水为什么是咸的呢？它的盐分又从何而来？

海水中的盐分大部分是河流带来的。河流在入海之前，会携带大量的泥沙和碎石，那些历经自然风化侵蚀的岩石碎末，本身就含有盐分。奔腾不息的河流不断地把含有盐分的陆地碎石席卷入海，致使海洋的含盐量大增。其实淡水河流中也是含有盐分的，其组成物质大部分为氯化钠。盐分汇入大海之后，通常会沉淀下来并越积越多。由于氯化钠在水中的溶解度较高，地球上的大洋又彼此相连，因此盐溶液不会达到饱和状态，海洋中的氯化钠也不会因为饱和过度而慢慢沉积，盐分始终溶解在海水中，海水就变咸了。

将海水脱去盐分就可获得淡水资源，这便是海水淡化工程。目前世界上淡水资源匮乏，寻找更多的水资源成为人类面临的一大课题。19～20世纪，煤炭和石油成为各国竞相争夺的战略资源，进入21世纪，水资源将成为各国最重视的珍贵资源。海水淡化不仅可以解决人类生活用水和生产用水，还可以提炼食盐满足日常所需。如今全世界有10多个国家的100多个科研机构从事海水淡化的研究工作，已取得了非常可观的成果。2006年，海水淡化技术已经应用于120多个国家和地区，成功解决了上亿人的用水难题。另外，随着海水淡化成本的降低，海水淡化技术将在未来更为普及。当海水不再咸，人类的生活将会变得更加美好。

第86天　大海为什么是蓝色的

我们近距离观察大海时，会发现它是无色透明的，并不像我们想象的那样是蔚蓝色的。那么为什么我们平时看到的大海会是蓝色的呢？

原来海水的颜色跟海水的光学性质有关。众所周知，阳光是由红、橙、黄、绿、青、蓝、紫七色组成，颜色不同的光波，其长度也是不同的，从开首的红光到末尾的紫光，波长依次变短，长波的光具有较强的穿透力，易于被水分子吸收，短波的光穿透力较弱，难以被水分子吸收，容易发生反射和散射现象。海水对不同颜色的光吸收、反射、散射的程度是各不相同的。当阳光照射到海面时，波长较长的红、橙、黄3种穿透力强大的光，有能力克服各种障碍，一往直前，在射入海水时，随着海洋深度的增加而逐渐被海水和大海中的各类生物吸收。在海水深度超过100米时，这3种光的大部分都被吸收了。而像蓝光紫光这样波长短的光，由于穿透力太弱，遇到海水分子的阻隔就开始向不同的方向散射，甚至发生了反射，能被海水和海中生物吸收的部分微乎其微。因此我们肉眼看到的大海不是红色、橙色那样的暖色，而是像蓝色那样的冷色。那么大海为什么就不能是紫色的呢？在七色光中紫色的光波最短，更容易发生散射和反射，大海应该更倾向于变成紫色才对呀。这是因为人类的眼睛对光的感受是有一定的选择性的，人眼对紫光的感受力非常弱，因此对海水反射或散射的紫光也不敏感，几乎看不到它的存在，但蓝光就不同了，人眼对蓝光的感受力较强，能清晰地感觉到这种光的存在，所以眼前的大海会呈现出一片梦幻般的蔚蓝色。

第 87 天　雪花为什么大多是六角形

把一片雪花放到放大镜下观察，你将发现大自然巧夺天工之美，六角形的雪花呈现出的图案堪称精美绝伦，恐怕连世界上最伟大的艺术家也要赞叹自然界的生花妙笔。也许你不禁要问：为什么雪花大多是六角形而不是其他的形状呢？

雪花主要有两种形状，六棱体状和六角形薄片状。六棱体状雪花形状尖细，六角形薄片状的雪花则像从铅笔刀上削下的薄片的铅笔屑。假如雪花四周的空气过饱和程度低，冰晶就会以较慢的速度均匀地在各边增长，当它增大到一定程度由于重力作用而下降时，仍保持原来的形状，成为六棱柱状或六角形薄片状的雪花。如果雪花周围的空气过饱和程度较高，冰晶则会增长很快，体积不断增大时形状也会随之改变。通常六角形薄片状会演变成六角形星状雪花。

冰晶在不断增大时，会消耗掉附近的水分。因此离冰晶越近水汽越少，过饱和程度越低。紧靠冰晶表面之处水汽都已凝华在上面了，刚达到饱和状态。如此一来，紧挨着冰晶的地方水汽密度要小于远离冰晶的地方。水汽便从周围向冰晶移动。当水汽分子遇到冰晶的多个角棱和凸起部分，便在那里凝华从而使冰晶体积扩张。冰晶的角棱和凸起部分在增大的同时渐渐形成了枝杈状，之后各个枝杈上又形成了新的小枝杈。各角棱和枝杈之间的部分是凹陷的。空气处于不饱和状态。有时冰晶发生了升华，使得角棱和枝杈的形状更加明显，渐渐就形成了我们熟悉的六角形星状雪花。

第 88 天　流沙真能吞没人吗

在很多影视作品中，流沙吞没活人的可怖场景常常让人惊出一身冷汗，流沙强大的吸力和人类痛苦而无能为力的挣扎形成了鲜明的对比，那种无奈和直指人心的恐惧常令观者唏嘘不已。那么在现实生活中，流沙真的能吞没活人吗？

来自荷兰阿姆斯特丹和来自法国巴黎的 4 位科学家对这一课题产生了浓厚的兴趣，他们从力学和流变学的角度对伊朗沙漠的流沙进行了科学研究。这些沙子的组成成分是细沙、黏土和咸水。沙子对压力十分敏感。处于静止状态时，沙子会像黏土一样随着时间的延长而变得越来越黏，但是如果外界施加的压力超过了某个临界值，由于受到咸水盐分的干扰，沙子的结构会变得不稳定，于是黏性极具减弱，部分流沙液化，原来黏在一起的沙子和水发生分离，它们分别组成局部沙土富含区和液体富含区，其中沙土富含区具有非常强的黏性。如果人踏在流沙顶部，产生的压力超过了某个临界值，流沙瞬间液化，人就会像踩进水池一样陷入流沙中。假如人由于慌乱而剧烈挣扎，施加给流沙的压力就会越来越大，导致沙子和水加速分离，沙土富含区局部黏性迅速增长，所以人就像踩进一种越搅拌越黏稠的浆糊里，越是拼命挣扎越是无法自拔，这时要想把自己被流沙淹没的一条腿抽出来，消耗的力气相当于提起一辆小型汽车，这是不可能办到的。把一个身陷流沙中的人拉出来当然更是不可能的。因此，一旦一个人陷进流沙，只能任由这无情的沙土狂暴地吞噬自己的生命，在这种情况下任何的努力都是徒劳的。

 第 89 天　南北极冰盖融化会对地球造成多大影响

由于受温室效应的影响，南极和北极的冰盖正大幅消融，科学家们不禁担忧，如果两级冰盖完全融化，海平面上升，将有多少陆地被淹没呢？

计算的结果是，南极东部冰盖全部消融将导致地球海平面升高 60 米，而南极西部冰盖对海平面的影响相对要小得多，即使全部融化也仅能使地球海平面抬高 6 米。格陵兰岛的冰盖与南极相比要稳定得多，但这并不意味着它不会在某一天全部融化。如果格陵兰岛上的冰盖全部融化成水，地球海平面会上升 7.1~7.4 米。如果整个南极大陆和格陵兰岛的冰盖全部融化，全球海平面将总体上升 74.4 米左右。

北极冰层消融不会使海平面大幅度上升，北极冰盖是由北极地带的海水冻结成的巨大冰块，浮出水面的冰层面积不大，所以人们并不十分担忧北极冰盖融化造成的影响。人们关心的是极地冰层的融化的问题，由于极地冰层是由陆上淡水结冰而成，冰层消融后，会有大量淡水汇入海洋，将会破坏海洋生态系统的天然环境。

估算冰层融化后淹没陆地的面积，需要充分考虑到地球的海岸线永远处于变化之中，它也许会被淹没于新的海平面之下。与此同时，还需要了解如果南极大陆的冰盖消失，地壳也会跟着发生变化。一直以来冰盖的重量使得南极大陆成为海平面之下的陆地，一旦冰盖融化，地幔就会因为失去压力而随之上升。约 1 万年之前斯堪的纳维亚半岛的冰层全部融化，导致这座半岛的地幔至今还在不断地向上抬升。

可见南北极大陆冰层消融会对地球产生影响，造成海平面的上升、陆地的淹没及地幔的抬升，这些都会给人类的生存带来一定程度的威胁，因此保护环境、爱护地球，控制冰川消融是人类共同的责任。

第 90 天　撒哈拉大沙漠曾经是一片绿洲吗

撒哈拉大沙漠是世界上最大的沙漠，总面积约 906 万平方公里，跨越摩洛哥、埃及、阿尔及利亚等 11 个国家。它位于非洲北部，北接地中海，南抵苏丹草原，东临红海，西靠大西洋，中部是提贝提思和阿哈加尔山脉。非洲山脉巍峨壮伟，奇峰罗列。因为经常受到狂风侵袭，山上乱石形成了不少石窟和危险的石桥。

人们最初并没有留意这些谜一般的石窟，后来考古学家深入石窟洞穴考察，在山洞内发现了远古时期的古老岩画，早期的岩画是刻在石壁上的，到了晚期，原始人开始用黄褐色的泥土当颜料涂抹作画。这些岩画反映了生活在撒哈拉一带的原始人的社会生活风貌，早期的岩画中绘制了许多非洲动物，比如长颈鹿、狮子、鸵鸟和河马等。牛羊和放牧者也是岩画绘制的主题之一。晚期的岩画开始出现两马拉车的热闹场景。

　　这些古老的岩画再现了原始人的生活状况，这说明在五六千年以前的古代，撒哈拉沙漠根本不是一片荒凉的沙漠，而是一片欣欣向荣的绿洲，那里水草丰美，牛羊成群，是人类和野生动物赖以生存的美丽家园。后来绿洲消失了，撒哈拉变成了寸草不生的大荒漠。那么撒哈拉是怎么由绿洲变成沙漠的呢？

　　从自然原因来看，撒哈拉一带日照时间长，气候干燥酷热，盛行强劲的"哈马丹"东北风，不利于植被生存。但太阳的炙烤和季风的横扫并不足以毁掉整个绿洲。真正使撒哈拉失去生机的是人类破坏性的社会活动。为了发展农牧经济，人类繁衍了更多的人口，牧养了更多牛羊，并垦殖了大片田地，严重破坏了撒哈拉原有的生态系统，最终毁掉了这片曾经美丽富饶的土地。

第四章
天文知识

第91天 除地球外,哪个星球上会下雨

在地球上看下雨是再寻常不过的事,迷蒙的细雨或倾盆的大雨都不会激发我们过多的想象。太阳系的其他行星的上空也存在大气、云团和风暴,那么这些行星上也会下雨吗?

在太阳系中,水星离太阳最近,星球表面遍布火山,陨坑密布,呈现出一片荒芜和死寂。昼夜温差近600℃,上空无云,当然也不可能形成降雨。遗憾的是水星上没有任何液态水的痕迹。

金星是类地行星,也被称作地球的姐妹行星,终年被厚云层包裹,星球上有雷电。行星为岩石结构,表面温度正午可达到480℃。金星上也有降雨,不过降下的不是水,而是硫酸,酸液滴从厚厚的云层中坠落,但由于480℃的高温环境,在降到地表之前雨滴就变成气挥发掉了。

火星是最有希望找到降雨的星球,科学家们曾在星球表面发现过河床的印迹,几十亿年前火星上空笼罩着厚厚的大气层,那时降水可能十分丰沛。而今,火星极地冰盖里或岩石、土壤里依然储存着珍贵的水资源。

木星是由氢和氦组成的气体球,中心部位是固体核,周围云团环绕,可能时常出现剧烈的风暴。大部分云团可能由氨冰组成,所以木星上降下的是刺鼻的氨雨。固态的氨晶体在降落到木星表面上之前,会液化挥发。

土星与木星相似,也是一个旋转的气体星球,科学家们曾观测到在其赤道附近一次大范围的强雷风暴天气。

天王星同样是一个巨大的气体星球,上空聚集着厚厚的云层,云层主要是由甲烷构成的,所以该星球下的是甲烷雨。

综上所述,其他星球也会下雨,不过因为它们上空的云层不是由水蒸气而是由其他化学物质组成,降下的就不可能是我们意识中的淡水雨,而是酸雨、氨雨、甲烷雨。

第92天 太空中的生死与在地球上有什么不同

出生和死亡是每个生命体必然要经历的过程,地球上的生与死是一种正常的生命现象,并非什么稀奇的事情。那么如果把出生和死亡的剧目搬到太空中会怎样呢?它们和地球上有什么不同呢?

太空环境与地球迥异,在外太空,母体骨骼中的钙会流失,激素与体液也会分解,失重将导致肌肉萎缩,这些因素都会影响正常受孕,因此新生儿在太空中出生需要经历各种严酷的考验。尤其是在太空深处,强辐射严重威胁到新生儿的健康。如果防辐射措施不当,新生婴儿就有可能出现严重的生理缺陷。因此,人类若想将太空当作产床,必须发明出过硬的防辐射设备不可。但就算解决了辐射问题,胎儿的早期发育又会成为新的困扰。我们知道绝大多数物种的健康发育都脱离不了重力,在重力的作用下物种的身体才能和谐对称,头部和脚部才能长成正常的样子,所以失重可能导致婴儿发育不良。

在太空中死亡和在地球上死去也是不同的。太空学家认为,在宇宙的真空状态和低温的影响下,人的尸体会迅速冻干,体内的水分会凝结成冰晶,最后散失在茫茫宇宙中。我们知道冰可以从固态直接升华为气态的水蒸气,不需要转化成水,太空中又没有氧气,这样的环境不利于微生物繁殖,所以尸体不会腐烂。冻干人体就好比将人深度冷藏,可以使尸体保鲜。冻干一具尸体需要花费一定的时间。人穿着宇航服死亡,冻干所要消耗的时间会更长一些。

由此可见，在太空出生困难重重，面临的问题多多，但是在太空举行豪华葬礼倒是十分有趣的，死后即可深度冷藏，不需使用任何防腐技术，还是蛮划算的。

第 93 天　冰雹的大小跟什么相关

观察日常生活，我们会发现冰雹有大有小，小的冰雹不会对我们的生活产生影响，而大的冰雹会妨碍我们的出行。那么这些冰雹是怎么形成的呢？它们的大小跟什么因素有关呢？

事实上，冰雹的大小取决于一种上升气流。当大气中的一股空气猛然上升到高空时，就会遇冷凝结成暴雨云。云中的水汽会通过降水的形式降落到地球表面。在降落过程中，水汽先因为遇到冷空气而凝结成雪花，随着与地面距离拉近，温度逐渐升高，雪花融化成了雨滴。雨滴在继续坠落过程中可能会再次遇到一股迅猛的上升气流，被气流大幅抬升后，雨滴又会遇冷结成小冰珠。小冰珠遇到别的冰珠就会聚合在一起，形成具有一定分量的冰球。当冰球增大到足够重时，便会在地球引力的作用下向下坠落，在此过程中可能又会因为遭遇强气流而上下翻腾。

冰雹在上上下下的往复运动中越变越大。切开一颗冻得结结实实的冰雹，你会惊奇地发现冰雹里面有好多圈层，看起来就像树的年轮。毫无疑问，这颗冰雹在成形之前被气流抬升过多次。

如果一颗冰雹的直径超过 12 厘米，它在形成过程中遇到的便是时速为 161 千米以上的强大气流。气流波及的范围和达到的强度与冰雹体积的大小成正比。美国的怀俄明州东南东区被称为"冰雹之都"。这是因为北方山地的干燥气流与该地区的冷空气在此交锋，使得冰雹灾害尤为严重。史上较大的一颗冰雹重达 758 克，来自美国堪萨斯州的科菲维尔市，于 1979 年从高空坠落，在当时一定引起过不小的轰动。

第 94 天　流星雨的出现有什么奥秘

在各种天文现象中，流星雨恐怕是最为浪漫和壮观的了，当千万颗流星划破夜空，那抹璀璨短逝的光华定格成人们眼中最美的一幕风景。那么天幕中为什么会出现流星雨呢？

流星雨是一种特殊的流星现象。流星雨的实体是破碎的彗星，彗星的主要成分是冰与尘埃。当彗星围绕太阳运行时，冰会遇热气化，大量尘埃颗粒随之喷出母体，被带入彗星轨道。其中大颗粒尘埃依旧驻留在母体周围变成尘埃彗头，小颗粒尘埃由于太阳的辐射压力而分散于太空，变成彗尾。残留部分仍待在彗星轨道附近区域。然而就算喷发速度非常小，也会导致彗星颗粒公转周期出现差异。所以，下次彗星回归时，大颗粒的运行速度将超过母体，小颗粒由于速度滞后会被甩在母体之后。地球穿越尘埃尾轨道时，我们就能看到流星雨。

流星体颗粒刚刚从彗星母体喷射而出的时候，分布是较为有规律的。因为大行星的引力较大，尘埃颗粒就会在引力的作用下分散在整个彗星轨道上。当地球穿越成群的流星体时，就会出现流星雨现象。地球每年都会穿过很多彗星的轨道，如果遇上流星体颗粒，人们就能观赏到周期性流星雨。但只有母彗星的位置在近日点，才会发生流星雨现象。由此可见，流星体群始终保持在彗星附近运行。这种流星雨叫做近彗星流星雨。周期为几百年以内的流星雨都属于此种情况。长周期彗星的流星群可能在大行星的引力作用下，远离母彗星，致使母彗星不在近日点时也发生流星雨，这种流星雨就叫远彗星流星雨。

 第 95 天　如果陨石撞击地球，人类将面临怎样的命运

在美国科幻电影中，经常出现世界末日的景象，其中陨石撞击地球就是末日的主题之一。其实我们的太空环境既不稳定也不安全，很多高速旋转的天体经常到处乱撞，给其他星球带来巨大的创伤和灾难。月球表面遍布的陨石坑就是被这些天体砸出来的。

虽然每个天体都有自己的运行轨道，但在围绕太阳公转的过程中，有些天体也会从地球的轨道上穿行而过，如果这些天体恰好与地球狭路相逢，那么势必发生猛烈的碰撞。1972年，一颗上千吨重的巨大陨石划破大气层，差点与地球相撞，幸运的是两颗星球最终擦身而过，地球躲过一场浩劫。

近些年地球可就没有那么走运了。2013年2月15日，在乌拉尔山脉东麓的车里雅宾斯克州萨特卡市，一颗陨石伴着一道耀眼的白光从天而降，坠落时发出惊天动地的巨响，造成当地300栋建筑的窗户碎裂，导致1200余人受伤，大部分人都是被玻璃划伤并无大碍，仅有110名重伤者需要入院治疗。因为陨石坠落的地点发生在人迹罕至的地带，并未造成大面积的伤亡，但依然在一定程度上给当地带来了恐慌。

平时我们并不会经常思考陨石撞击地球的问题，但天文学家时刻用天文望远镜密切关注着来自外太空的威胁。如果高速运行的天体与地球亲密接触，将会给地球带来难以估计的灾难。据估算，一块直径为8米的岩石急速撞击地球，爆炸产生的冲击力相当于当年美国轰炸广岛所用原子弹的3倍，这场天灾带来的破坏力将是惊人的。科学家说，平均每一百年就有一颗直径约50米的天体冲破大气层撞上地球，好在坠落的地点大多发生于海洋或人烟稀少的荒凉地带。

每100万年，都会有一颗直径约10千米的天体砸向地球，产生的杀伤力不亚于100万颗1.3万吨级的TNT炸弹。即使坠落地点发生在海域，爆炸产生的尘埃也足以遮天蔽日，那时我们一连好几个月也看不到太阳，地球上的气候也会发生巨大变化，人类的生存就会变得岌岌可危了。

 第96天　为什么在乘坐飞机时不能使用手机

手机是人们日常生活必不可少的通信工具，大部分人无论在任何场合都会带着手机。可是在乘坐飞机时，航空公司却明确规定旅客不可以使用手机打电话，这是为什么呢？下面我们先来看看两则新闻。

1996年7月11日，中国南方航空公司的一架由上海飞往广州的航班，在抵达目的地准备着陆时，飞行员突然发现飞机上的罗盘指示的航道与机场上的实际航道不相符，因为及时发现罗盘失灵，飞机才免于偏离航向。经调查，事故的起因是机上有四五名乘客在使用手机通话。他们将手机关闭后，飞机罗盘立即可以正常工作了。

1998年，一架由印度尼西亚飞往中国台北的航班，一路旅途平安，却在降落时突发意外，造成机毁人亡的惨剧。这场空难是什么原因导致的呢？调查人员认为极有可能是某位乘客在飞机降落时使用过手机打电话，对飞机的通信设备造成了干扰，以至酿成这场灾难。

据统计，全球每年因手机引发的飞行事故有20多起，所以航空公司明确规定乘坐飞机时禁止打手机。

那么为什么在飞机上打手机会引发坠机呢？这是因为飞机在天空中航行时是沿着既定的航向飞行的，整个旅途飞行员都要按照地面航空管理人员的指挥航行。飞行员在驾驶飞机时需时时使用通信导航设备联系地面航空管理人员。这种导航设备通过接受地面导航站发射的电磁波确定飞机位置，从而实现导航。飞机一旦偏离航向，自动驾驶仪会自动纠错，飞机便可以在正确的航向上飞行。当乘客使用手机打电话时，手机辐射出的电磁波会干扰飞机上的通信导航设备，使飞机自动操纵设备做出错误的操作，从而导致飞行事故，甚至造成飞机失事。

 第97天　雨天用手机打电话，真的会遭雷击吗

据报道哥伦比亚一架波音客机在着陆时不幸遭雷击，机体断成三段，好在虚惊一场，机上仅有一名乘客因惊吓过度心脏病发而死，其余100余名乘客幸运脱险。据统计美国平均每年遭雷击致死的人数为66人，而我国每年死于雷击的人数早已逾百位。面对铺天盖地的雷击新闻，媒体常常好心地提醒大众下雨天不要使用手机，以免加大被雷击中的风险。那么手机真会吸引到雷电吗？

首先我们需要明白雷电是怎么产生的。简单说，就是由云团之间摩擦生电产生的。阳光使地表水受热蒸发变成水蒸气，水蒸气聚集上升到高空，当水蒸气过于饱和时，水分子便会聚在空气中的微尘周围，凝结成水滴或变成冰晶，从而形成大范围的积雨云，积雨云随温度和气流的变化而运动，运动过程中由于产生摩擦而使云层带电，通常情况下，上部的积雨云带正电荷，下部的积雨云带负电荷，随着异性电荷的不断聚集，极性不同的积雨云之间的电场强度不断增大，当某个地方的电场达到一定强度时，就会击穿空气，打开一条通道进行云间放电。

由于静电感应，云层下面的建筑物和树木等带有极性相反的电荷，随着电荷越积越多，雷云的电压越来越高，当带有异性电荷的不同雷云与地面上凸出物接触时，就会发生激烈的放电。所以高处尖端物体最容易遭雷击。

手机所在的高度不足以吸引雷电。手机虽然属于金属导体，但内部的电子元件非常小，电路中产生的电流也比较小。虽然它能接受无线电波，但其使用的无线电波的强度只占雷电电场强度的几十万分之一，因此根本吸引不到雷电。手机无线电波的频率极低，不足以让空气电离，所以使用手机并不会增加遭雷击的几率。但是需要注意的是，如果意外被雷电击中，电流会有两种流向，一种是沿着皮肤表面流，另一种是从人体内部通过。而手机这种金属制品一旦贴在皮肤上，确实有可能把电流引向人体内部，导致人体发生触电危险。所以雷雨天出行时还是不要使用手机好。

 第 98 天　飞碟在我国古代真的出现过吗

根据我国有关历史资料的记载，大约 3000 多年前，就出现了"飞车"的传说，之后又有"赤龙"、"车轮"、"瓮"、"盂"等名称的相继出现。

关于飞碟，除了民间的传说以外，在典籍史料中也有大量的记载，如

《庄子》、《拾遗篇》、《梦溪笔谈》、《御撰资治通鉴纲目》、《二十四史》、《山海经》等。很多野史县志中也有关于飞碟的翔实记载，其中湖北松滋县志就记录了类似所谓"第三类接触"的逸闻趣事。

宋代著名科学家沈括常用"地学说"来解释罕见的飞碟现象。他曾在《梦溪笔谈》卷二十一中记载了相关事件："卢中甫家吴中，尝未明而起，墙柱之下，有光熠然，就视之，似水而动，急以油纸扇挹之，其物在扇中涅晃，正如水印，而光焰灿然，以火烛之，则了无一物。又魏国大主家亦常见此物。李团练评尝与予言，与中甫所见无少异，不知何异也。"

苏东坡也曾在一首诗中描绘了他的亲身经历，诗云："……江心似有炬火明，飞焰照山栖鸟惊……"苏东坡有一次在赶往杭州的路上投宿于镇江的金山寺。当时月黑星稀，忽然江面上方亮起一团火来，场面极其摄人心魄。于是，苏东坡在《游金山寺》一诗中记载了此情景："是时江月初生魄，二更月落天深黑。江心似有炬火明，飞焰照山栖鸟惊。怅然归卧心莫识，非鬼非人竟何物？"

飞碟，真的存在吗？目前科学家还不能给出十分确切的答案，还有很多未解之谜等着我们去探索。

第99天　为什么天体都呈球形

天体表面看起来都是圆滚滚的球形，其实它们并不是标准的球体形状，地球就是一个两级略扁赤道略鼓的扁球体，大气密度较高的木星和土星则是更扁的扁球体。星体都呈现出较规则的球形，而没有形成稀奇古怪的形状，其实都是由于万有引力的作用。

根据牛顿的理论，任何两个物体之间都存在着吸引力，这种彼此吸引的力叫做万有引力。万有引力的大小与物体间的距离的平方成反比，和物体所处的位置没有关系。因此，宇宙中许多分布不均的相同粒子总是喜欢聚合成一个球体。当然还会有其他力对星体的形成产生作用。

现在我们把时间推移到宇宙大爆炸初期。大爆炸过后，宇宙中漂浮着无数分布不均的不同粒子，构成了一大片薄厚不均的物质云，物质云中的粒子互相吸引，但整体的引力处于不平衡状态，仍存在着其他力，迫使物质云高速旋转。一些粒子可能有机会得到一颗星体相伴，那么两个天体间彼此就会产生引力。这时，分布在太空中的物质云由于万有引力作用而渐渐聚集起来，同时因其自身具有非均一性，又受到其他外力的影响，便开始自传，于是逐渐形成了一个近似于球形的星体。星体的形状跟它自传的速度有关，自转速度越快，星体就越容易形成扁圆形的球体。此外，星体的物质密度也会对其形状造成影响。

大多数星体拥有较大的质量，并一直处于高速自转状态中，靠近赤道的物质有可能像人身上的赘肉一样被甩出去，使星体的腹部大幅缩水，那些被甩掉的物质也许会分撒到宇宙中，然后逐渐聚合成一颗扁球状的卫星。

第100天　古人测观天象的仪器有哪些

俗话说"工欲善其事，必先利其器"，意思就是如果要把工作做得完美、出色，就必须做充分的准备，让自己有一件得心应手的工具。想要发展天文学，掌握天象运行规律，就必须有精确的天文仪器，我国古代的天文学家在这一方面可以说是下足了功夫。发明出来的仪器因其种类繁多、构思巧妙，而且具有美观性和实用性得到了世人的认可，在世界天文仪器发展史上具有举足轻重的地位。

圭表是一种既简单又重要的测天仪器，它由垂直的表（一般高8尺）和水平的圭组成。圭表的主要功能是测定冬至日所在，并进而确定回归年长度，此外，通过观测表影的变化可确定方向和节气。

日晷又称"日规"，是我国古代利用日影测得时刻的一种计时仪器。通常由铜制的指针和石制的圆盘组成。

漏刻是古代的一种计时工具，漏是指计时用的漏壶，刻是指划分一天的时间单位，它通过漏壶的浮箭来计量一昼夜的时刻。

浑仪是我国古代的一种天文观测仪器。早期由3个圆环和1根金属轴构成。最外面的圆环叫"子午环",固定在正南北方向上;中间叫"赤道环",固定在圆环平行于地球赤道面处;最后一个可以绕金属轴旋转的圆环,叫做"赤经环";赤经环与金属轴相交于两点,一点指向北天极,另一点指向南天极。在赤经环面上装着一根望筒,可以绕赤经环中心转动,用望筒对准某颗星星,然后,根据赤道环和赤经环上的刻度来确定该星在天空中的位置。

水运仪象台把观测天象的浑仪、演示天象的浑象和报时装置巧妙地结合在一起,是我国古代一项卓越的创造。

天体仪,古称"浑象",是我国古代一种用于演示天象的仪器。可以直观、形象地了解日、月、星辰的位置和相互运动规律。

第101天 "二十八星宿"是怎么来的

"星座"一词在当今生活中较为常用,不仅在占卜游戏时需要使用星座,它更和姓名、年龄、血型等信息一样,成为了一个人名片中不可少的词条之一。但是,很少有人知道我们的祖先早在4000年前就已经制定出了中国的星座属相,那就是"二十八星宿"。

外国使用的"十二星座"是关于行星运动变化轨迹的记录,被定义为"黄道十二宫",我国则叫"二十八星宿"。

我国古代很早就开始了天文观测,并有相当数量的著作、文献留存于世。古人为观测日、月、五星运行而划分的二十八个星区,用来说明日、月、五星运行所到的位置。二十八星宿,又名二十八舍或二十八星,它把南中天的恒星分为二十八群,且其沿黄道或天球赤道(地球赤道延伸到天上)所分布的一圈星宿。它分为四组,又称为四象、四兽、四维、四方神,每组各有七个星宿,自西向东排列为:东方苍龙七宿(角、亢、氐、房、心、尾、箕);北方玄武七宿(斗、牛、女、虚、危、室、壁);西方白虎七宿(奎、娄、胃、昴、毕、觜、参);南方朱雀七宿(井、鬼、柳、星、张、翼、轸)。

二十八宿创设之后,随着天文学的发展,它的作用亦不断扩大,它不仅在观象授时,制订历法方面发挥了重要作用,而且在现代天体测量学形成之前,在推算、测定太阳、月亮、五大行星,以及流星、彗星、新星乃至满天星辰的位置等,都起到了不可替代的作用。

 第 102 天　我国最早测量子午线长度的人是谁

一行(约683年~727年),本名张遂,魏州昌乐(今河南省南乐县)人,唐代著名的天文学家、佛学家、数学家。

开元五年(717年),唐玄宗命一行进京修订制订新历法。一行主张在实测日月五星运行情况的基础上编制新历,他和机械制造师梁令瓒合作,创制了黄道游仪、水运浑天仪等大型天文观测仪器和演示仪器,对古老的观测仪器进行改进,掌握了大量天文实测数据资料。一行发现古籍上关于有些恒星的位置记载与实际不符,于是对150多颗恒星位置进行了重新测定,大大提高了新历法的精确度。为了使新历法在我国广泛适用,开元十二年(724年),一行发起和组织了一次大规模的天文测量活动,其中就包括测量子午线的长度。子午线,就是人们假设的一条通过地球南北两极的经线,测出子午线的长度就可以测知地球的大小。一行在全国共选了13个区域作为观测点,其中最南端到达了今天的越南中部,最北边的观测点为今天蒙古国的乌兰巴托南部,测量内容包括二分(春分、秋分)、二至(冬至、夏至)正午时分八尺之竿(表)的日影长、北极高度(天球北极的仰角),以及昼夜的长短等。根据严谨的实际测量,一行推翻了"日影千里差一寸"的错误结论,得出"三百五十一里八十步,而极差一度"的新数据,测出子午线的弧度距离为123.7公里,与现代精密仪器测量的结果111.2公里较为相近,虽然不是十分准确,在世界上却是大规模测量子午线的开端,比国外最早实测子午线的是阿拉伯天文学家阿尔·花剌子模等人在814年进行的测量早90年。一行的这一成就在中国,乃至世界天文史上都具有重大的意义。

 第 103 天　为什么黑子增多，太阳反而越亮

太阳黑子也叫日斑，是太阳光球层上旋涡状的气流，旋涡中心向下凹陷，肉眼看去呈黑色，所以叫做黑子。黑子并非黑色，我们之所以认为它是黑的，是因为它的温度比太阳光球的其他部分要低一两千度，跟炽热明亮的光球相比，它便显得暗淡很多了，所以看起来呈暗黑色。

科学家发现太阳黑子增多，太阳反而越亮。这是因为太阳黑子是太阳光球层上的一种基本的太阳活动。太阳黑子本质上是太阳光球层炽热气流的旋涡，大致为4500℃，黑子现象发生时，我们便可看到那些黑斑。太阳黑子经常是成规模出现，黑子越多，代表太阳活动越剧烈。黑子的活动遵循一定的规律，每11.2年为一个活动周期。黑子大规模涌现时，太阳光球表面就会出现无数明亮的光斑，它们处于黑子活动部位和太阳光球的其他地点，其产生的亮度有力地补充了黑子现象造成的光亮减低，因而太阳黑子大量出现时，太阳的亮度反而大大提升了。

在黑子活动周期最初的4年终，太阳光球表面不断有黑子出现，数量越增越多，当黑子的数目达到顶峰那一年，就被称为太阳活动峰年。太阳活动峰年，是太阳看起来最明亮的时期，它的亮度变幅平均可达1/2500。在之后的7年时间中，太阳活动减弱，黑子数量减少，黑子数量最小的那一年称为太阳活动谷年。太阳活动谷年是太阳亮度较低的时期，那时的太阳比太阳峰年时要暗淡得多。太阳黑子的活动虽然能使太阳看起来更明亮，却会对地球磁场造成干扰，而且会对各种电子产品和各类电器的功能造成损害。

 第 104 天　"天干地支"是什么意思

"天干地支"的说法最早产生于炎黄时期，在我国古代的历法中，甲、

乙、丙、丁、戊、己、庚、辛、壬、癸被称为"十天干"，子、丑、寅、卯、辰、巳、午、未、申、酉、戌、亥叫作"十二地支"。古人们在记录重大节日，纪年、纪月、纪时等命名时，主要采取按规定的顺序干支组合的方法。

上古时期，华夏民族的始祖黄帝，命大挠氏探究天地五行之气机。五行之说源于五方，五行中的"五"指金、木、水、火、土五种物质，"行"指五种物质的运动变化。二十八宿即由绕日周期最久的土星的二十八年一周天所定义的，始作甲、乙、丙、丁、戊、己、庚、辛、壬、癸十天干，以及子、丑、寅、卯、辰、巳、午、未、申、酉、戌、亥十二地支，相互配合成六十甲子用为纪历之符号。根据《五行大义》中记载，干支为大挠所创。夏历中，常用干支来编排年号、日期。具体是以一天干配以一地支，天干从甲开始，在前，地支从子开始，在后，六十年为一周期，叫做"六十甲子"或"花甲子"。天干表示时、日、月、年的次序，地支用来纪月、纪时。其中纪时就是把一天分为12个时段，分别用十二地支表示，成为十二时辰。

 第 105 天　《授时历》是一部怎样的历法

元朝1276年，元世祖忽必烈下令修改历法，1277年左右，郭守敬向政府建议，为编制新历法，组织一次全国范围的大规模的天文观测。元世祖采纳了建议，派14名天文学家，到国内26个地点进行了几项重要的天文观测，历史上把这项活动称为"四海测验"，测定了夏至日的表影长度和昼、夜时间的长度，为编制新历提供了较为精确的数据。

元世祖至元十七年（1280年），《授时历》编写完成。元世祖按照"敬授民时"的古语，取名为《授时历》。这部历法反映了当时我国天文历法的新水平。它有不少革新创造，通过对之前四十多部历法著作的认真总结研究，把一年规定为365.2425天，与地球绕太阳公转一周的实际时间仅差26秒，与现代世界通用的公历平均年的长度是一样的。书中废除了前朝采用上元积年以及复杂分数表示天文资料的方法，简化了计算方法，极大地提高了准确度。另外，《授时历》采用3次差分的内插法来计算太阳月亮的不匀称运动；同时采用了与球面三角法类似的数学方法来计算黄道与赤道宿度之间转化及太阳维度的变化。

《授时历》经受住了时间考验。它在我国沿用了300多年，产生了重大影响。现行公历是意大利天文学家利里奥在1582年提出的，比《授时历》晚了整整300年。朝鲜、越南都曾采用过《授时历》。

第106天　《太初历》是什么时候制定的

我国在汉朝初年使用从十月朔日开始的历日制度，随着生产力的发展，这种历日制度不符合人们惯用的春、夏、秋、冬的计法。于是当朝大夫公孙卿、壶遂和太史令司马迁等人提出修改历法的建议。加上汉初以后，人们对天文、天象的认识进一步加深，这就为历法的修改提供了优越的条件。武帝元封七年（公元前104年）五月，汉武帝命公孙卿、壶遂、司马迁等人拟定汉历，并广泛征集民间天文学家参与修改，经过他们反复地进行仪器实测和推考计算，拟定出了18种改历方案，经过层层筛选，最后选定了邓平、落下闳提出的八十一分律历。公元前104年十一月初一适逢甲子日，刚好日值冬至，很适合修改历法，新的历法正式颁发，规定把元封七年改为太初元年，以十二月底为太初元年终，以后每年都从孟春正月开始，到冬季十二月年终。这种历法叫做太初历，它是我国最早根据相关规定制度而颁布施行的历法。

未制定《太初历》之前，人们一直使用秦朝的《颛顼历》。但《颛顼历》有一定的误差。《太初历》的制定正弥补了这一缺陷。其中规定：一年为365.2502日，一月等于29.53086日；将原来以十月为岁首改为以正月为岁首；开始采用有利于农时的二十四节气；以没有中气的月份为闰月，修整太阳周天与阴历纪月不相合的矛盾。《太初历》的出现在我国历法上具有划时代的意义，不仅根据天象实测和多年来史官的记录，得出

135 个月的日食周期，而且还是我国第一部比较完整的历法，在当时世界上也是较为先进的历法，自从《太初历》问世以后，一共被沿用了189年。

 第 107 天　《夏小正》是什么历法

古代社会生产力落后，社会生产全部采用原始的手工劳作，人们在劳动过程中不断总结和发现了气候变化的规律，《夏小正》就是我国古代关于农耕生产事业的历书，全书全部采用夏时编写，是中国现存最早的一部农事历法。

《夏小正》原文收录在《大戴礼记》中。全书500余字，由"经"和"传"两部分组成，主要内容是按一年十二个月，分别记载每月的物候、气象、星象和有关重大政事，尤其是生产方面的重大记事记录比较全面，内容包括：纤维植物、园艺作物、谷物、染料的种植，桑蚕、养马、畜牧、渔猎都颇受重视。其中，马的阉割，染料的蓝和园艺作物的芸、桃、杏等的栽培，均为首次见于记载。

《夏小正》是一部原始而古老的历法，《史记·夏本纪》中说："太史公曰：孔子正夏时，学者多传《夏小正》云。"《礼记·礼运》也载道："孔子曰：我欲观夏道，是故至杞，而不足征也；吾得夏时焉。"郑玄笺："得夏四时之书也，其书存者有《小正》。"这些记载都表明，《夏小正》早在春秋时期就已经出现并被使用了。

 第 108 天　"三正"指的是什么

"三正"是指夏历、商历、周历，是春秋战国时期使用的三种历法，三者最主要的区别在于岁首为"正"的时期不同。《集韵·清韵》说："夏以建寅月为正，殷以建丑月为正，周以建子月为正。"先秦古籍里所记载的历日制度也并不统一。《春秋》或《孟子》多用周历，《楚辞》和《吕氏春秋》用夏历。《诗经》依具体情况而定，如《小雅·四月》用夏历，《豳风·七月》周历和夏月并用。夏历通常用建卯月（后世通常所说的阴历的新年正月）为第一个月，商历的新年正月则是夏历十二月（建丑月），而周历采用冬至的建子月为首。

夏商周各有自己的历法，秦国一统六国后也创立了自己的历法。汉初一直沿用秦历，直到公元前104年，汉武帝改用太初历，以建寅月为年首正月，岁首正月的问题正式在中国确立下来。此历一直延续了2000多年到清宣统退位，这期间，除了王莽和魏明帝改用殷正，武则天和唐肃宗改用周正外，用的都是夏正。

中国古代认为日为阳、月为阴，故用地支来纪月，十二地支分别对应相应的月份（夏历以十一月为子月开始）。每年的开始月份称为正月，每年的第一天称为正旦，正朔。古代夏商周秦一年起始的正月不尽相同，自汉武帝采用夏历后，才形成现在的仍然使用的阴历（夏历）。

第五章
生活常识

 第 109 天　巧除衣物污渍的方法有哪些

清洗衣物时，很多人看到各种污渍就会紧缩眉头。洗衣粉虽然有洁净的功效，但碰到这些顽固的污渍就全然招架不住了。尤其是浅色的衣服，沾染上了污渍，用再多强效的洗衣粉也洗不净。平时生活的一点疏忽，毁了好好的一件衣服，未免有些可惜。其实衣服上的污渍并没有那么难洗，只要找到了窍门，除污渍还是很容易的。

衣服上最爱沾上的是墨渍。写字时钢笔里的墨水溅出，衣服上就晕开了墨迹。一不小心碰倒了墨水瓶，会有更多的墨汁溅到衣服上。刚刚溅上的新渍，应立即用温洗涤液洗涤，然后在墨渍处涂点米饭粒，揉搓几次墨渍即除。陈渍也是可以洗掉的，同样是先用温洗涤液漂洗，然后在污渍处涂抹由酒精、肥皂、牙膏制成的浆糊，反复揉搓几遍就可去除污渍。

用餐时，饭汤溅到或洒到衣服上，就会在上面留下菜汤渍。刚留下的菜汤渍最容易清除，先将衣服在冷水里浸泡5～10分钟，在沾有菜汤渍的地方涂些肥皂搓洗几次即可。陈旧的饭汤渍，可先用刷子蘸些汽油反复刷洗污渍处，再用按照1∶5的比例配成的氨水溶液浸泡污渍，搓洗几遍即可除渍。

衣服上常见的污渍还有汗渍。闷热的夏天，人体会排出大量汗液，在浅色衣服尤其是白色衣服上留下明显的污渍。白衣服上的汗渍最不易除净,那些酷爱白衬衫的人士不得不经常重新购买白衬衫。其实少量的冬瓜汁就能有效去除白衣服上的汗渍。洗白衣服时,只要在汗渍处滴上一点冬瓜汁,双手反复搓洗,难除的汗渍轻轻松松就洗掉了。

第110天 微波炉烹饪应注意些什么

现代社会,生活节奏越来越快,忙碌的都市人没有太多的时间和精力烹调食物。微波炉操作起来方便快捷,无油烟,它的问世给工作繁忙的上班族提供了全新的选择。家里配备了微波炉,人们无须再钻进厨房,烟熏火燎地炒菜做饭。只要把食物原料放进微波炉内,轻轻一按按钮,设置好合适的时间,很快一盘色香味俱全的美食就新鲜出炉了。其实微波炉烹饪并没有那么简单,它是有许多技巧的,掌握好了注意事项,烹饪出的菜肴味道才能更可口。

使用微波炉时,首先要考虑时间设置得是否合理。食物的初温越高,需要烹制的时间越少,因此夏天烹调食物的时间比冬季要短。食物量多,需要更长的加热时间,反之就减少加热时间。浓稠的食物需要加热的时间较长,多孔疏松的食物需要加热的时间较短。含水较多的食物比含水少的食物需要烹制的时间要短,因为水可以大量吸收微波,含水量多的食物更易加热。

其次要根据容器的形状合理排列食物。通常情况下,优先选用浅口圆直边的容器,因为这类容器加热均匀,而且在短时间内就能把食物加热。一般而言,微波加热外围食物的速度较快,因此要把不易熟的厚大食物摆在容器的外围,容器中心放置小块易熟的食物,这样可以保障不易熟的部分也能在有限的时间内烹制好。当然最好能把食物切成薄厚均等、大小适宜的形状,这样有助于食物均匀受热,保证食物在同一时间内做熟。

第111天 吃什么能帮你调节情绪

现代社会竞争激烈,人们面对的压力也越来越大,不少收入颇丰的白领一族由于快节奏的工作方式而患上了忧郁症，普通的工薪阶层也出现了倦怠和烦躁等不良情绪。有的人通过紧张刺激的运动来舒缓情绪，有的人沉迷于烟酒，还有的人穿梭于灯红酒绿的酒吧，这些方式要么只能暂时解压要么对人身心有害，都是不可取的。其实许多特定的食品就能起到安定情绪的作用。我们只要每天多多食用这些食品，心情就会得到改善。

科学研究表明，膳食中的某些营养成分能使大脑产生特定的化学物质，从而起到调节情绪的作用。比如全麦面包能使人心情愉悦。人类能产生快乐的感觉是因为大脑中的 5 羟色胺。食品中的包氨酸可有效提升 5 羟色胺的水平，而全麦面包有助于包氨酸的吸收，所以多吃全麦面包能使更多的色氨酸到达脑部。在吃肉食和奶制品之前食用全麦面包，可以保证色氨酸不受其他氨基酸的干扰成功进入大脑，从而使人产生愉快感。

食用一些特定的水果可以缓解紧张情绪。人体缺镁会导致心情紧张，而香蕉富含镁，工作忙碌的人多吃香蕉可有效补充身体缺失的镁，情绪也会得到缓解。摄入一定量（150 毫克剂量）的维生素 C，有利于改善暴躁易怒、忧郁紧张等不良情绪。每天吃两只橙子或几串新鲜葡萄等富含维生素 C 的水果，可以稳定自己的情绪。

此外，辣椒能刺激口腔里的神经末梢，让大脑产生内啡肽，从而引起兴奋感。香浓的巧克力有镇定作用，心情烦躁时吃几块巧克力可使人心情平静。食用一定量的牛肉可以补铁，有效缓解疲劳、抑郁等症状。

第 112 天　为什么说低温烹调食物有益于人体健康

人们不愿食用烧煳的饭菜，是因为它们实在难以下咽，未必真正了解它们对身体的害处。其实富含肌酸的食品在高温环境下会产生致癌的杂环胺。而一般的鱼类、肉类、豆类食品都含有丰富的肌酸，高温下烹制均能产生致癌物，不慎烹至焦煳，里面含有的致癌物质会更多。在饮食方面，人们一贯追求香脆的口感，煎炸食品大受食客们的欢迎。看到那些黄橙橙、金灿灿、外酥里嫩的美食人们顿时食欲大增。各式各样的烤肉、烤串也让人们的味蕾非常受用。其实这两种烹饪方式制作的食品由于高温都会产生杂环胺，对人体健康产生潜在威胁。

酷爱烤肉和烤羊肉串的食客明知这些食物含有致癌物，但却抵挡不了美食的诱惑，他们认为自己只是摄入微量的杂环胺，只要不是每天都吃烤肉和肉串，得癌症的概率还是很低的。但经常吃烧烤，体内的致癌物的含量就会越来越高，致癌风险非常大。较明智的做法是采用电炉来烤肉，微波可以大大降低烤肉产生的杂环胺含量。此外，低温烹制食物（100℃～120℃之间的炒、炖、蒸、煮）都不会产生致癌物，高压锅蒸煮也不会产生损害人体健康的物质。

我们不应单纯追求味觉刺激，而忽略了高温烹调方式给身体带来的不利影响。掌握正确的烹调方法，科学合理地烹饪食物，才能让自己和家人吃得更科学更健康，有了健康的身体，人生才能更美满，生活才能更幸福。所以在烹饪饭菜时最好在较低的温度下操作，如果到外面就餐也要尽量选择低温烹调的食品。

第113天　红薯为何能延年益寿

红薯俗称地瓜，口感香甜绵软，含有多种营养物质，被认为是物廉价美的益寿食品，在世界范围内种植广泛。据《本草纲目》和《本草纲目拾遗》记载，红薯可补虚乏，益气力，健脾胃，强肾阴，使人健康长寿。《中华草本》中说红薯具有补中和血、通便秘等功效。

红薯营养价值很高，1千克红薯含有256克糖、15克蛋白质、156毫克钙和多种营养物质，营养学家认为它可以称得上是营养最均衡的保健食品。红薯属于碱性食品，而我们平时食用的粮食和鸡鸭鱼肉等大多是酸性食品，因此吃红薯可以维持身体的酸碱平衡。红薯还是低脂肪低热量食品，100克新鲜红薯所含的脂肪量只有0.2克，能产生的热量也仅有99千卡，所以食用红薯对身体健康是十分有益的。

红薯中含有的黏蛋白，可使人体心血管壁富有弹性，防止动脉硬化，减少皮下脂肪，维持肝肾中结缔组织健康，使其不萎缩，降低胶原病发病的可能性，同时润滑呼吸道、消化道、关节腔和浆膜腔。红薯中含有的淀粉和纤维素，可在肠道内吸收水分，增强肠道蠕动，有利于通便排毒，并防止发生肠癌，而且这些营养元素还可防止血液中生成过多胆固醇，减少冠心病的发生。

日本专家研究的抗癌蔬菜中，红薯名列榜首。日本医生对 26 万人进行了饮食调查，调查结果显示熟红薯的抑癌率为 98.7%，生红薯的抑癌率为 94.4%。美国费城医院从红薯中提取的去雄酮，可降低结肠癌和乳腺癌的发病率。

第 114 天　怎样用旋转的方法分辨生鸡蛋和熟鸡蛋

第一种辨别方法是以同样大小的力将两只鸡蛋放在桌子上旋转，旋转快的鸡蛋是熟鸡蛋，旋转慢的鸡蛋是生鸡蛋。这是因为生鸡蛋内部的蛋白和蛋黄都处于液态，与蛋壳不能成为一体，在受到外力时，蛋黄和蛋清的液体在惯性的作用下仍然保持原来的静止状态，于是蛋壳旋转的速度就被蛋黄和蛋清拖慢了。而熟鸡蛋，蛋黄和蛋清都是固态，与蛋壳成为一个整体，当我们旋转鸡蛋时，鸡蛋的各个部分都是一同旋转的，旋转的速度就会快于生鸡蛋。

第二种辨别生鸡蛋和熟鸡蛋的方法是，当你用同样大小的力让两只鸡蛋同时旋转时，可以用手轻按鸡蛋，然后将手拿开，迅速停止旋转的鸡蛋是熟鸡蛋，摇晃不停继续转弯几圈才停下的鸡蛋是生鸡蛋。这是因为如果是生鸡蛋，蛋壳在受到外力影响时会倾向于停止运动，但鸡蛋里面蛋白蛋黄液体在惯性的作用下依旧要保持原来旋转的状态，因此会带动蛋壳一起旋转一段时间再停下来。而熟鸡蛋因为蛋壳和里面的蛋白、蛋黄是一个整体，所以受到外力即刻停止了运动。

第三种辨别方法是给两只鸡蛋以相同的外力，转圈多的鸡蛋是熟鸡蛋，转圈少很快倒下的鸡蛋是生鸡蛋。这是因为熟鸡蛋完全是固态，只要不是受到过大的力，旋转时形状不会发生改变，因此重心也是固定不变的，由于重心垂直线垂直于支撑面，重力力矩为 0；垂直于支撑面的支持力的力矩也是 0，合力矩为 0，符合角动量守恒定律，所以鸡蛋会旋转很久。而生鸡蛋因为内部是液态，鸡蛋旋转时里面的蛋清蛋黄形状经常发生改变，重心位置也会跟着不停地发生变化，重心垂直线偏离支撑面，重力矩不为0，平衡被打破，生鸡蛋便会倒下，所以转圈数较少。

第115天　毛衣产生静电的原因是什么？

我们在秋冬季节脱掉毛衣时，会听到噼噼啪啪的响声，这是因为毛衣产生了静电，那么毛衣上的静电是怎么来的呢？

我们知道自然界的任何物质都是由原子组成的，原子是由质子、中子和电子组成的。其中质子带正电，中子不带电，而电子带负电。一般而言，一个原子的质子数等于电子数，所以正电荷和负电荷相等，原子是不带电的。而外界作用比如摩擦，会打破原子正负电荷的平衡，电子受到外力吸引脱离轨道，离开原子，致使正负电荷不相等，便产生了静电。两个不同材质的物体接触又分离后就能产生静电。两个不同的物体摩擦后，会使一个物体的电子转移到另一个物体上，由于负电荷减少而使自身带正电，而另一个物体由于获得了一些电子，负电荷增加，所以带上了负电。

人体皮肤和毛衣相互摩擦时，毛衣上的原子失去电子，导致原子核内外电荷不相等，所以原子显示电性。如果气候湿润，空气湿度大，产生的电荷就会被水分子带走。而到了秋冬季节，天气变得干燥，皮肤也很干燥，身上积累的电荷不能被及时带走，就会越积越多，然后电荷转移到毛衣位置较高的地方，如毛衣衣领，一旦碰到和它们电性相异的电荷便会发生放电现象。静电会对人体健康产生一定影响，为了避免接触太多静电，平时最好少穿容易产生静电的化纤衣服，可以在室内放一盆水，增加空气湿度。也可用空气加湿器来调节空气的湿度。另外，勤洗澡、勤换洗衣物可以消除人体皮肤表面聚集的静电荷。

第116天　为什么在浴室里唱歌歌声更好听

很多人在浴室里洗澡的时候，喜欢高歌一曲，唱罢会惊奇地发现自己还是蛮有音乐天赋的，但一旦脱离了浴室这个理想的练音室，自己喑哑的嗓音又恢复了原形。那么为什么在浴室里唱歌声音会特别好听呢？

我们知道声波发出以后遇到物体会反射回来，道理就跟掷出去的皮球碰到墙壁会反弹回来是一样的，只不过反射回来的声波由于部分被物体吸收能量有所损耗，会有所减弱。质地不同的物体对声音的吸收也是不同的。质地坚硬的物体吸收声音的能力差，反射回来的声音就多，而质地柔软的物体吸收声音的能力较强，反射回来的声音要少得多。浴室的环境跟其他房间是不同的，密闭狭小的空间和浴室内的物品都可以使声音反射效果达到极佳状态。浴室内四壁光滑结实，陈设的洗手盆和大浴缸质地坚硬，大片的地板没有任何覆盖物，这些平面堪称理想的高频反射表面。

人在高歌的时候发出的声音属于高频音。高频音由于波长长，在传播时容易发生衰减，而低频音波长较短，易于发生衍射，不容易衰减。在普通的房间里，高频音很容易被房间内摆放的各种物品吸收，也极容易发生衰减，而低频音则会保留下来。在日常生活中我们可以发现低频音确实比高频音更易于存留。比如在同等距离范围内，比起架子鼓的铙声，我们更容易听清电吉他的低音。在浴室里唱歌，发出的高频音碰到坚硬的物体不易被吸收，大部分完整保留了下来，所以歌声听起来更好听。

此外还要考虑声音共鸣的影响。物体都有它们倾向的振动频率，当不同物体的这种振动频率相吻合时，它们就会出现共振现象，继而引发共鸣。在不同情况下物体产生共鸣的频率是有差别的。浴室的各个表面更容易使声音产生共鸣，如果在这个共鸣频率下的声音恰巧十分动听，那么你听到的歌声自然特别好听。

 第 117 天　吃什么有助于化解体内结石

体内结石不仅引发身体疼痛，而且阻碍人体代谢，容易引发感染，严重危害人体健康。结石严重者需要手术治疗，无须手术的情况下，需要服用相应的药物。无论采用何种医疗手段治疗结石，在饮食上最好多加注意，否则不但影响治疗效果，还会让病情恶化。结石患者油腻食物不可多吃，辛辣等刺激食物也不宜食用。但有一类食物是可以帮助人体化解结石的，它就是黑木耳。

黑木耳可溶解侵入人体的头发、谷壳、沙子、木渣、金属屑等不易消化的异物，并对其起到烊化作用，可有效抑制由异物入侵导致的胃肠道不适感。理发师、矿工、木工、修理匠、护路工作人员都容易患上职业病，体内产生结石的概率较大，平时多吃些黑木耳可有效防止结石生成。

黑木耳可有效化解胆囊、肾脏、膀胱等器官内的结石，能显著缩小和消除人体内的胆结石、肾结石和膀胱结石。黑木耳富含的发酵和植物碱，可增进消化道和泌尿道各类腺体分泌，并协助分泌液润滑人体各种管道、催化结石，使其顺利排出体外。

第118天 如何使干枯的头发变亮

头发可以对人的容貌起到良好的修饰作用，古代女子经常"当窗理云鬓"，现代女子也以"长发飘飘"作为美的标准，发型和发质能凸显一个人的气质。都市男女为追求时髦频繁地染发烫发，使得一头健康的头发变得暗淡毛糙。

头发干枯暗哑，会影响个人的外在形象。发质差的女生被迫剪短三千烦恼丝，发质差的男生干脆理个平头，然而短发也依然掩饰不了头发的瑕疵。媒体和商家宣传的护发广告大行其道，可是不停地尝试各种品牌的护发素未必能使一头毛躁的枯发焕发新生。头发的滋养需要天然物质做养料，想要拥有一头光亮的飘飘秀发，应该多了解些让枯发变亮的小常识。

食醋和鸡蛋具有极好的护发效果。在洗发露里放入少许鸡蛋蛋白，用手指对头皮轻轻按摩几分钟，护发效果极佳。洗完头，用蛋黄和少许醋调成溶液，沿发丝缓缓涂抹，然后用毛巾包住头发。1小时后以清水洗净，这样干枯毛躁和发质过硬的头发就能变得乌黑亮泽。

啤酒也能养护头发。洗完头将头发擦干后，可用1/8瓶啤酒均匀涂抹在发丝上，然后用手轻轻按摩头发和头皮，让啤酒渗入发根。一刻钟后用清水把头发清洗干净，再用梳子理顺。啤酒洗头不但能使头发更有光泽，还能缓解头皮瘙痒症状，减少头皮屑。

茶水有去除油腻的作用，洗完头发后使用茶水将头发再冲洗一遍，可有效除去发丝上的垢腻，让头发柔顺黑亮、焕发青春活力。

 第 119 天　为什么抬高脚能消除疲劳

掌管人体血液循环的主要器官是心脏，心脏就像永不停歇的水泵一样有节奏地把血液输送到全身各处。其实动脉里的小肌肉也参与了血液循环。动脉受压时小肌肉收缩，动脉孔变窄，使得血液压力增大，血液就会流向手臂、双腿和身体各大器官。

静脉里没有小肌肉，只有当我们的手臂和腿部运动时，血液才会流回心脏。如果我们长时间站立不活动，血液就会长时间驻留在腿部的长静脉中，使腿部产生僵重和疼痛等不适感。如果停留在静脉里的血液压迫脚踝和腿部，就会使腿部出现肿胀。把脚高举，能有效缓解腿僵和腿肿，因为这个动作能使腿部静脉里停滞的血液重新流动起来，腿部和脚踝就不会那么难受了。

把脚抬到高于心脏的位置，可使血液在重力作用下流回心脏。心脏功能不全的病人可以经常做这个动作，抬脚有助于增强血液循环，减轻心脏的压力。休息时，不妨脱下鞋子，把脚靠在沙发上，高举起来，这样静脉里不流动的血液就会从腿部流向心脏，促进人体血液循环。躺在睡椅上时，最好不垫枕头，把脚放在椅子的靠背上，使其高度高于心脏，这个动作可先让陈旧的血液自脚部输送走，然后使全新的血液运行到大脑和全身，可防止高血压，并能有效消除静脉疲劳。

现在市场上售卖的摇椅和睡椅都有跷脚的设计，我们坐下或躺下休息时，可以将双脚放置在合适的高度上。长时间看电视，身体保持静止状态，不利于静脉血液运行，我们在观赏电视栏目时尽量将脚高举，靠在沙发或茶几上，这样做有益于腿部血液的循环。

第 120 天　怎样自行矫正扁平足

　　足是人脚的重要组成部分，正常人的脚拥有健康的足弓，所以整只脚都富有弹性，可以吸收走路时地面给脚部带来的冲击力，又能锁定中足关节，让脚的结构更为坚固稳定，有助于推动人体运动。而有的人脚部正常足弓缺失，也就是足弓塌陷、足底扁平，这种情况就叫扁平足。患有扁平足的人，站立、行走、奔跑、跳跃时间稍长一点，腿部和脚部就会感到疼痛，严重时腰部也跟着痛。扁平足患者不能负重，耐力较差，严重时可导致脊柱变形，影响人的身姿。

　　扁平足最好及早矫正，儿童少年时期是矫正的最有利时机。自行矫正的方法有三种。第一种矫正方法是采用专门的矫正鞋矫正。矫正鞋在形成足弓的位置设计了一个厚约 0.9 厘米的富有弹性的软垫，可强制足弓成型。第二种矫正方法是坚持每日用热水洗脚，然后用双手给脚底以适量按摩；脚趾经常使劲向脚心做弯曲拉伸的动作，还可以尝试用脚趾夹东西；保持坐姿时，双脚练习踩踏木质或竹制的圆柱形滚筒。第三种矫正方法是踮脚走路或者进行攀登和跳舞等休闲运动，运动量要适中，以脚底尚未疼痛为宜。总而言之，常常练习脚底弯曲的各种动作，能强制足弓成型，最终达到矫正扁平足的目的。

　　大多数扁平足都是先天性的，也有一部分是后天形成的。儿童的足弓一般是在 4~6 岁形成，及时发现及时矫正，如果将病症延续到成年时期，会严重影响日常生活和身体健康，因此治疗扁平足最好不要错过最佳矫正时期。

第 121 天　人体生物钟各种最佳时间是何时

　　世间万物都遵循一定的运行规律，生物体内好像装有一只无形的钟表，使得它们按照一定的时间法则进行各类活动。公鸡每天天明时都会报晓，而猫头鹰每到夜间就开始扑食。人类体内也有生物钟，在每天的各个时间段适合做不同的事情。

最佳睡眠时间是每天的 21~22 时，因为 22~23 时人体生物钟处于低潮状态。

最佳起床时间是每天的 5~6 时，晨时的这个时间段人体生物钟进入高潮，人体温度升高，起床之后会感到精神振奋。

最佳用脑时间是上午 8 时、10 时、下午 2 时和晚上 8 时。上午 8 时大脑拥有严密周详的思考能力，10 时人体精神充足，精力旺盛。下午 2 时大脑思维敏捷、反应迅速。晚上 8 时大脑记忆力最好。大脑的逻辑推理能力会在白天 12 个小时内慢慢下降。

最佳饮水时间是在早上起床时和用餐前 1 小时。早晨起来喝上一杯水，可以清肠胃给身体排毒。餐前 1 小时喝杯水，可使人食欲大增。

最佳散步减肥时间是饭后 45 分钟。速度保持在每小时 4.8 千米，散步时间以 20 分钟为宜。如果在饭后 2~3 小时再次以同样速度散步 20 分钟，瘦身效果更佳。

冬春两季的初始的一两个月，早晨 6~7 时不适合锻炼身体，因为那段时间太阳出来较晚，天气寒冷，外出锻炼容易着凉和感冒。夏秋季节早晨 5~6 时是锻炼身体的最佳时间，那时空气清新，天气也较为凉爽，气温适宜。一年四季的上午 10 时和下午 3 时是做健身体操的最佳时间。充分利用这段时间锻炼，可有效增强体质。

 第 122 天　青少年长期穿运动鞋有什么危害

青少年酷爱运动，又追求时尚，弹性好、舒适感强、外观简洁又富有青春气息的运动鞋便成为他们最喜欢穿的鞋子。运动鞋的设计确实对青少年奔跑、跳跃起到缓冲作用，但长期穿运动鞋，对青少年的身体有很多危害，尤其不利于他们的生长发育。

运动鞋密闭性好，透气性差。青少年剧烈运动后，脚会大量出汗，在这种封闭空间中，鞋内的湿度非常高，再加上夏季气温高，鞋里会像蒸笼一样热，这些条件都有利于真菌繁殖，因此常穿运动鞋的人爱长脚癣。

运动鞋是平底鞋，虽然能起到缓解疲劳的作用，但它不能确保身体重心均匀分布在整只脚掌上，导致人体的肌肉、骨骼、韧带和脊柱不在正常的位置上，而且工作状态欠佳。青少年套上运动鞋后，身体的重心发生了变化，脚部作用力不能平均分散，行走时影响步法。青少年在成长发育过程中应经常锻炼足弓，质地较软、富有弹性的运动鞋会导致蹠筋膜发生退化，鞋内闷热潮湿会促使脚底韧带松弛变长，导致脚掌横向生长，渐渐变宽，最终成为扁平足。

专家建议，运动鞋更适合进行体育锻炼和外出旅游时穿，无论跑跳还是攀登或长途旅行，穿运动鞋不易受伤，而且脚底不易产生疲劳和疼痛感，但青少年最好不要每天都穿运动鞋，如果已经习惯了穿运动鞋，可以隔天换穿，这样也能降低它对身体尤其是双脚造成的伤害。另外，运动鞋的质量也很重要。品质好的运动鞋应具有轻便、防滑和吸汗等功能，这样的运动鞋不但可降低受伤的概率，还能避免双脚长期处于潮湿的环境中，防止滋生脚气。

第123天　什么是冷气病，应如何预防

夏季灼人的阳光和闷热的天气让人备受煎熬，长时间吹冷气成了大部分居民消暑的主要方法。可是长期让自己的身体暴露于低温中，会促使微血管收缩，特别是没有肌肉和脂肪覆盖关节处，长时间受到冷气侵袭，容易变得僵硬，而且易于产生酸痛症状。当人体感到受凉时，出于保护内脏的目的，血液会积聚在腹部，导致手脚血液大幅度减少，使得手脚冰冷不适，肩膀僵硬。吹冷气太久，还会使人产生类似于感冒的各种不适反应，比如四肢酸痛、头昏脑涨、咳嗽、胸痛等。这一系列症状就被称作冷气病。

预防冷气病可以从七点入手。一、随时准备一件长袖外衣或者披肩，待感到皮肤受凉时穿上外衣或者用披肩裹住自己，避免自己受冷。二、空调要设置合适的温度，不要过于贪恋凉爽而不顾身体健康，空调温度应调至25℃为宜，室温太低会导致体温调节中枢出现故障，使人感到肠胃不

适。三、在室内放一盆水调节空气湿度，吹过多的冷气会使人皮肤干燥，因此需要增大水分子在空气中的密度。四、久坐后最好适度活动，因为吹空调会影响人体血液循环，所以要多多起身运动。五、切忌让空调通风口的冷风直接吹在皮肤上，出汗太多时不要马上吹冷气，降温太快容易生病。六、经常清洁皮肤，勤洗澡。经常出入空调环境，忽冷忽热，皮肤上的细菌容易聚集在汗腺和皮脂腺内阻塞，造成感染。保持皮肤洁净，可有效避免这类情况。七、应多饮水，经常吃一些葱姜蒜、牛蒡等提高人体免疫力的食物，增强自身身体素质。

第124天　酒精分析器辨别人是否喝过酒的原理是什么

在日常生活中，我们经常看到酒驾司机被交警在公路上拦下，使用酒精分析器来测试是否过量饮酒，如果蜂鸣器发出响声，司机就会得到一张罚单，严重者还需承担相应的法律责任。这种检测方法实用有效，既保证了司机和乘客的出行安全，又降低了交通事故率。那么酒精分析器分辨司机是否喝过酒的原理是什么呢？

众所周知，酒精的主要成分是乙醇，乙醇可以与许多化学物质发生氧化反应，橙红色的铬酐就是一种非常好的氧化剂，如果铬酐遇到乙醇会迅速与其发生化学反应。酒精分析器里面装有铬酐的晶体粉末，对司机进行酒精测试时，交警会让司机的嘴贴近酒精分析器，这样司机呼出的气就会进入仪器内，如果气体里含有酒精成分，乙醇就会和酒精分析器里的铬酐产生化学反应，铬酐会由原来的橙红色变为绿色，这种变化通过电子传感元件转化为电信号，电信号促使仪器上的蜂鸣器发出警报似的鸣响声，于是饮用过酒精的司机就被测试出来了。

如今这种酒精检测仪已广泛应用于全球，及时制止了许多违规驾驶的发生，拯救了无数宝贵的生命。酒驾司机在酒精分析器无所遁形，其漠视交通法规和个人与他人生命安全的行为必将得到惩处。在物质极大丰富、私家车越来越多的今天，酒精分析器起着越来越重要的作用，它大大方便了交警的工作，其检测结果的客观真实性也让违法人员难以否认自己的过失,这种神奇的检测仪器超越了人类的主观判断,以科学和事实为准绳,增强了办案的公平性和公正性。

第 125 天　人真的能空手劈砖吗

我们经常在电视上看到空手劈砖的精彩表演,心中不免会生出疑问,特技演员是如何空掌劈断坚硬的砖头的呢?他们当然没有练过裘千仞的铁砂掌,其实这主要和两个科学原理有关。

第一个原理是杠杆原理。阿基米德曾经说过:给我一个支点,我就能撬动整个地球。可见杠杆省力之大。据说古埃及人建造金字塔时便使用杠杆搬运过大量的巨石。杠杆省力的原理是,在平衡状态下,动力与动力臂的乘积等于阻力和阻力臂的乘积,根据整个公式杠杆在达到平衡状态时,动力臂是阻力臂的几倍,动力就是阻力的几分之一。因此寻找合适的支点使动力臂更长阻力臂更短,就可以达到省力的目的。手劈砖头时,第一步是把砖头悬空,如此力便不会被桌面分散,而且砖头与桌面的边缘形成了一个杠杆,只要找到合适的支点,估计好砖头悬空的部分,就可以使杠杆省力。尽可能使动力臂长些,这样当力作用于砖头时,所消耗的动力只要达到阻力的几分之一就可以把砖头劈开。

第二个原理是冲量定理。冲量等于力 F 与时间 T 的乘积,表示力在一段时间持续发生的作用。它是一种矢量。动量是物体质量 M 和速度 V 的乘积。$FT = MV_2 - MV_1$,其中 V_1 指初始速度,这里为 $V_1 = 0$。V_2 是之后某一时刻的速度。由此可推导出 $F = M(V_2 - V_1)/T$。我们知道砖头的质量是不变的,因此只要增大劈砖的速度,减少所使用的时间,便可产生足够大的力让坚硬的砖头断成两半。道理虽然简单,但不是每个人都能做到的,由于劈砖具有一定的风险,所以切忌盲目模仿。

第六章
称呼趣谈

 第 126 天　为什么称女儿为"千金"？

古代的富家少女常常被称为"千金"或"千金小姐"，用以表示身份的尊贵。那么这个称呼是怎么来的呢？

"千金"最初并不是用来形容人的。秦汉时"金"多指黄铜，秦代一镒为一金，汉代一斤为一金，"千金"即一千斤黄铜，通常用以形容一大笔钱财。之后，"千金"就带有贵重的意思，比如我们日常所说的一笑千金、一诺千金、一言千金等。"药王"孙思邈所著的医书之所以取名为《千金方》，是因为人的生命有如千金贵重，上面所载药物可以救人性命，所以治病良方便称为千金方了。

"千金"开始用以形容人，早期可用在男性身上，并不专指女孩。南朝有个叫谢朏的男孩，聪明过人，年仅10岁就写得一手让人称叹的好文章，父亲谢庄甚是疼爱他，无论到哪儿都让他随行左右。一天，谢朏跟父亲一起爬山游玩，回来之后父亲让他即兴写一篇游记，谢朏挥毫泼墨，一会儿就写出了一篇质量上乘的佳作。当时的宰相王景文夸赞谢朏是神童，谢庄感到十分自豪，于是用手抚摸着儿子的背说道："他真是我家千金啊！"以后"千金"就用来形容出众的少年男子。

元朝以后，千金用来专指少女，含义是出类拔萃的女孩子，是对年轻女孩能力的赞美。"千金小姐"的称呼最早出现在张国宾的杂剧《薛仁贵》

里。在明清时代的很多文学著作里，"千金"都用来称呼身份尊贵或大户人家的女孩。

 第 127 天　古人为什么把未婚女孩称作"黄花闺女"

民间常把待字闺中、尚未出嫁的少女称为"黄花闺女"，那么为什么会有这种说法呢？这还得从古代女性的妆容说起。

我们知道爱美是女人的天性，古代女子会把大量时间用于梳妆打扮。年轻的姑娘当然不愿辜负大好的青春年华，十分重视化妆技术。据传，南北朝时期，宋武帝的女儿寿阳公主是个天生的美人胚子，她不仅人长得美，而且冰雪聪明，尤其精通化妆术。正月里，有一天她和宫女在宫中嬉戏，玩倦了就在檐下休憩，是时梅花正开得旺盛，醉人的花香时时袭来。正当寿阳公主假寐之际，几朵经风吹落的梅花花瓣飘落在了她的前额上，印染上了好看的花色，寿阳公主顿时显得光彩照人，宫女见了无不称奇。从此，寿阳公主经常将梅花花瓣贴在额头作装饰，宫女也纷纷效仿，后来此妆容传到民间，就被誉为"梅花妆"或"寿阳妆"。

梅花虽好，但只在酷寒时节盛放，花期太短，在没有梅花花瓣的时候，爱美的女子开始用其他花瓣装点额头。花色中当属黄色最为明丽，因此在额际点缀黄花成了当时的风尚。这种装扮被称为"贴花黄"，不过只有没有出嫁的女子才可作此打扮，出阁之后就不能有这样的装束了。

"花黄"是用黄菊制成的黄色粉妆，由于黄菊象征着清冷高洁的品性，正好用以比作女子的贞洁。因此"贴花黄"寓意着女子保持操守和未出嫁的清白之身，"黄花"也就成了未婚女子的代名词了，即便没出阁的女孩不再热衷于"贴黄花"的打扮，人们仍称她们为"黄花闺女"。

 第 128 天　为什么人们管知识分子叫"老九"

在中国古代，人们认为"万般皆下品，唯有读书高"，寒窗苦读以期考取功名的知识分子向来受到尊重，那么，"老九"这种称呼是怎么来的呢？

这一称呼的由来可追溯到元朝。中国古代封建社会虽然等级森严，可国家并没有明确划分出人民的社会等次，"士农工商"各司其职。

蒙古族人横扫中原建立政权后，根据与蒙古族的亲疏关系，把人民规定为四个等级：第一等人是血统纯正的蒙古人；第二等人是色目人，即最早被蒙古族人统治的中亚细亚人；第三等人是"汉人"，即金帝国所属的中原人，包括女真族、汉族、党项族；第四等人是"南人"，即南宋帝国所属的江南地带的汉族人、黎族人和苗族人。依据人民所从事的职业，又把人细分为十个社会等级：一为官，指的是在朝中大臣；二为吏，指的是低于官员的政府雇员；三为僧，指的是佛教的僧人；四为道，指的是道教的道士；五为医，指的是为人治病的医生；六为工，指的是精通技术的高级技工；七为匠，指的是卑微的手工劳动者；八为娼，指的是优伶和娼妓；九为儒，指的就是饱读诗书的知识分子；十为丐，指的是一无所有的乞丐。因为知识分子被列为第九等，所以就有了"老九"的说法了。

第129天　两姐妹的丈夫为何被称作"连襟"

在民间我们经常会听到人们称两姐妹的丈夫为"连襟"。那么这种叫法是怎么来的呢？

"连襟"一词是襟袂相连的意思，襟是指衣襟，袂是指衣袖，常用以形容两人关系亲密无间。这种说法来自于唐代杜甫的一首叫做《送李十五丈别》的诗，诗中写道："人生意气合，相与襟袂连。"据说杜甫晚年在川东地区居住，他与当地一个姓李的老翁交好，两人都有相见恨晚之意，常常聚在一起小酌，谈天说地好不开心，只要几天断了来往就会互通书信。一次，两人不经意地谈到各自的家世，没想到他们俩居然是远房亲戚，从此两人的关系更近了一层。

后来杜甫要到湖湘去，非常舍不得姓李的知己好友，临行前就写了一首诗作别，便是那首《送李十五丈别》。诗人用"襟袂连"来形容两人的亲密关系，进一步讲也可理解为杜甫和姓李的朋友是远房亲戚关系，这种说法并不确指两姐妹的丈夫。那时"连襟"仅是指两人关系很近。

把两姐妹的丈夫呼为"连襟",要追溯到宋朝时期。宋代马永卿曾在《赖真子》中讲到江北人把友婿称作"连襟"或"连袂",这里所说的友婿就是指两姐妹的丈夫。

关于"连襟"还有一个典故。北宋文学家洪迈有个在泉州当幕宾的堂兄,官场失意仕途不顺,但幸运的是这位堂兄有个做节度使的姐夫,于是时来运转,被举荐到京城做大官,由于自己文笔不佳,便托洪迈代写一封感谢信,洪迈在信中把堂兄及其姐夫两人的关系比作"襟袂相连",又表达了一些感激之情。之后"连襟"就专门用来指代两姐妹的丈夫了。

第130天 为什么称两兄弟的妻子为"妯娌"

在民间,两兄弟的妻子被合称为"妯娌",那么这种称呼是怎么来的呢?

其实"妯娌"一词来源于长江地带的方言。在古代,面积较小的居室被称为"小筑"。在乡里,这样的小居室随处可见,它们成排成栋地整齐排列着,人们就把它们叫做"筑里"。因为,古代追求人丁兴盛,导致家庭人口众多,通常一大家子人会在一个院子里共同生活。所以,"筑里"又衍生成一家人的意思。

古时的女性讲究贤良淑德,夫家选媳妇也是以传统观念作为衡量标准。所谓妇嫁从夫,女人一旦出了嫁,就必须肩负起照顾丈夫、侍奉公婆的责任,操持家务便是她们的本分,因此媳妇们在"筑里"生活的时间最长。后来,人们就把兄弟俩的媳妇称为"筑里"。

之后人们改变了这种叫法,"筑里"慢慢演变成"妯娌"。妯本来就有一双、两个的意思,所以"妯娌"就变成两兄弟妻子的合称了。本家以外的人称呼两兄弟的妻子为"妯娌",兄弟妻子之间也可互相叫对方为"妯娌"。

自古以来,妯娌之间是非就多。单从两个字的字面上看,便可领会汉字的造字之妙:两字都是女字旁,右侧的组成又有几分相近,"由"和

"里"字一上一下，一副对立的架势。妯娌的关系就像婆媳的关系一样复杂，矛盾是避免不了的。如果妯娌相处不来，两兄弟夹在中间难免伤了和气。所谓"家和万事兴"，"妯娌"之间勤于沟通是非常重要的。

 第131天　"老公"、"老婆"的叫法从何而来

我们知道"老婆"是丈夫对妻子的昵称，同样"老公"也是妻子对丈夫的昵称，夫妻之间的这种叫法听来朗朗上口，又十分贴切，思量起来更含有无尽情意，抒发出"执子之手，与子偕老"的情怀。那么这种叫法是怎么来的呢？

相传，在唐代有个叫麦爱新的读书人，金榜题名之后突然觉得妻子又老又丑，配不上自己的高贵身份，于是就想始乱终弃，休妻之后再取个貌美如花的年轻女子。他提笔写了一副上联置于书案上："荷败莲残，落叶归根成老藕。"他的妻子正巧看到了。妻子从中察觉到了丈夫休妻再娶的念头，心中不免有些伤心，但又想表明自己的立场，于是续写了下联："禾黄稻熟，吹糠见米现新粮。"她用"禾稻"对应"荷莲"，用"新粮（新娘）"对应"老藕（老偶）"，不但对仗巧妙工整，平实贴切，而且妙趣横生，针锋相对。麦爱新读罢，被妻子的才智和真情打动了，为自己喜新厌旧的想法感到羞愧，于是放弃了休妻再娶美娇娘的念头。妻子见丈夫惦念旧情，很是欣慰，于是继续写道："老公十分公道。"麦爱新又写了下联："老婆一片婆心。"这个脍炙人口的故事流传了下来，从此"老婆"和"老公"就成了夫妻之间的称谓。

以前有人认为这种称呼是从港台传到大陆的，其实这种叫法大陆自古有之。在古典文学名著《水浒传》中潘巧云就称自己的丈夫杨雄为老公。《蜃中楼》杂剧里也有提到"老婆"这个词。

 第132天　为何称呼古代的皇帝为"陛下"

"陛下"是对古代皇帝的一种尊称。有人可能要问：一人之下万人之

上的皇上，为什么会被称为"陛下"呢？

经历史考证，"陛下"并不是称呼皇帝本人的，像"殿下"、"阁下"等一些称谓都不是称呼本人的。那么到底是怎么回事呢？原来，"陛下"中的"陛"指的是帝王宫殿的台阶，东汉时期的大文学家蔡邕曾经对此做过解释说，古代的皇帝命令他信得过的臣子手拿着兵器站在宫殿的台阶下，以防发生什么意外。所以，"陛"的下面是皇帝比较信任的臣子，蔡邕对此作进一步解释说："谓之陛下者，群臣与天子言，不敢指斥天子，故呼在陛下者而告之，因卑达尊之意也。"意思是说，皇帝乃文武至尊，臣子不敢直接同他直接交谈，只好让皇帝亲近的臣子转告。所以"陛下"并非叫的是皇帝，而是叫那位传话的臣子的。不过，规矩是死的，人是活的，臣子不能直接与皇帝说话也不是绝对的，但是礼节不能省，所以，叫皇帝一声"陛下"，表示的是一种恭敬之意。

  第133天　皇帝的女婿为何称为"驸马"

"驸马"是中国古代对皇帝女婿的称谓。那么，为什么要称为"驸马"呢？这里面是有一定的历史渊源的。

据史料记载，秦始皇建立了秦王朝后，每次出巡时都是前呼后拥的，场面特别隆重。有一次，在博浪沙（今河南原阳）时，秦始皇遭到了张良等人的阻击，虽然只击中了副车，但是使秦始皇非常震惊。因此，以后每次巡游，秦始皇乘坐的车辆经常变换，同时安排有许多副车。他还特地找了一个替身来掩人耳目，为的是制造皇帝在副车上的假象。自此，历代皇帝出巡时，都模仿秦始皇的做法，选一个替身，而这个替身几乎都是自己的女婿。因为女婿和皇室比较亲密，所以不会损害皇帝的威仪和尊严，而且女婿又比较可靠。即使发生什么意外，女婿是外姓，死了也不过是一个牺牲品，副车上的乘坐者绝对不会是皇子。因为皇帝的女婿经常作为替身坐在副车上，跟随皇帝到各地出巡。所以，后来人们就把皇帝的女婿称作"驸马"。

第 134 天　为什么把原配夫妻称作"结发夫妻"

我们常把原配夫妻称为"结发夫妻",那么这种称谓是怎么来的呢?是指把两个人的头发缠结在一起吗?

关于"结发"的来源有一个传说:古代有位皇帝在登基前夕,辗转反侧难以成眠,皇后便问他有什么烦心事。原来,当时人们判断一个人的学识是根据胡须的长短衡量的,而这位皇帝的胡子非常短,他担忧朝中的文武大臣轻看自己,帝王的威信难以建立。皇后听完后,剪下了自己的长发嫁接到皇帝的胡须上,这样皇帝的胡子看起来就很长了。次日早朝,大臣们看到皇帝一夜之间胡须猛长了一大截,长须已经过腰了,确信他是真龙天子,无不恭顺臣服。皇后为了与皇帝分忧,甘愿挥起剪刀剪断青丝,接到夫君的短须上,这种须发相接的做法成了一段极美的佳话,后人便以"结发夫妻"来称呼恩爱有加的夫妻。

关于"结发夫妻"还有一个说法。它源于古代的结发仪式。据《礼记》记载,古代女子如果有了婚约,便会用发绳把头发束起,代表已经许了人家。这根发绳要等到结婚以后,由女子的新婚丈夫亲自解下来。此种做法就是结发仪式。

结发仪式源于成人礼。古代女子 15 岁就算成年了,需要参加"笄礼",在仪式中,女孩改变少女时期的发型,把长发扎起来,代表可以出阁了。据有关史料记载,并不是女孩年满 15 岁就一定要参加"笄礼",而是许配人家后才需参加举办的"笄礼",后来笄礼仪式演变成了结发仪式。唐朝时这种结发仪式已不流行。新婚夫妻喝完交杯酒后,各剪断一绺头发缠系在一起,寓意夫妻同心、喜结良缘。之后,"结发夫妻"就成了原配夫妻的代称。

第 135 天　古代的"先生",你知道几个

先生是称谓,字面意思是指,出生得比较早。对地位、学识、资格比

较高的人也可以称为先生。

"先生"这个称呼的历史也比较悠久了。历史上不同的时期,"先生"这个称呼对不同的人意思是不一样的。《论语·为政篇》:"有酒食,先生馔。"注解说:"先生,父兄也。"意思是将酒肴用于孝敬父兄。

在古代,这个词第一个是用来称呼老师的,见于《曲礼》:"从于先生,不越礼而与人言。"先生,即老人教学者。从前老师大多数是男性,所以慢慢地"先生"就成为了一种对有一定身份地位的成年男子,以及对知识分子的尊称。明黄道周《节寰袁公传》记载:"董先生(董其昌)曰:'公(袁可立)才兼数器,心运四虑。'"处于明朝时期的董其昌与黄道周的老师兼主考官袁可立是在同一年出生的,文中"先生"一词仍然保留着传统称呼的含义。再看明董其昌《节寰袁公行状》:"呜呼哀哉!念其昌与公(袁可立)同举于兰阳陆宗伯先生之门。"此处的"先生"同样是指董其昌和袁可立的恩师陆树声。

清初,"老先生"变成了对相国的一种称呼。乾隆以后,"老先生"一词就很少用了。到了辛亥革命以后,"老先生"的称呼又开始盛行了。尤其是交际中,大家见了面,都称呼老成的人为"老先生"。

现在"先生"一词的用法也比较多。一般结了婚的女性可以将自己的丈夫或者是别人的丈夫称为"先生"。

第 136 天　为什么花钱买到的是"东西",而不是"南北"

我们常常把物品称作"东西",怎么不叫"南北"呢?这两个本来表示方向的字怎么就在一起成了一切物品的通俗代称了呢?

我国古代哲学有"五行"的理论,五行即木、火、金、水、土,世间万物都可以看作由这五种物质组成,同时,"五行"对应着东、南、西、北、中五个方位。这样一来,我们可以看出,东方对应着木,而木是一切植物的代表和总称;西方和金对应,代表了金、银、铜、铁等所有的金属。南方的火是一种自然的现象或者说是一种化学的现象;北方的水是一种自然界存在的普遍物质,但是仅指水这一种物质,不具有广泛的代表性，严格意义上说，水也是一种化学变化的产物。人们自然不可能把水火推而广之用来做天地万物的通指，这样一来，代表木和金方位的东和西自然就连在一起，被人们用来代表这个大千世界的一切的物品。

其实这也只是一家之言，有关"东西"作为物品的通指还有很多不同的说法和传说，在这里我们再列举一些，以供阅读参考。

也有人说这个词发源于唐朝，当时的京城长安是世界上最繁华的国际性都市，东西方商队络绎不绝，更是闻名世界的丝绸之路的东方起点。长安城东西两面设有市场，人们在这里相互交易，购买自己需要的物品。或东出潼关，进入中原，或西出阳关出走西域，做买卖，买东买西同时也是卖东卖西。慢慢地，就简化成了今天的"买东西"、"卖东西"。

还有人说是来源于东汉时期，东汉和西汉合称汉朝。西汉都长安，东汉都洛阳。东汉时虽然京城迁到了洛阳，但是，长安依然是当时最繁华的城市之一，贸易发达，人们买卖商贸于西都长安和东都洛阳之间，"买东买西"，长久下来，就逐渐地简称为了"东西"，用来代表各种的货物、物品的泛指，一直到今天。

 第 137 天　为何用"丈人"称呼妻子的父亲

民间常把妻子的父亲称作"岳父"，也叫"丈人"。"岳"指的是雄伟巍峨的高山，"岳父"一词可以当作尊称，可是它却来自于一个人品不端的岳父。

古代皇帝通常要在名山顶峰上设坛祭拜天地，这种仪式叫做"封禅"。改朝换代的皇帝在登基时要行封禅之礼，以答谢天地之恩。封禅对封建王朝的历代统治者而言，是政治活动不可或缺的一部分，而作为"五岳独尊"的泰山自然成了封禅的首选之地。

唐明皇李隆基在一次泰山封禅时，任命张说做"封禅使"。"封禅使"是个很高的官位，拥有较大的政治权力。按照规定，封禅活动完毕后，自三公以下的官员均可升一级。可是张说却利用职务之便以权谋私，把自家的女婿郑镒一下从九品提拔到五品。郑镒如此迅速地升官，惊动了唐明皇，张说受到质问后无言以对。这时站在旁边的同僚黄幡绰，讽刺说：
"这是借助泰山之力啊。"意思是郑镒是借泰山封禅快速升迁的。唐明皇对
于张说的徇私枉法大为不满，没过多久就将郑镒的官位降回了九品。

后来民间知道了这件事，于是就把妻子的父亲称为泰山，又因泰山居
于"五岳之首"，所以又称他为"岳父"。那么"岳父"怎么转变成"丈
人"了呢？在古代对老人的尊称是丈人，这个称呼取自泰山西北部的丈人
峰，据说丈人峰的形状酷似一个佝偻着身子的老翁。由于泰山指代妻子之
父，也就是"岳父"，丈人就逐渐演变成岳父的民间俗称了。

第 138 天　古人为什么把旅费称为"盘缠"

现在，在民间上了年纪的老人口中或者在历史小说、电视剧中我们会
经常听到或看到人们把外出时的旅费资金叫作"盘缠"，为什么会有这样
的称呼呢？

水有源，树有根，凡事必有因果。"盘缠"的叫法和我国古代使用的
钱币有直接的关系。从秦始皇统一中国以后，中国漫长的封建社会使用的
是一种圆形方孔的金属硬币。实际的生活中，人们常常用绳子把一个个的
钱币穿起来，这样很方便携带。当外出的时候，人们把钱币缠在自己的腰
上，不但方便，也很安全。根据这种钱币的特点和生活语言的方便简化需
要，慢慢地就用"盘缠"来代表旅费了。一直到现在，口语中还经常这么
说。

虽然我国纸币出现得很早，北宋时就已经出现，但是圆形方孔的钱币
使用历史悠久，早已深入人心，所以这个叫法就一直传了下来。

第 139 天　东西混乱，为何叫"乱七八糟"呢

我们常常说很乱的场面是横七竖八或乱七八糟的，为什么是七八而不
是五六或者别的数字呢？

我国的历史悠久，历史典籍也相当地丰富，很多的习语、成语都是从

历史典籍或者历史中流传下来，"乱七八糟"这个词也和我国历史上的两个重要的历史事件有关。

西汉汉景帝时期，汉景帝为了加强中央集权，采纳了晁错的建议，削减藩王的势力。这样一来，就触动了众藩王的利益，他们迅速地结成同盟，以吴国和楚国为首，七国联合发动武装叛乱，企图颠覆汉景帝。朝廷调兵遣将，经过奋战，平定了诸藩王的叛乱，史称"七国之乱"，这就是"乱七"的由来。

西晋司马炎死后，为了争夺最高的皇权宝座，先后有八个皇族藩王参与皇位的争夺，历时16年之久。这场混战，比西汉的"七国之乱"有过之而无不及。旷日持久的混战，人们的家园被焚，田地荒芜，流离失所，到处是满目疮痍的萧条景象，故被人们称为"八糟"。

后来，人们根据这两个历史事件组成了一个形容混乱局面的成语，就叫"乱七八糟"。

 第140天　"和尚"一词从何而来

"和尚"一词来源于梵文，意思是"师"。和尚本来是对人的尊称，有一定资格而且能够成为人师的人，才能够被人称为和尚。但是这个称呼并不是男子的专用词，出家的女性同样有资格称为和尚。到了后来，"和尚"一词多用于出家人的称呼，而且一般是出家的男性群体专用的名词，和之前的意思有点不太一样。

"和尚"这个词，是由西域语言的音转得来的。在印度，人世间的博士通称为"乌邪"，在于阗国称"和社"或"和沙"，中国人把它翻译成了和尚。佛教主张一切调和，反对斗争。"和"即忍耐和顺从，是佛教徒所崇尚并遵守修行的根本方法，以"和"为"尚"，就有了佛教徒即"和尚"之称。

"和尚"一词，是汉文的讹误，在汉文中最早出现的，可能是石勒崇信佛图澄而叫佛图澄为"大和尚"。

第141天　古人有"名"为何还要"号"

号是中国古人除了名字之外的自称。号有很强的实用性，不但可以让人称呼自己，还可以用于文章、字画和书籍的署名。那么，什么时候古人开始为自己起号的呢？

据史料记载，大概在春秋时期，已经有起号之风了。比如可以视为中国最早别号的"老聃"、"鬼谷子"。东晋时期，陶渊明自号"五柳先生"。南北朝时期，起号之风更加盛行，越来越多的人为自己起号。唐宋时期，起号已经形成了一种普遍的风气。

到了元、明、清时期，起号之风达到鼎盛，几乎是每个人都有号。不仅如此，有的人还拥有很多的号。特别典型的例子就是明朝画家陈洪绶，一共有6个号，分别是"老莲"、"小净名"、"老迟"、"悔迟"、"悔僧"、"云门僧"。到了近代，起号用号的风气一直没有减弱，如苏玄瑛号"曼殊"、齐璜号"白石"、何香凝号"双清楼主"。直到现代，笔名的出现才渐渐取代了文人的号。

 第142天　"二百五"的称呼是怎么来的

为什么人们用"二百五"这个数字来形容犯傻的人而不是其他的数字呢？和其他很多的俗语一样，这里面都有个历史典故。"二百五"的故事发生在我国的战国后期。事情是这样的：

战国末年，西边的秦国经过商鞅的变法改革，以及历代秦王的不懈努力，秦国终于具有了问鼎中原的实力，成了战国七雄中最强大的国家。这引起了东方六国的担忧，苏秦这个人很是了不起，他当时是六个国家的丞相。由于他顺应六国国君为求自保的心理，从中穿针引线，组建了六国联盟，共同攻打秦国。于是引起了秦国的害怕和仇视，最后就派刺客把苏秦刺杀了。临死之前，苏秦给齐王献上了抓住刺客的方法。

那就是让齐王把自己的头颅悬挂在城门之上，并贴出告示，说自己是个奸细，误国误民，死有余辜。值得庆幸的是现在有义士为民除害，杀死了苏秦，齐王很是高兴，下诏奖励黄金千两，望义士领取。

有四个人前来领赏，坚定地说自己就是杀死苏秦的英雄！这四人来到了齐王的面前，齐王平静地问道："四个人一千两黄金，怎么分？"这四个死到临头的人还兴奋地回答说每人二百五十两。

最后，一切该来的终归来了，齐王怒声喝道，把这四个二百五都推出去砍了。手起刀落，就这样砍出了"二百五"的称呼。这四个自称杀死苏秦的人不一定是真正的刺客，但是这四个人却让人想起了一句古语，人为财死，鸟为食亡。这就是二百五的来历，鉴古知今，凡事不为利焚身，三思后行。

第 143 天　为何称皇帝死为"驾崩"

现代的人称呼死亡为"死"、"去世"，在古代对死的叫法也有很多，而且对死的称呼还有等级的区别，即不同等级的人，死的称法也不同。

据《礼记》记载，天子死为"驾崩"、"薨"；士卒死叫作"卒"；诸侯死为"毙"；士死为"不录"，等等。唐代礼制中还规定了"凡丧，二品以上称薨，五品以上称卒，后六品与庶人称死"。那么，为什么称呼皇帝的死为"驾崩"呢？之所以称皇帝的死为"驾崩"，是因为皇帝是处在万人之上的九五之尊，得到了万民的称颂和爱戴，他拥有足够的权力来驾驭和支配任何一个臣民来治理国家，使国家更加稳定和强大，也是万民的一种精神支柱。当皇帝突然死了，一时间没有人来治理国家和处理所有的政事，万民就像失去了精神支柱一样，感觉少了这个精神支柱，整个国家就会崩塌似的，使人比较哀伤和惶恐。所以人们就把皇帝的死称为"驾崩"了。

第 144 天　"老百姓"这一称呼是怎么来的

古代对人民的称呼有很多，比如庶民、平民、臣民、村民等，而"老百姓"是中国人的一种自称。那么,"老百姓"一词是怎么来的呢?

说起"老百姓"的来历,我们先说一下"姓"这个字,它是由"女"和"生"组成的,母亲和孩子的姓有密切的联系。相传,黄帝姓姬,那是因为黄帝的母亲当时在姬水边上产下黄帝。舜姓姚,是因为当时舜的母亲住在姚虚。当时,孩子的姓氏并不是随父亲,比如黄帝的后代就有12个不同的姓。所以那时候只有王公贵族才有姓,"百姓"也就是指的"百官"。当时的平民称为"黎民"或者"庶民"。

战国以后,出现了一个阶级,这个阶级既不是贵族也不是奴隶,即这个阶级处于贵族和奴隶之间。因为这个等级的人也有姓,所以就用"百姓"来称呼他们了。这样一来,"百姓"、"黎民"、"庶民"都是对平民的称呼,也就有了"黎民百姓"这一词语。至于"老百姓"这一称呼不能在古书中查到,可能是某个朝代不会写书的"庶民"们开始自称"老百姓",当时"老百姓"只能在百姓之间才敢说。这就是"老百姓"一词的来历。

第145天 县官老爷的办公地为何叫"衙门"

古装影视剧中当两人产生纠纷,或是某人犯了王法就会被带到衙门"说理",据此人们对"衙门"有了一定的了解。不错,"衙门"就是古代官员的官署,官员办案、审案都要在衙门进行。但"衙门"一词的由来却有着一段相当有趣的"插曲"。

衙门其实是由"牙门"转化而来的。六扇门是衙门的另一个别称。古代常用猛兽的利牙来象征武力。"牙门"最早是古代军事用语,代指军旅营门。俗话说"天下合久必分,分久必合",古代社会的发展就是在不断的战争中前进,当时战事频繁,今天你来打天下,明日我来守江山,全凭真枪实刀的征战讨伐,因此有才能的军事长官就特别被器重。军事将领们以此为荣,常常将猛兽的爪、牙放在办公的显眼处,以示军功。后来感觉此举太烦琐,索性就在军营门外立起几根大木头,把兽牙的图案绘于木头之上,有时还会把战旗的形状剪成兽牙状,战旗边缘剪裁成锯齿形的牙旗。于是,营门也就被形象地叫作"牙门"。汉朝末年,"牙门"正式成为了军旅营门的别称。随后这一称谓逐渐被官府移用。《武瓦闻见记》中记载："近俗尚武，是以通呼公府为'公牙'，府门为'牙门'，字稍讹变转而为'衙'也。"唐朝以后，"衙门"一词广为流行。到了北宋以后，人们就几乎只知道"衙门"而不知有"牙门"了。由"衙门"派生出许多词，如"衙役"，指衙门里的差役；"衙内"，指衙门里的警卫官，因多为官吏之子弟充任，所以称官吏之子弟为"衙内"，如《水浒传》里陷害林冲的高衙内。

第 146 天　"王老五"为什么用以形容单身汉

"王老五"是对民间没有老婆的男人的一种俗称，该词的来历无法考证。有一句俗语："王老五，命真苦，裤子破了没人补。"或许就是这句俗语使王老五成了单身汉的代名词。后来一部《王老五》的故事片使王老五这个词真正出名了。

《王老五》塑造了一个名字叫作王老五的单身汉，即片中的主人公，因为家庭条件特别贫困，所以到了三十多岁还没有成家。后来老家那边邻居家的老父亲去世，他尽心尽力地帮忙，那家的姑娘对他产生了好感，后来两人就结为了夫妻。婚后，两人的生活更加地贫困，后因被汉奸诬陷，王老五遭到大家的误解，后来中了敌机掷下的炸弹身亡。这个影片不但捧红了当时的流行歌曲，也使"王老五"一词成为了街头传诵的词汇，后来单身汉们就有了名字，一直沿用至今。

不过，现在的"王老五"意思发生了改变，主要是形容那些事业有成，但是仍然没有步入婚姻殿堂的男性，就是常说的"钻石王老五"。

第 147 天　平民为什么被叫做"匹夫"

顾炎武提出"天下兴亡，匹夫有责"的思想主张，意思是国家的兴盛和衰亡不再只是王侯将相忧虑的事，普通的平民百姓也要担当自己的责任。"匹夫"在古代原指平民男子，也泛指百姓，这里"匹夫"指的就是普通的老百姓。那么这个词是怎么来的呢？为什么要把普通百姓称做"匹夫"呢？

匹，是量词，指整卷的绸或布，用作布帛的数量单位。在古代，四丈等于一匹。按照汉代班固《白虎通》所载："匹，偶也，与其妻为偶，阴阳相成之义也。"因此就夫妻而言，丈夫被称作匹夫，妻子被称作匹妇，指的是社会地位不高的平民。此后匹夫和匹妇用来指代普通人，也可只用匹夫来指代普通人。子曰："三军可夺帅也，匹夫不可夺志也。"意思是一个军队的主帅可以被夺去，但一个普通人的志向是不可以被剥夺的。战国的《左转·昭公六年》中有："匹夫为善，民犹责之，况国君乎？"意思是普通老百姓都在做善事，人民按照规则行事，何况一国之君呢？"匹夫都用以形容普通人。

"匹夫"在有些情况下带有贬义，比如我们讽刺一个人好逗"匹夫之勇"，指的是那个人性情急躁、有勇无谋，常耍狠斗勇。如在清昭连《啸亭杂录·书光显寺战事》中："余素以豪杰待王，今乃知王直匹夫耳！"意思是我平素把大王当作豪杰相待，现在才知道大王是一个鲁莽的匹夫。在"匹夫"前面加上一个"老"字就成了骂人话，如果说一个人是"老匹夫"就是在鄙夷地辱骂这个人。

第七章
成语典故

 第 148 天　"不学无术"说的是谁

"不学无术"一词出自东汉·班固《汉书·霍光传》："然光不学亡术，暗于大理。"原意是因没有学问而没有办法，后来指为没本领、没知识。

汉武帝在位时，霍去病是当朝出类拔萃的武将，深得武帝赏识，并托子于臣，把年幼的汉昭帝刘弗陵托付给霍去病的弟弟霍光。汉昭帝去世后，霍光立刘询为帝，史称汉宣帝。霍光掌政汉朝大权四十余载，为汉室的兴盛立下显著的功勋。宣帝刘询即位以后，立许妃为皇后。但霍光的妻子霍显，为人贪图荣华，一心想把自己的小女儿成君嫁给刘询做皇后，乘许皇后患病的时候，买通女医，下毒害死了许后。后来此举败露，女医被严惩。霍光对于此事一无所知，霍显事后畏惧自己的罪行才告诉霍光。霍光非常惊恐，责怪霍显不应该做这种蠢事。有心告发，但却不忍自己的妻子被惩治，最终决定将此大逆不道的事情隐瞒下来。霍光死后，朝中老臣向汉宣帝告发此案，宣帝下令对此事进行追查。霍显听说后急忙与家人亲信商讨对策，最终决定召集族人造反，不料风声泄露，宣帝派重兵将霍家包围，霍显落了个满门抄斩的结果。东汉的历史学家班固在《汉书·霍光传》中评价霍光的功过时说道"不学亡术，暗于大理"，意思就是不读书，无学识，不明白关乎大局的道理。

第149天 "百步穿杨"说的是谁

"百步穿杨"一词出自《史记·周本纪》:"楚有养由基者,善射者也,去柳叶百步而射之,百发而百中之。"《战国策·西周策》:"楚有养由基者,善射;去柳叶百步而射之,百发百中。"

话说楚国有个著名的射箭手,名叫养由基。此人年轻时就勇力过人,练就了一手好箭法。当时还有一个名叫潘虎的勇士,也擅长射箭。由于两人的箭术很精,都互相看不起对方,都说自己的箭术才是最好的。有一天,两个人又比上了,许多人都围着观看。靶子设在五十步外,那里撑起一块板,板上有一个红心。潘虎拉开强弓,一连三箭都正中红心,博得围观的人一片喝彩声。潘虎扬扬得意地向养由基拱拱手说:"请多多指教!"养由基微微一笑,说:"射五十步外的红心,目标太近、太大了,还是射百步外的柳叶吧!"潘虎一听他要射一百步外的柳叶,觉得他是在说大话。养由基说:"你等着瞧吧!"说罢,他指着百步外的一棵杨柳树,叫人在树上选了一片叶子,涂上红色作为靶子。接着,他拉开弓,"嗖"的一声射去,结果,箭正好贯穿在这片杨柳叶的中心。在场的所有人都为这种不可思议的箭术惊呆了。潘虎心想:这怎么可能呢?世上根本没有这么高明的箭术。于是,他便走到那棵杨柳树下,选择了三片杨柳叶,在上面用颜色编上号,请养由基按编号次序再射。他想:这次看你怎么射?上次只是你的运气罢了!养由基向前走几步,看清了编号,然后退到百步之外,拉开弓,"嗖"、"嗖"、"嗖"三箭,分别射中三片编上号的杨柳叶。潘虎看到这种情况,大声惊呼:真是好箭法啊!在场的人在惊呆了一下之后,都发出了喝彩声。就在一片喝彩声中,有个人在养由基身旁冷冷地说:"喂,有了百步穿杨的本领,才可以教他射箭了!"养由基一听,心想:此人口气好大啊,于是,转过身去问道:"你准备怎样教我射箭?"那人平静地说:"我并不是来教你怎样弯弓射箭,而是来提醒你该怎样保持射箭名声的。"养由基问:"你说怎么保持呢?"那人说:"你是否想过,一旦你力气用尽,只要一箭不中,你那百发百中的名声就会受到影响。一个真正善于射箭的人，应当注意保持名声！"养由基听了这番话，觉得很有道理，再三向他道谢。

 第 150 天　"不入虎穴，焉得虎子"说的是谁

"不入虎穴，焉得虎子"典故出自《后汉书·班超传》："班超曰：'不入虎穴，不得虎子。当今之计，独有因夜以火攻虏，使彼不知我多少，必大震怖，可殄尽也。'"

东汉时，汉明帝派遣班超出使西域，与当地的鄯善王结盟。班超带着一队人马，历尽千难万险，冲破重重阻碍，千里迢迢来到了西域。鄯善王听说班超出使西域，亲自出城迎接，以东道主的身份把班超奉为上宾。班超向鄯善王说明来意，鄯善王很高兴。几天之后，匈奴也派使者来和鄯善王联络感情。鄯善王热情款待他们。匈奴人在主人面前，说了东汉许多坏话。鄯善王顿时黯然神伤，心绪不安。第二天，他拒不接见班超，态度十分冷淡。他甚至派兵监视班超。班超立刻召集大家商量对策。班超说："只有除掉匈奴使者才能消除主人的疑虑，两国和好。"可是班超他们人马不多，而匈奴兵强马壮，防守又严密。班超说："不入虎穴，焉得虎子！"这天深夜，班超带了士兵潜到匈奴营地。他们兵分两路，一路拿着战鼓躲在营地后面，一路手执弓箭刀枪埋伏在营地两旁。他们一面放火烧帐篷，一面击鼓呐喊。匈奴人大乱，结果全被大火烧死，乱箭射死。鄯善王明白真相后，便和班超言归于好。

 第 151 天　"为虎作伥"一说是怎么来的

"为虎作伥"一词出自《太平广记》四三零卷引唐·裴铏："此是伥鬼，被虎所食之人也，为虎前呵道耳。""伥"指的是鬼名，古代人迷信认为，被老虎吃掉的人，他的鬼魂又会帮老虎害人，称为伥鬼。现代比喻帮助恶人作恶，做坏人的帮凶。

有关"为虎作伥"一说，流传着一个小故事。古代有个叫马拯的书生，喜爱游山玩水。某日，马拯来到南岳衡山，马拯被衡山秀丽的风光吸引，忘情游玩，尽情在丛林间游走，不知不觉太阳西下，已至黄昏，下山肯定是没希望了。正在他着急之余，一位猎人朝他招手致意，猎人近前对马拯问道："你是什么人，这么晚了还不下山？"马拯把他尽兴游玩以致忘了时间的事告诉了猎人。猎人说道："丛林里有很多老虎，天色已晚，你就不要走了，到我的草屋暂过一夜吧。"夜里，马拯恍惚听到屋外有人讲话的声音，马拯披衣起身，借着月光果然看见一大群人从附近走过，他们看见猎人设置的陷阱，气恼地叫道："是谁在这里暗设机关谋害我家大王！真是太大胆了！"说着，众人忙拆掉了机关，招呼着继续向前走去，马拯见状赶紧叫醒猎人，把刚才眼见的一切，如实告诉了猎人。猎人对他说道："那些并不是人，是被老虎吃掉后的鬼魂，叫做伥。他们变成伥鬼后就会为老虎效劳，夜晚老虎准备出来觅食之前，便叫他们开路。刚才他们所说的大王就是老虎。我们赶紧去把机关修好，老虎不久就会来了。"二人重新架好机关回屋。没多久就听见老虎的吼叫声，只见老虎从山顶直窜下来，一下陷进了猎人的机关，被弩箭命中身亡。老虎的哀嚎声惊动了不远处的伥鬼，他们跑到老虎的身边伤心地哀叫。马拯出屋厉声骂道："你们这些伥鬼，生前明明命丧虎口，现在还执迷不悟，定会遭到天谴的。"众鬼听后羞愧而退。

第152天 "投笔从戎"说的是谁

"投笔从戎"语出《后汉书·班超传》：为人有大志，不修细节。然内孝谨，居家常执勤苦，不耻劳辱。有口辩，而涉猎书传。永平五年。兄固被召诣校书郎，班超与母随至洛阳。家贫，常为官佣书以供养。久劳苦，尝辍业投笔叹曰："大丈夫无它志略，犹当效傅介子、张骞立功异域，以取封侯，安能久事笔砚间乎？"左右皆笑之。超曰："小子安知壮士志哉！"后超出使西域，竟立功封侯。

班超，字仲升，扶风平陵人（今陕西咸阳东北）人，是东汉时期有名的军事家、外交家。年幼时的班超天资聪慧，在家孝敬长辈，经常不知辛苦地劳作。永平五年（62年），其哥哥班固入朝任校书郎一职，班超和母亲跟到洛阳。家境虽贫，但班超胸怀大志，为人做事不拘小节，经常靠给官府抄写文书来养家度日。日久天长，使班超不禁感叹："大丈夫应该有深谋远虑，效仿傅介子、张骞立功在异地，并因此被封侯，怎么能长期忙碌于笔砚之间呢？"旁边人都取笑他。班超说道："心无志向的人怎么知道壮士的雄心壮志呢！"

后来，班超入朝为官，成为了一名武将，在对匈奴的战争中，屡建奇功。他向皇帝建议和西域各国友好往来，以便共同压制匈奴。朝廷采取了他的建议，派他带着数十人出使西域。在西域的三十多年中，他凭借过人的智慧和胆量，渡过各种危机。经过班超的不懈努力，鄯善、于阗、疏勒三个西域国家先后恢复了与汉朝的友好关系。

第 153 天　"朝三暮四"是指几天几夜吗

"朝三暮四"一词出自庄周《庄子·齐物论》，该词原意是指玩弄手法欺骗人。后用来比喻不守信用，变化无常。

关于"朝三暮四"有一个小故事，据说宋国有一个特别喜爱养猕猴的老人，他养了很多猕猴。这些可爱的猕猴们心中想些什么，老人都能猜出七八分，并且猕猴们对老人的心思也比较了解。由于猕猴们平时吃的东西比较多，家中的粮食没有那么充足，所以老人为了让猕猴们能够吃饱，减少了全家人的粮食。但是时间长了，家里的粮食实在没有那么多，老人就想到了一个办法，那就是每天少给猕猴们一些橡栗的数量，可是老人担心猕猴们不听自己的话，看出老人的心思后和他生气。于是老人就欺骗猕猴们说："如果我早上给你们三颗橡栗，晚上给你们四颗橡栗，你们觉得怎么样？"猕猴们一听都气得跳了起来。没一会儿，老人又说："那早上给你们四颗橡栗，晚上给你们三颗橡栗呢，这样你们觉得如何呢？"猴子们听了之后，个个欢呼雀跃，以后对老人的话言听计从，没有丝毫反抗之意。

后来人们用"朝三暮四"来比喻人的行为没有定数，反复无常。

第154天 "废寝忘食"是怎么来的

"废寝忘食"一词中,"废"意思是停止,"寝"指的是睡觉,"忘"是忘记的意思,"食"是吃饭的意思。完整的意思是顾不上睡觉而且忘了吃饭,用于形容一个人非常刻苦,做事专心致志。

说到"废寝忘食"一词,我们就不得不提到伟大的思想家、教育家和政治家孔子。孔子是儒家学派的创始人,他曾经周游列国。在孔子64岁的时候,他周游到了楚国沈诸梁的封地叶邑(今河南叶县附近)。热情接待孔子的是楚国令尹,即司马沈诸梁。这个人对孔子的为人,几乎不了解,其了解仅仅局限于孔子是一位著名的思想家、教育家以及政治家,孔子的门下出了许多优秀的学生。出于好奇,就向孔子的学生子路询问孔子的为人如何。虽然子路在孔子身边的时间也不短了,但是一时间也想不出怎么回答是好,所以就没有回答。

以后,孔子得知了此事,就告诉子路说:"你为何不回答他'孔子的为人呢,努力学习但不会厌倦,甚至忘记了吃饭,津津乐道于授业传道,但从不担忧受贫受苦;自强不息,甚至忘记了自己的年龄'这样的话呢?"从孔子的这番话中,我们可以看出孔子的理想非常远大,所以他的生活是非常充实的。"废寝忘食"一词便由此而来。

 第155天 "结草衔环"指的是什么

"结草衔环"是"结草"和"衔环"两个典故的统称。"结草"的典故见于《左传·宣公十五年》。书中记载,晋国大夫魏武子有个十分宠幸的妾,名叫祖姬。魏武子曾多次叮嘱儿子魏颗,自己死后,一定要给祖姬寻个好人家嫁出去。后来,魏武子患了重病,卧床不起,临终之时让他的儿子在他死后,把祖姬殉葬。等到魏武子死后,魏颗按照父亲最初的嘱托,给祖姬选了一个好人家,嫁了出去。公元前594年,秦国出兵伐晋,魏颗被封为统帅与秦国大将杜回交战,二人激战之时,出现一位老者,使用叶草编织的绳子将杜回绊倒，魏颗趁机俘虏了杜回，晋军大获全胜。当晚，魏颗梦见白天那位结草相助的老者，老人对他说，他是祖姬的父亲，为了报答魏颗对祖姬的救命之恩，特化作草绳来助魏颗一臂之力。

关于"衔环"的典故，《后汉书·杨震传》中记载，杨震父亲杨宝年幼的时候，曾在华阴山救了一只受伤的黄雀，并将它带回家，每天都用黄花喂养。黄雀伤愈离去的那天深夜，杨宝梦见一位身着黄衣的小童对他说："我乃是西王母手下的侍童，幸得先生仁义相救，才得以保全了性命。"然后赠给杨宝四枚白环，说道："此环可保恩公世代子孙身居高职，而且清廉从政。"果然杨宝的后世子孙个个刚正不阿，为官清廉。后来人们将这两个典故合并，用"结草衔环"泛指受到别人的恩惠后，懂得知恩图报。

第156天　"金龟换酒"是怎么回事

"金龟换酒"出自李白《对酒忆贺监诗序》："太子宾客贺公，于长安紫极宫一见余，呼余为'谪仙人'，因解金龟换酒为乐……"金龟是唐代官员的一种佩饰。"金龟换酒"形容为人心胸开阔，恣情纵酒。

贺知章，唐越州永兴（今浙江萧山）人，晚年由京回乡，居会稽鉴湖，自号四明狂客，人称"酒仙"。唐天宝三载（744年），贺知章因病告老还乡，好友李白深情难舍，作《送贺宾客归越》一诗："镜湖流水漾清波，狂客归舟逸兴多。山阴道士如相见，应写黄庭换白鹅。"表达了他对贺知章的深厚感情和再次见面的愿望。不幸的是，贺知章回乡不到一年，便仙逝道山。李白因此十分悲痛，写下了《对酒忆贺监》二首，其一："四明有狂客，风流贺季真。长安一相见，呼我谪仙人。昔好杯中物，翻为松下尘。金龟换酒处，却忆泪沾巾。"其二："狂客归四明，山阴道士迎。敕赐镜湖水，为君台沼荣。人亡余故宅，空有荷花生。念此杳如梦，凄然伤我情。"说的是贺知章邀李白对酒共饮，不巧的是，这一天贺知章没带酒钱，于是毫不犹豫地解下随身佩戴的金龟换酒，与李白开怀畅饮，二人一醉方休。可见，往日与好友贺知章"金龟换酒"一事，给李白留下了不可磨灭的印象，看出二人交情由来已久，感情深厚。在《重忆》一诗中："欲向江东去，定将谁举杯？稽山无贺老，却棹酒船回。"说明李白深刻怀念着贺知章。

 第157天 "南柯一梦"是怎么回事

"南柯一梦"的典故出自唐朝李公佐的小说《南柯太守传》，后人常用"南柯一梦"形容一场大梦，或比喻空欢喜一场。

隋唐末年有一个叫淳于棼的人，整日爱好饮酒作乐。他家的庭院中有一棵枝繁叶茂的大槐树，盛夏之夜，淳于棼常在树底下乘凉小憩。某日恰逢淳于棼过生日，他便在槐树下摆上几桌酒席，宴请亲朋好友。酒席过后，亲友们都各自回家了，淳于棼带着几分醉意在大槐树下歇凉，伴着徐徐的晚风，不知不觉就睡着了。梦中，淳于棼被两个使臣邀去了"大槐国"。正赶上国内举行选拔官员考试，他报考了三场，文章一气呵成。等到公榜之时，他名列第一名。因此得到了皇帝赏识，招为驸马，官封南柯太守。三十年后，不但功成名就，而且子孙满堂。不料有一年邻国大举侵犯"大槐国"，国内将士奋力迎敌，但都抵不过敌军的攻势。皇帝惊慌，连忙召集大臣商讨退敌之策，大臣们提起前线战事，个个面色苍白，更不用说商讨对策了。这时有人向皇帝推荐政绩显赫的南柯太守淳于棼，皇帝立刻下令，派淳于棼统领重兵与敌军作战。可他对兵法一窍不通，交战开始就损失惨重，自己也险些命丧黄泉。

皇帝知道后，下令撤销淳于棼的一切职务，贬为平民，遣回老家。淳于棼想着自己一世英名毁于一旦，大惊而醒。他按梦境寻找线索，发现所谓的"大槐国"就是家中槐树洞里的蚂蚁窝，自己做太守的地方就是南枝下的另一个蚁窝。

 第158天 "奇货可居"说的是什么

"奇货可居"语出《史记·吕不韦列传》："吕不韦贾邯郸，见（子楚）

而怜之,曰:'此奇货可居。'"

异人是秦国太子安国君的儿子、秦王的庶孙,被困在赵国邯郸做人质,日常车马供给都不充盈,生活窘迫,郁不得志。阳翟大商人吕不韦到邯郸做生意,见到了异人,知道他的底细后,意识到这是上天赐给的一笔大生意,于是重金买通了看管异人的公孙乾,以此拉近与异人的关系。二人结识后,吕不韦对异人说:"我可以提高你的门第!"异人知道他只是经商之人,便笑着说道:"你还是先提高自己的门第吧!"吕不韦说:"我的门第要靠你的门第来提高。"异人知道吕不韦另有所指,便邀他一起细谈。吕不韦说:"秦王已经老了。太子安国君宠幸正妻华阳夫人,但华阳夫人却无子。你兄弟二十余人中,你排行居中,受不到重视,长期在外沦为人质。太子即位后,你很难和其他兄弟争得继承人之位。只有疏通华阳夫人,让她立你为继承人,你才有机会坐享荣华。"于是吕不韦买通了华阳夫人的姐姐,通过她向华阳夫人说了许多关于异人的好话,并透露异人想认华阳夫人为生母。华阳夫人听后十分高兴,当即应允了此事。后来吕不韦又买通秦昭襄王王后的弟弟杨泉君,使异人回到了秦国。后来异人成为秦王,吕不韦被封为丞相。在这笔"奇货可居"的生意中,吕不韦最终收获了丰厚的报酬。

第159天 "请君入瓮"是什么意思

"请君入瓮"语出《资治通鉴·唐纪则天皇后天授二年》:"兴曰:'此甚易尔!取大瓮,令囚入中,何事不承!'俊臣乃索大瓮,火围如兴法,因起谓兴曰:'有内状推兄,请兄入此瓮。'兴惶恐,叩头伏罪。"此词比喻以其人之道,还治其人之身。

唐朝武则天当政时期,任用了大量酷吏来巩固自己的统治,其中以周兴和来俊臣最为狠毒狡诈,冤死在他们手里的人不计其数。一日,武则天接到一封告发周兴与人谋反的密信。武则天震怒之余下令来俊臣严查此事。来俊臣知道周兴为人奸诈狡猾,仅凭一封密信无法让周兴供出实情;但万一审查无果,武则天定会大发雷霆,自己也小命不保。思索再三,他终于想到一个万全之策。几天后,来俊臣准备了一桌丰盛的酒席,把周兴请到家中吃酒。席间,来俊臣借着周兴酒兴和他讨论起近期犯人审问的情况,并向周兴讨教如何应对死不认罪的犯人。周兴得意地叫来俊臣找来一个大瓮,四周升起炉火加热,阴笑着对来俊臣说:"如果把犯人丢进瓮里,还有谁敢不招供呢?"来俊臣盯着被烧热的大瓮点头称是,然后对周兴说道:"朝廷有人说你密谋造反,上面令我严查此事,现在就请周兄自己进入瓮里吧。"周兴闻言,惶恐万分,连忙跪在地上磕头服罪。后人常用"请君入瓮"来比喻那些自作自受的人。

第160天 "远交进攻"的策略是谁提出来的

"远交近攻",语出《战国策·秦策》:范雎曰:"王不如远交而近攻,得寸,则王之寸;得尺,亦王之尺也。"这是范雎对秦王进谏的一种军事理论。

战国末期,七雄逐鹿。秦国因商鞅变法,生产力发展迅猛。秦昭王开始图谋吞并六国,称霸中原。公元前270年,秦昭王准备进军齐国。范雎此时向秦昭王提出"远交近攻"之策,劝阻昭王攻齐。他说:"齐国实力雄厚,而且与秦国相隔甚远,攻打齐国要经过魏、韩等国。耗资巨大,发兵少了,难保取胜;人数众多,损耗严重,胜利了也不能完全占有齐国的大规模土地。我们应该先攻打邻国韩、魏,稳中求胜,逐步推进,以防齐国与韩、魏结盟,大王应派使者主动与齐国结盟。"秦昭王采纳了范雎的建议。其后四十余载,秦始皇仍然坚持"远交近攻"的策略,远交齐、楚,攻下郭、魏,然后两翼进兵,完胜赵、燕,统一北方;击破楚国,平定南方;最后平定齐国。征战十年,最终实现了统一中国的愿望。

远交近攻这种普及的军事外交策略,不仅在国内被历代军事家广泛应用,在世界范围内都有巨大的影响。

第七章·成语典故

 第 161 天　"尔虞我诈"之说是怎么来的

"尔虞我诈"语出《左传》："我无尔诈，尔无我虞。"春秋时期，楚国称霸中原，楚庄王因派到齐国的使臣半路被宋国所杀而出兵伐宋，大军很快将宋国的都城包围，但从公元前 595 年秋出兵，一直打到次年夏天，仍未攻破宋国的城池，楚军士气低落，楚庄王决定退兵。

申舟的儿子申犀得知后，对庄王说道："当初我父亲置生死于不顾，也要遵从大王您的命令。您现在怎么能丢弃为其报仇的诺言，一意退兵呢？"庄王听了无言以对。这时，旁边庄王驾车的大夫申叔时献计道："可以在这里让士兵盖房舍、种田，装作要长期留下。这样，宋国就会因害怕而投降。"

庄王采纳实施了申叔时的计策，宋国人见了果然畏惧。宋国大夫华元鼓励守城军民背水一战，绝不轻言投降。一天深夜，华元悄悄潜入楚军营地，来到楚军主帅子反的营帐里，登上子反的卧榻说道："宋国君王叫我把当前的处境告诉您：城内早已缺粮，百姓只能依靠交换死去的孩子当饭吃。柴草也早已烧光了，大家用拆散的尸骨当柴烧。尽管如此，我们宁死也不会和你们签订丧权辱国的城下之盟的。但如果楚军肯退兵三十里，那么宋国会同意楚国提出的任何条件！"子反听后心有余悸，当场先和华元私下约定，然后再禀告楚庄王。庄王本来就想撤军，自然同意了此事。第二天，楚军退兵三十里。于是，两国和谈。华元到楚军中签订了盟约，盟约上写着："我无尔诈，尔无我虞！"意思就是彼此信任，没有欺骗，但"尔虞"和"我诈"两词合起来，意思与此正好相反。

 第 162 天　"丧家之犬"的典故出自哪里

《史记·孔子世家》："东门有人，其颡似尧，其项类皋陶，其肩类子产，然自要以下不及禹三寸，累累若丧家之狗。"比喻居无定所，到处乱窜的人。

孔子曾周游列国，推行儒家政治思想。一次，他与他的弟子前往郑国，途中走散。于是，孔子登上张国的东门张望。子贡正在城中向百姓打听孔子的踪影，有一个郑国人对子贡说："东门上长着一个人，他的额头像尧，脖子像皋陶，肩膀与子产相似，但是腰部以下比夏禹差三寸，面容憔悴，疲劳得像失去主人的小狗。"子贡找到孔子后，将实际情况告诉了孔子，孔子欣然笑道："我的样子倒并不是像他说的那般，但是要说我像失去主人、四处流浪的丧家之犬倒是很对啊！"孔子被世人称为圣人，但当初周游列国之时处处碰壁，不尽如人意，有如丧家犬一般。

对于孔子来说，颠沛流离、无家可归的"丧家之犬"是可怜的；麻木不仁、精神扭曲的"丧家之犬"才是可耻的。正如孟子所说的"富贵不能淫，贫贱不能移，威武不能屈"的"大丈夫"。千百年来，人们依然把"不为五斗米折腰"、"宁死不食嗟来之食"的精神广为传颂。孔子能在异地他乡、四处碰壁的时候说出这番话，可见其心胸宽广的大丈夫风度。

 第163天　"退避三舍"说的是什么

"退避三舍"出自《左传·僖公二十二年》，比喻为了避免与人冲突而主动做出让步。

春秋时期，晋国公子重耳因奸臣陷害，被晋献公逼迫在外流亡19年，几经波折之后，重耳来到了楚国，楚成王盛情接待他。一日，楚成王设宴招待重耳，酒宴中，楚王问道："如今我如此礼遇于你，如果将来返回晋国，登上了王位，你准备怎样报答我呢？"重耳思索后答道："金银珠宝、绫罗绸缎、男女侍仆您已经不计其数；鸟羽兽毛、皮革象牙都是楚国的特产。晋国所有的也都是出自您这里的。如果我能托大王的福赐重返晋国，一旦晋楚两国发生战事，我就令晋军退避90余里。如果此举还不能得到大王的认同，那我只好身披战甲与您交战。"当时的楚国大夫子玉劝成王杀掉重耳。楚成王说："重耳志向远大，为人诚恳忠义。他的仆人都对他忠贞不贰，可见晋公子的高尚品德。如今晋王众叛亲离，众人憎恨。如此境况只有重耳才能挽救，这是天意，没人能够违背的。"四年之后，成王果然把重耳送回了晋国，重耳依靠自己的德才做了晋文公。632年，晋楚两国交战于城濮，重耳果然遵守了自己的诺言，下令队伍退避三舍，楚军傲慢轻敌，最终不敌晋军，失败而归。后来，以"退避三舍"比喻以退为进，避开与对方的正面冲突。

第164天　"狡兔三窟"出自什么典故

"狡兔三窟"比喻为人处世要像聪明的兔子一样，做好充分的准备，制订出多种解决问题的方案，才不会一条路走到黑。语出《战国策·齐策四》："狡兔三窟，仅得免其死耳。今有一窟，未得高枕而卧也。"

战国时期，齐国的相国孟尝君众多的门客中有一个叫冯谖的人。孟尝君派他到债务难收的薛地去收取旧债，并叮嘱他用收回的银两买些家里缺少的物品。冯谖到了薛地后，用收上来的欠款大摆酒宴，邀请所有的债户来喝酒，并将还不起债务人的欠款免除。欠债的人们大为不解，冯谖说道："这是孟尝君对大伙的恩德。"众人欢呼雀跃，十分感激孟尝君。冯谖回到孟尝君的府邸后，孟尝君大怒，冯谖心平气和地说道："公子生活富足，衣食无忧，最为缺少的就是'义'。那些付不起欠款的人，就算等上十年八年，也依旧难以偿还债务，面对我们的讨还，必会逃往异地，颠沛流离。我烧毁了穷人们的债券，百姓定会对您感恩戴德，各地颂扬您的美名，我正是用这种方式为公子将'义'买回来了啊。"后来，孟尝君被齐王废除相位，不得已退居薛地生活。薛地听到孟尝君来此的消息后，男女老少自发组成队伍前去迎接孟尝君。此时，孟尝君才领悟到冯谖的用意，就把冯谖奉为了上客。冯谖对孟尝君说道："机灵的兔子有三个洞穴，这样它才能免遭猎人的捕杀。如今您只有一个洞穴，还不能做到高枕无忧。就让我再为您建两个洞穴吧。"获得孟尝君的允许后，冯谖带着重金前往魏国，游说魏国聘孟尝君为相国，在冯谖的努力下，魏王决定重金聘请孟尝君为相。但冯谖早已告诉孟尝君对魏国之请拒礼不就。魏国使臣几次来访都无法说动孟尝君。齐王知道此事后，赞叹孟尝君的品德，便恢复了孟尝君的相位。之后，冯谖又向孟尝君建议向齐王求赐王室祭器，以此在薛地修建宗庙供奉，齐王必然会派兵守护。这样就间接保护了薛地不受侵扰。宗庙建成之后，冯谖回报孟尝君说："现在三个洞已经建好，您可以高枕无忧了。"

第165天 "沧海桑田"一说出自哪里

"沧海桑田"这个典故出自东晋葛洪《神仙传·麻姑》："汉孝桓帝时，神仙王远字方平，降于蔡经家……麻姑至，蔡经亦举家见之。是好女子，年十八九许，于顶上作髻，余发垂至腰，其衣有文章，而非锦绮，光彩耀目，不可名状，入拜方平，方平为之起立。坐定，召进行厨，皆金盘玉杯，肴膳多是诸花果，而香气达于内外。蔡脯行之，如柏实，云是麟脯也。麻姑自说云：'接侍以来，已见东海三为桑田。向到蓬莱，水又浅于往者，会时略半也，岂将复为陵陆乎？'方平笑曰：'圣人皆言，东海行复扬尘也。'"这段说的是，汉朝孝文帝时期，有两位名叫麻姑和王远的仙人。一日，他们相约到蔡经家去饮酒。到了约定日期，王远乘坐麒麟兽，带着美酒佳肴先到了蔡经家，与蔡经寒暄过后在庭院里等待麻姑的到来，片刻之后，麻姑姗姗而至。只见麻姑秀发垂至腰间，面容姣好，看起来年龄不过十八九岁，衣服上的花纹光彩夺目，世间罕见，看得蔡经一家瞠目结舌。大家相互施礼之后，王远吩咐开宴。宴席所用的餐具全部都由金玉制成，别致精美；盘杯盛放奇花异果，皆世间罕见。席语之间，麻姑对大家说道："自从我得道成仙接受天命以来，已经亲眼所见东海曾三次变为桑田。刚才路过蓬莱一带，看见海水又比之前浅了一半，难道这次，东海又将变成陆地了吗？"王远听罢叹息道："圣人常说，海水的确在减少。不久之后，那里又将尘土飞扬了。"后来人们常用"沧海桑田"来比喻世事变化很大。

第八章
穷追溯源

 第166天 "溜须"跟"拍马"有什么关系,"溜"的又是谁的"须"

人们常用"溜须拍马"来形容对有权势的人卑躬屈膝、曲意逢迎。那么为什么"溜须"就是讨好卖乖地逢迎别人呢?"溜"的又是什么人的须呢?

这"溜须"的说法源自北宋时期的一个典故。"溜须"的是盛气凌人、奸诈谄媚的副丞相丁谓,被溜须的是正气凛然、高风亮节的宰相寇准。宋真宗时期,丁谓是朝中监察、财政部门的要员,为了讨好皇帝,他和王钦若大举兴建道观,多次表贺祥瑞之兆,甚得皇帝欢心,没过多久就被提拔为副宰相。对于宰相寇准,丁谓表现得无比恭顺,对寇准言听计从。

一天,朝中大臣正在商议国家大事,寇准、丁谓和其他朝廷要员在一起用膳。用餐期间,汤水不慎淋到了宰相寇准的胡须上。丁谓赶紧站起来周到地拂去寇准胡子上的菜汤。寇准并不领情,反而笑道:"作为国家的大臣,难道最主要的职责就是给上级溜胡须吗?"一席话说得丁谓羞容满面,自此对上级寇准心生忌恨,这就是"溜须"的来历。

寇准为人正派,对于丁谓的阿谀奉承很是反感,所以就语露讥讽,得罪了奸佞的小人丁谓。宋真宗晚年,丁谓利用寇准工作的失误,联合刘皇后,将寇准贬官三次,又将他流放到广州雷州。丁谓当上了宰相,独揽大权,收受贿赂,胡作非为,人人痛恨。后来丁谓得罪了刘皇后,也被贬官和流放,途经雷州时想拜见寇准,被寇准拒绝了。丁谓"溜须"的本性未改,而寇准正直的品格一直受到民间称颂。

第 167 天　为什么把令人扫兴叫"煞风景"

"煞风景"是指优美的风景或美好的环境被破坏,现在多用以形容在别人兴致正高的时候,做出让人反感的事或出现不和谐的元素,使人扫兴。

风雅之人最讨厌"煞风景"的做法,唐代诗人李商隐最不能容忍的就是"清泉濯足、花上晒裈、焚琴煮鹤、对花啜茶、背山起楼、松下喝道"六大煞风景的行为。他认为在清澈无比的泉水中泡洗双脚、在芬芳馥郁的花枝上晒内裤、以琴当柴煮鹤吃、一边欣赏姹紫嫣红的花朵一边啜饮清茶、背面靠山兴建楼宇挡住无限风光、静谧的松林下官家的随从大声吆喝着走过,都是煞风景的粗俗做法。这些破坏景致、俗不可耐、败坏心绪的可憎行为应该尽量避免。

在我们的日常生活中,煞风景之事比比皆是。比如在游历某名胜古迹时乱涂乱画,向碧波荡漾的大海扔垃圾,在与女友花前月下时惦记着金钱生意,在世外桃源般的村寨里大搞商业项目,在寂静优美的环境里大嚷大闹等。这些糟糕的行为不但影响别人的心情,也损害自己的形象。

除了不文明的现象外,一些突发事件也会大煞风景,比如球迷们正坐在电视机前观看紧张的赛事忽然停电、著名歌星唱歌唱到高潮时突然破音、正得意扬扬地欣赏高价买来的古玩却被告知是假货等。

第 168 天　女孩额前的头发为什么叫"刘海"呢

女孩们为了漂亮,喜欢在额前留一点头发,我们管这些头发叫"刘海"。刘海分很多种,有颇显青春气息的齐刘海、干练简洁的斜刘海和个性十足的超短刘海。那么,额前的头发为什么叫"刘海"呢?

关于"刘海"一词的来源,民间流传着两种说法。

一种说法是:"刘海"来自于五代十国时一个叫刘海的人。他经道教八仙钟离汉引导,放下尘世功名,开始参禅悟道,领悟人生智慧。功夫不负有心人,经过潜心钻研,他终于修成正果,得道成仙。刘海在道教中颇受尊崇,拥有很大的影响力,名声甚高。据传,他的发式与常人不同,额前刻意垂下一绺短发。在人们的观念中,已经位列仙班的他,法力无边,神通无比,代表着吉祥和福气,于是开始仿效刘海的装扮,也在额前留起了一排短发,并用"刘海"的名字给这种新奇的发式命名,希望自己也能沾点贵气和福气。一般情况下,女人和孩子喜欢留刘海,男人是不留刘海的,他们通常会把头发全部盘在头顶上,额前一点头发也不留。

另一种说法是:在古代,尚未成人的小孩都会将头发垂下来,所以额前总留一排短发,那时额前的头发并不叫"刘海"。男孩额前的短发叫"兆",女孩额前的短发叫"髦"。男孩、女孩成年后都得行成人礼,改变儿时的发式,标志自己长大成人。男孩20岁需行冠礼,从此就得戴冠束发。女孩15岁要行笄礼,得把头发盘起来梳成发髻。有的女孩认为小时候留的"髦"很美,于是就在成年装束的基础上,保留了额前的短发。因为此种发式是儿时所留,所以被称为"留孩",谐音便是"刘海"。"刘海"一词由此产生。

第二种说法更有说服力,道教虽然是中国本土宗教,但对民间的影响远没有古代礼仪深远,而且刘海是妇女和孩童才有的发式,理应源于古代女子的装束。

 第169天　技术不好叫"三脚猫"功夫,这跟猫有关系吗

"三脚猫"常用来形容认识肤浅、技艺不到家的人。有关这个词语的由来,流传着好几种说法。

"三脚猫"一词最早出现在宋代的《百宝总珍集和》里,书中写道:

"物不中谓之三脚猫。"意思是没有用处的东西就叫"三脚猫",后来这种说法被引申为学识浅薄、技艺不精的人。

张明善的北乐府《水仙子》中有:"说英雄,谁英雄;五眼鸡,岐山鸣凤;两头蛇,南阳卧龙;三脚猫,渭水非熊。"意思是才疏学浅、技艺不精之人(三脚猫)居然能被当成渭水河畔的姜子牙。这种把蠢材当人才的做法很让诗人惊讶。

这个词语还有可能源自江浙地区的方言。相传清朝光绪年间,有个老当益壮的老艄公,每回将船停靠在上海滩的码头后,都会在码头空地上一展身手。他武艺了得,不但通晓各种兵器,而且力大如牛,可以两手各举30公斤重的三角铁锚,舞动起来灵活自如。凭借精湛的武术表演,老艄公很快就名声大振,许多习武之人都前来拜他为师,于是老艄公收了不少徒弟。

当老艄公离开上海滩之后,他的徒弟们还在码头空地上表演师傅的绝活,可却没有一人能达到当年老艄公那般出神入化的境界。看来即便有名师指点,自己心浮气躁,不肯深入钻研,终归还是学无所成。后来,人们就把那些功底不深厚、学艺不精的人叫做"三角铁锚",简称为"三角锚",因为"锚"和"猫"同音,久而久之,"三脚锚"就被误传为"三脚猫"了。

第170天 摆架子被称做"摆谱",这种说法是怎样产生的

"摆谱"就是以一副骄傲的姿态彰显自己,对别人摆架子、耍威风的意思。那么摆谱和摆架子是怎么联系到一起的,"谱"又是指什么呢?

"摆谱"一词是来自于东北方言。据说清朝统治者曾对汉人实施严厉的民族政策,严禁他们踏入东北的土地。此禁令实施了100多年后,政府渐渐放宽了政策,允许汉人进入山海关到东北地区垦荒种田。这些汉人移民都非常重视家谱,无论走到哪儿就算什么都不带,也必须带上自家家谱,为的是不让子孙后代将祖先遗忘。那时东北地带一片荒凉,移民们初

第八章·穷追溯源

来乍到，生活极为艰苦，辛苦劳作一天之后，也没有什么放松身心的娱乐活动。于是大家纷纷拿出自家家谱，比比谁家的"谱"更大。这是一种有趣的业余活动，又可以让人们怀念祖先，因此"摆谱"成为最受汉人欢迎的娱乐活动。

那么"摆谱"是怎么变成摆架子的呢？它的演变过程已经很难考证了，我们只能凭借想象来猜测一番了。试想一下，那些热衷于摆谱的汉人，如果发觉自家的家谱比别人大，就会因为自己宗族的原因而产生一种自豪感，一些出自鼎盛之家的人报出自己历代祖先的时候更是难掩得意之情。而人一骄傲就会有架子，于是就开始摆架子了，之后"摆谱"就变成"摆架子"的意思了。

在一些历史小说中，我们经常可以看到古人摆谱的做法。《三国演义》中诸葛亮为了试探刘备的诚意，也曾"摆谱"，不但让刘备三顾茅庐，而且居然在刘备拜访自己时睡起大觉来。但诸葛亮是凭借自己的军事才干摆谱的，没有资本无缘无故地摆谱是没有人会理会的。

 第 171 天　事情没办成为什么叫"砸锅"

平时，如果一个人把事情搞砸了，我们就说他"砸锅"了。那么这种说法是怎么来的呢？人们为什么用"砸锅"来形容事情没办成呢？

"砸锅"的"锅"最初指的是戏曲。人们把不同剧种的戏曲演员同台演出的表演形式叫"两下锅"或"三下锅"。这里"两"和"三"指的是戏曲的种类，两三种戏曲同台竞技的场面在以前是非常普遍的。这并不意味着各种戏曲毫无章法地杂糅在一出戏中，而是指各类戏种的戏曲演员在同一时间段内完成各自独立的曲目，展现不同的戏曲风格，也就是所谓的同台不同戏。

这种表演形式的好处是可以促进戏曲演员们的技艺切磋，通过学习借鉴其他剧种流派的精华，弥补自身的缺憾，使自己的表演水平更上一层楼。所以"两下锅"、"三下锅"被当作戏曲界曲艺艺人互相取长补短、交流合作的重要手段。

与上述表演方式不同,戏曲界的"两下锅"还有另外一种形式。它指的是一场戏剧用两种不同的戏剧风格演绎,即前半场采用一种戏剧风格表演,后半场采用另一种戏剧风格表演,两种风格杂糅到一起,浑然天成,别具风味。用这种方式表演的曲目比较知名的有:梅葆玖与马金凤合演的《穆桂英挂帅》,杨春霞与蔡正仁合演的《桃花扇》,李宏图和李仙花合演的《蝴蝶梦》。

因为国人热爱戏曲表演,所以戏曲行业的行话很快传入民间,"砸锅"开始用以形容戏曲演出失败,戏曲演员遭遇喝倒彩的尴尬,后来渐渐地引申为办事不力、事情被搞砸。

第172天 "难兄难弟"是形容很困难的两兄弟吗

"难兄难弟"是一个多音词。该词原意是说兄弟的关系非常好,如南朝宋刘义庆的《世说新语·德行》中有"元方难为兄,季方难为弟"。

这个含义的由来源于一个典故:有两个人,长文和孝先,他们各自的父亲是非常有才干的,一天他们都在夸赞自己的父亲非常有能力,非常优秀。两人一直争执不断,于是就去找来祖父帮忙。他们的祖父看到两个孩子如此争执,告诉说他们的父亲都是非常棒的,并发出感叹:"元方难为弟,季方难为兄!"从此,这句感叹就被人们浓缩成"难兄难弟"这样一个成语了,意思就是说,两个兄弟都非常优秀,实力相当,差距不大。但是"难兄难弟"原本的比喻意义人们渐渐淡忘了,后来出现了一个意思,和它原本的意思恰恰相反,带有一种讽刺的意味,比喻两个兄弟都非常坏。

还有一个故事发生在清朝初年,有一名抗清的勇士,在战争中,由于孤立无援,后因无力抵抗敌军,英勇牺牲。死后不久,他的妻子在生育的时候因为难产,生下了一对双胞胎,没有名字,孤苦伶仃。人们也不知道他们哪个是兄哪个是弟。后来两人被一位义士分别送到了五台山和峨眉山,二十年后,他们两个都成长为武功高强的勇士,在江湖上名气非常大。最后兄弟二人相见之时,都不能叫出对方的名字,明明是亲兄弟,却不知如何称呼对方。后来二人以比武的方式决定谁长谁幼,但是成败难分,最后少林寺的方丈叹了口气说:"事至今日,老衲也无计可施,你们二人难为兄、难为弟。"

从这之后,人们就把"难兄难弟"这句话引申为彼此之间患难与共的兄弟,由原来的讽刺之意变成了褒义。

 第173天 "江郎才尽"中的"江郎"是谁

"江郎才尽",泛指一个人的智慧和能力到了穷竭的时候,再也使不出任何新颖的招数以及智谋了。根据历史记载,此成语出自《南史·江淹传》:"淹乃探怀中得五色笔一以授之。尔后为诗绝无美句,时人谓之才尽。"此外,《南史·江淹传》中还记载了这样一个故事:

南朝时期,有个文人叫江淹,字文通。江淹童年的时候,在文学造诣上有颇高的成就,蜚声大江南北,赫赫有名,他的文章以及诗歌在当时有着极高的评价。但是,好景不长,随着时间的推移,江淹的年龄也渐渐变大了,更加令人难以置信的是,江淹的诗文根本没有以前写得好了,而且还有着非常明显的退步。江淹的文章让人觉得索然无味,而且提笔吟握许久,依旧写不出半个字来;有时候灵感来了,虽然能把诗写出来几句,但文章依旧枯涩难懂,没有内涵。

因而,有谣传说,江淹有次在禅灵寺河边乘船游玩,睡觉休息的时候,在梦里梦见一个自称叫张景阳的人,向江淹讨还一匹绸缎,于是,江淹就毫不犹豫地拿出些许绸缎给了张景阳。自此以后,江淹的文章以及诗词就变得大不如从前了。另外,还有人传说:江淹有一次在凉亭中小憩,同样也是做梦。这次是梦见一个叫郭璞的人,走到江淹的身边,向江淹索要他常用的笔,于是,郭璞对江淹说:"文通兄,我有一支笔在你那儿已经存放很久了,现在我有事急需那支笔,应该还给我了吧!"江淹听后,就立即拿出一支五色笔还给了郭璞。从此以后，江淹就变得文思枯竭，再也写不出什么好的文章了。

历史典故往往存在很多争议，还有一种说法是：并不是江淹的才华已经用完了，而是他当官以后，整日要不停地操劳政务，再加上仕途得意，不需自己动笔，劳心费力。时间一长，江淹的文章自然会一日不如一日，缺乏原有的才华和水平。

第174天 战败为什么叫"败北"

"败北"，顾名思义就是打败仗的意思。在我国古代的战争中，凡是战败的都统称为"败北"。其实，"北"就是"背"的古文。我们通过查询《说文解字》中有关"败北"的解释就可以知道："北，背也，二人相背。"因而，我们可以得知，"北"引申为人体的部位——与胸相对的背部。古人常讲的败北，意思就是在战争打败以后转背逃亡的悲惨现象。那么，打败仗为何叫"败北"而不叫"败南"呢？

据《孙子兵法》记载："佯北勿从。"著名的军事理论家孙武所讲的"北"即是"败"或"败逃"的意思，这句话的意思为"敌人假装败逃，不要盲目追赶"。无独有偶，在西汉贾谊的《过秦论》一文中也有"追亡逐北"这样的记载，意思同样是"追杀败逃的敌军"。另外，唐人李邕的《陇关游奕使任令则碑》中记载："胡虏久摧，战辄北。"

秦汉以后，"败北"不仅仅指军事战争上的失败，而且还延伸发展到各种事情的失利上。而在现代汉语中，"败北"还常常泛指在各种竞赛、格斗、竞争中失败。话说回来，两军打仗，输了的一方叫作"败北"；运动场上的比赛，负方也叫作"败北"，那么，是不是就应当认为凡是战败的一方都统统向北方逃走呢？答案显然是否定的。纵观中国历史上的一些重大战役，战败之后，落荒而逃的往往是向南的占大多数。但是历史上从来没有把失败叫作"败南"的。

可见，这"败北"之"北"，并不等于东南西北方位上所指的北。优胜劣败,从古至今都与方位无关。这个"北"字从象形字的角度来讲很像两个人背靠背,一个向左,一个向右,这个"北"字即古之"背"字,"背"字是后人为它加上肉旁而演变成的。北既为背,"败北"就不难懂了。当两军相接时,是正面相向的,经过一番鏖战之后,败方落荒而逃,就成了背向敌方,这就是"败北"了。胜方朝着败军背后奋勇追击,这就是"追奔逐北"、"逐其背也"的由来。因而,凡是战败的人,其所逃的方向不管方位中的哪个方向,都称为"败北"。

第175天 "对牛弹琴"指的是什么

"对牛弹琴",是用来讥笑听话的人不理解说话人要表达的意思。它可以用来比喻对一些不合适的人谈论高深的道理,只是浪费时间。还用来嘲讽说话之人不懂得选择交谈的对象。那么,"对牛弹琴"这个词语是怎么来的呢?不言而喻,肯定和琴有关。

战国时期,有一个音乐家名叫公明仪。他的琴艺非常高超,不仅能作曲,而且还会演奏,尤其是七弦琴弹得非常好。他弹奏出来的曲子优美动听,大家都很喜欢听他弹琴,所以人人都很尊敬他。

公明仪对琴喜爱有加。除了在屋里弹琴,有时碰上好天气,他还会带琴去户外弹奏。一天,他来到郊外,清风徐徐地吹着他的脸庞,杨柳曼妙地摆动着身姿,一头黄牛正在草地上静静地吃草。公明仪此时很有雅兴,摆上琴,拨动着琴弦,便开始向这头牛弹起了乐曲《清角之操》。公明仪弹得很深情,但是老黄牛在那里没有任何的反应,只是埋头吃草。公明仪想,或许是曲子过于高雅,老黄牛听不懂,所以没有反应。决定换个曲调试一试,老黄牛仍然没有丝毫反应,依然悠哉地吃草。

于是,公明仪拿出自己的看家本领,弹奏出自己最擅长的曲子。这一次,老黄牛稍微动了一下,摇了下尾巴,然后又接着吃草了。不久,老黄牛便离开了,换到其他的地方吃草去了。而公明仪很是失望,因为老黄牛听了那么好听的琴声始终无动于衷,人们就宽慰他说:"不是曲子不够好,而是你没有对着牛的耳朵弹。"公明仪无趣地抱着琴离开了。

后来，人们就用"对牛弹琴"比喻与不能理解自己话的人讲道理，根本就是在浪费自己的时间；也常用来嘲笑说话不分对象的人。

第176天 "小巫见大巫"中的"巫"指什么

"小巫见大巫"古时候指那些利用装神弄鬼的把戏，以帮人祈祷的方式骗取他人钱财的人。原意指的是小巫法术比不上大巫的法术，当小巫见到大巫的时候，没有能力施展自己的法术。后来比喻两个事物相比，一个远不如另一个。这个成语出自汉代陈琳《答张纮书》："今景兴在此，足下与子布在彼，所谓小巫见大巫，神气尽矣。"

关于这个成语有一个小故事，故事发生在三国时期，有两个人，他们是同乡好友，一个名叫陈琳，一个叫张纮，陈琳在魏国做官，张纮是东吴孙权的谋士。两人都很有才华，虽然各司其职，但是都非常仰慕对方的才华，经常利用写信的方式，交流对作品的看法。

有一次，张纮看见一个栅榴枕，非常喜欢，就特意为枕作了赋。相隔千里的陈琳见到了这篇赋后，一直夸赞个不停。在一次宴宾宴席上，陈琳专门拿出了张纮写的那篇文章给在座的各位宾客观看，嘴里还不停地夸赞文章写得好。

没过多久，张纮也看到了陈琳写的《应机论》以及《武库赋》，特别地喜欢，立刻给陈琳写了一封信。信上不停地夸赞陈琳的见解非常独到，文辞十分清新，还说一定要好好地向陈琳学习。陈琳见了他的信后感到特别地感慨，立刻给张纮回了一封信，谦虚地说道："我生活在北方，和这里的文人交往比较少，并且这里的消息不灵通，也没有见过什么大的场面，只是这里写文章的人不多才显得我比较冒尖。得到大家这样的夸赞，真是受宠若惊。你过于夸奖我了，我和你的才华比起来就像小巫见到大巫，没有能力施展自己的法术了。"

第 177 天　"九牛一毛"是怎么来的

"九牛一毛"，顾名思义九头牛身上的一根毛，常用来比喻极微小的数目，不值得一提。出自西汉司马迁《报任少卿书》："假令仆伏法受诛，若九牛亡一毛，与蝼蚁何以异？"这个成语的由来要从汉朝说起。

汉武帝时期，武帝听说李陵的部队打到匈奴的国境，士气非常高，心里特别激动。这时很多大臣都向皇上祝贺，并称赞皇上擅长用人。后来，李陵打了败仗，武帝非常恼怒，以前向皇上表示祝贺的大臣，这时态度发生了180°大转弯，竟反过来责骂李陵没有用，对皇上不忠心。这时站在旁边的司马迁没有说一句话，武帝就问他对此有什么看法，司马迁直率地说："李陵虽然只率领了五千步兵，却和拥有八万骑兵的匈奴展开殊死的搏战，连打了十几天仗，消灭敌军上万，也可以称得上一位了不起的将军了。最后，因失去了粮食和弓箭，又被敌军截断了归路。况且李陵不是真正向敌军投降，只是找机会为国家再尽自己的一份力。他取得的战功是可以弥补他在战争中的失误的。"武帝见他为李陵说话，非常生气，一气之下将司马迁关入了牢中。

第二年，又传出了李陵为匈奴练兵一事，武帝没有弄清事情的真相，就下令杀了李陵的母亲和妻子。廷尉杜周为了迎合皇帝，在一旁煽风点火，说司马迁诬陷皇帝，结果皇上非常恼怒，司马迁被施以腐刑，即宫刑。遭到摧残和侮辱的司马迁想到了自杀，但转念一想，像自己这种身份比较低的人死去，对于那些大富大贵的人来说就像"九牛亡一毛"，他们是不会同情自己的，还会嘲笑自己。于是他就打消了自杀的念头，决心忍受耻辱，用自己的余生完成一部伟大的历史著作，也就是《史记》。经过他艰苦的努力，终于完成了这部著作。在狱中，司马迁把他的思想转变以及思想活动写在了信中，告诉了自己的好友任少卿，在他的信中提到了"九牛亡一毛"。

后来人们就把它引申成了"九牛一毛"这个成语，用于比喻极大数量中，微不足道的一部分，根本不值得一提，就像九头牛身上的一根毛。

 第 178 天　为何人们称女子的纤纤细腰为"小蛮腰"

人们常用"小蛮腰"比喻纤弱女子的细腰。那么这个形象的比喻是怎么来的呢？相传唐朝诗人白居易有一个宠姬，她身段好，腰细似杨柳，故而得名"小蛮"。

在唐朝，名门仕宦多有家姬，这类女子身份介于婢女和小妾之间，她们大多容颜姣好、多才多艺，尤其擅长歌舞表演，给主人的生活增添了不少娱乐。大诗人白居易有两个技艺不凡的家姬，樊素和小蛮。樊素的特长是唱歌，她的歌优美动听，令人如痴如醉，除了歌唱得好，人也长得很标致，一张小嘴像樱桃似的饱满红润，惹人怜爱；小蛮擅长的是舞蹈，她身姿轻盈，腰细若杨柳，舞姿无比曼妙，舞动起来如雁落平沙、柳絮飞花，其灵动轻捷的姿态莫不令观者动容。白居易非常宠爱这两个家姬，曾赋诗赞美她们："樱桃樊素口，杨柳小蛮腰。"此后人们就用"樱桃小口"和"杨柳细腰"形容美女。

古人的审美观念和现在有些不同，在古代标准的美人必有一张红润的小嘴，古画上的清丽女子都唇色艳红，口小如樱桃。古人又好细腰，楚王更是把这种审美推崇到了极致，宫女们为了博得君王的喜爱，不惜一日只吃一餐，有不少宫女因为节食过度而变得形容憔悴，成为标准的骨感美人后，细腰盈盈一握有若无骨。

 第 179 天　"卖关子"古今指的是一个意思吗

人们常用"卖关子"来形容在关键时刻说话故意拐弯抹角，通过制造悬念来吊足别人胃口的做法。那么"卖关子"在古代所指的也是这个意思吗？

"关子"在古代是一种有价证券，它产生于南宋绍兴元年，印制的目的是为了满足婺州屯兵的需要。商人通常用现钞兑换关子,而后拿着关子到临安城的榷货务换取铜线,或者食盐、茶叶等物品。本质上来讲,"关子"不是货币,它的功能跟我们现在使用的海上货物贸易的提单有几分相似。"关子"相当于一种媒介,以前人们是直接用现钱购买商品,"关子"出现以后,贸易行为必须经过"关子"这个环节。简言之,购买方式从"现钱—商品"变成了"现钱—关子—商品"。"关子"虽然不具有货币属性,但它是一种货币符号,其作用跟北宋年间四川地带出现的"交子"一样,在我国货币发展史上占有一定地位,因为它的出现,我国现代汉语文化中才有了"卖关子"这个顺口而有趣的词汇。

"卖关子"的最初含义是不让你立即得到你需要的商品,而要先卖给你"关子",交易过程多出一道程序。后来演化成讲话或者行事风格上,指的是不让你马上知道结果,故意设置悬念吊人胃口。这种故弄玄虚的做法有时让人反感,但在某些情况下确能收到意想不到的效果。比如说书先生喜欢"卖关子",故事讲到精彩处突然停下来,常常令故事情节悬念迭起、引人入胜,听众不但不反感,反而很受用。悬疑小说的作家最懂得卖关子,出色的悬疑小说家会让谜底在最后一刻揭开,令人大呼过瘾。

 第 180 天　何为"下马威",是指下了马就威风了吗

"下马威"是指初次见面就有意为难别人,以此来显示自己的威风。最初"下马威"指的是刚上任的新官,无故惩处下级官员,借以确立自己的威信。所谓的"新官上任三把火"说的就是这类情况。

"下马威"一词出自东汉班固的《汉书·叙传》。书中记载了班固的伯祖父一次走马上任的经历:班固的伯祖父班伯曾主动请缨到定襄担任太守一职,那时定襄时局混乱,当地那些喜欢滋事的豪绅们对刚刚上任的班伯十分畏惮,行为居然收敛了许多。班固写道:"畏其下车作威,吏民竦息。"这里的下车并不是说从车上走下来,而是指官员刚到任。下车和下马在古代都是刚到任的意思。因为下车、下马意思差不多,所以"下车作威"就变成了"下马威"。由于下马威更为平民化和口语化,所以得以在民间流传。

后来随着词义的发展,"下马威"从"刚上任的新官借惩处下属树立威信"演变成了第一次见面就给对方脸色看,或者故意找麻烦,借此显示自己威风,打击对方气势。

第181天 "走后门"和"走前门"有什么区别

"走后门"是指利用一些不正当的手段和方法,达到自己的目的。关于"走后门"有两个说法。

第一个说法"走后门"的意思是褒义的,这个典故和包公有关系。传说包拯在开封做府尹的时候,很长时间都没有人来告状。之后不久,包拯终于明白了百姓不来告状的原因,原来是官府大门戒备森严,百姓想要进来,就必须给守门的官吏一些钱才能进来,就是人们常说的"衙门朝南开,有理没钱莫进来"。包公对这些守门的官吏进行惩罚之后,便打开后门,百姓可以自由进来告状。因此就有了"方便之门"和"走后门"的说法,这里的"走后门"还是褒义的。之后,"走后门"的意思发生了非常大的变化。

第二个说法是洪迈《夷坚志》中记载的一则小故事:一次,宋徽宗与蔡京等大臣正在看戏,一个装扮成宰相的伶人坐在那里一直赞扬朝政好。有一个僧人过去请他签署一份文件,这份文件的内容就是可以准许僧人去游方,扮演宰相的人一看僧人的戒牒,时间是元祐三年,当即没收并毁掉了,而且让僧人还俗。没一会儿,宰相家掌管财库的官员附在宰相的耳朵旁边小声告诉宰相说:"今天在国库,申请了一千贯的料钱,但是时间全是元祐年间的钱,我特意来请示您,应该要这些钱吗?"宰相仔细想了想,悄悄告诉官员说:"把钱从后门搬进去。"坐在一旁的伶人立刻举起手中的棍棒,照着宰相的脊背打过去,还边打边骂:"原来你这个宰相,心中也只是要钱!"

"走后门"一词由此得来，后来专指用不正当的手段获得自己的利益。

 第 182 天　为什么"说曹操，曹操就到"

我们常说"说曹操，曹操就到"，指的是刚提到某人，某人就及时出现了。那么这种说法是怎么来的？它真的和曹操有关吗？

说起来"说曹操，曹操到"还真是来源于历史上的曹操。东汉末年，汉朝统治风雨飘摇，党宦之争、黄巾起义之后，国内已是一片乱局。先是董卓弄权废黜少帝，立汉献帝，而后王允杀董卓，董卓死后其部下李傕、郭汜又杀了王允，软禁了献帝。献帝趁着李傕、郭汜内斗时成功逃脱，但后来李郭二人联合起来一起追捕献帝，献帝几乎陷入绝境，这时有人向他推荐负责镇压黄巾军起义的大功臣曹操。走投无路的献帝只好听取手下人的建议，让曹操救驾。可是献帝还没来得及派信使给曹操，李郭联军就已经杀过来了，在这个千钧一发的时刻，曹操部下夏侯淳奉曹操之命及时赶到，保驾成功，击退李郭联军。曹操也因救驾有功，被封了官爵，而后利用汉献帝对各诸侯发号施令，最终成为历史上赫赫有名的一代奸雄。

"说曹操，曹操到"原来是指曹操护驾及时，后来用以形容人或事物来得非常及时。《水浒传》中的宋江号称"及时雨"，他之所以有这个名号，是因为他在江湖上能够急人所急，善于济危解困，在关键时刻，及时为朋友提供各种帮助。在江湖豪杰的眼中，宋江真可谓是"说曹操，曹操到"，每次需要他的时候，他都会仗义疏财、扶危济困。

 第 183 天　"一问三不知"的"三不知"具体指什么

人们常用"一问三不知"来形容一个人无知，那么"三不知"都具体指什么呢？

"三不知"的说法来自于《左传》，指的是对事物的始（开始）、中（发展）、终（结局）三个阶段都一无所知。公元前 468 年，晋国攻打郑国，郑国向齐国求助，齐国派陈成子率军支援。晋国威吓齐国说，将出动大量战车消灭齐军，有个部下听了之后很害怕，就把情况上报给陈成子："晋军有人扬言说，他们要出动上千辆战车攻打我军，定让我军全军覆没。"陈成子听后，很为他的轻率生气，便说道："出征之前大王就命我不要追赶零星的士兵，不要惧怕敌军大批的兵马。就算晋国真出动千余辆战车，我也不会逃避战斗。你刚才居然一味助长敌军气势，打击我军士气，回国之后我要把你消极的言论报告给大王。"

这个部下知道自己说错了话，于是感叹道："君子之谋，始中终皆举之，而后入焉。今我三不知而入之，不亦难乎？"意思是聪明人谋划事情，会充分考虑事情的开始、发展和结局三个阶段，而后才会上报。我对这三个阶段都一无所知，就草率上报，怎么能不碰壁呢？几日之后晋军从郑国撤兵，陈成子率领军队回国了。

后来"三不知"从指对事物的始（开始）、中（发展）、终（结局）三个阶段都一无所知，发展到对内情一点都不知道，有时指故意装糊涂。而今，"三不知"就是指对情况一点都不了解。

第184天 "两袖清风"究竟是什么"风"

从古至今，那些为官清廉、不贪图钱财的人，常以"两袖清风"自居。"两袖清风"的意思是两袖中除了清风以外，什么也没有了。后来人们用它比喻那些为官清正廉洁，不贪污腐败，严于律己的人。也可比喻人特别穷困，什么都没有。这个成语出自元代陈基《次韵吴江道中》诗："两袖清风身欲飘，杖藜随月步长桥。"关于这个成语还有一个有趣的故事：

明人都穆《都公谭纂》中记载，明朝时期，于谦不但是一位诗人，还是一位著名的抗清将领。他曾担任的官职有监察御史、巡抚、兵部尚书。于谦为官期间，十分耿直，清正廉洁。虽然于谦生活的那个时代，朝政腐败，贪污之风盛行，但是于谦并没有被这样的风气影响，依然坚持着自己的做官原则。当时各地官僚为了讨好皇上,进京之前都要从百姓那里搜刮大量的土特产品,比如蘑菇、绢帕、线香等,他们把这些搜刮过来的东西献给皇上和一些朝中的重要官员。

明朝正统年间,宦官王振以权谋私,每次遇到朝会,都会收到各地官僚送给他的金银财宝。只有于谦每次进京奏事时,从来不带任何礼品。他的同僚就劝他说:"你即使不进献金银财宝,攀附权贵,也应该带一些像线香、手帕等著名的民间土特产吧,就当是送个人情呀!"于谦边笑边举起自己的两只衣袖,风趣地说:"我带有清风!"他这样做是表示对那些贪官以及攀附权贵官员的一种嘲讽。自此,"两袖清风"这个成语便流传下来,一直沿用至今。

 第 185 天　"人心如面"是什么意思

"人心如面"这个成语指人的心思如同人的面貌,各有各的不同。这个成语来源于《左传·襄公三十一年》:"人心之不同,如其面焉,吾岂敢谓子面如吾面乎?"关于这个成语有一个发生在春秋时期的小故事:

春秋时期,郑国大夫子皮想让尹何成为自己封地上的主管。但是尹何只是子皮家的一名小臣,很多人都觉得尹何根本就没有能力管理好这么大的地域。于是子皮就去问帮助自己执政的子产的建议。子产说:"尹何年龄还小,恐怕不行。"子皮说:"我不这样觉得,我认为尹何平时做事比较认真谨慎,为人老实忠厚,我非常喜欢尹何,我觉得尹何是不会背叛我的。虽然尹何现在没有经验,但是这都可以经过努力实现。"接着,子产反对道:"不行,一个人爱另一个人,总是希望能够对爱护的人有利。如今您爱护一个,却将如此重大的事情交给他。就好像让一个不会使用刀具的人去割东西,那样会给割东西的人带去很大的伤害。这样,以后谁还敢让您保护呢?"

子产又接着说:"您是郑国的栋梁,如果连栋梁都断了,那么我们住在这个屋里的人不是跟着受罪吗?还有,如果您拥有一匹特别漂亮的锦缎，您愿意将它交给一个不懂得裁剪的人帮您做衣服吗？您绝对不会，因为您怕他糟蹋了锦缎。"说到这里，子产把话题引到了尹何一事上面。接着说："大官大邑是用来保护百姓的权益，比那匹漂亮的锦缎重要得多。锦缎您都不舍得交给不会裁衣的人，为什么偏偏要把大官大邑交给一个没有任何经验的人去管理呢？您这样做，岂不是把锦缎看得比大官大邑还重要吗？我还从未听说过借做官的机会学习做官的。"

子皮听了子产一番话，连连表示赞同说："您说得非常对，我太不明智了，衣服穿在我自己身上，所以我就懂得要慎重地选择裁缝。而大官大邑关系到百姓的切身利益，我却如此轻视，真是目光短浅！"接着又说："如果没有先生的这番话提醒我，估计我还不知自己能干出什么蠢事呢。我曾说过，你治理郑国，我治理我的家产，我的身体能有所寄托就足够了。我向您请求，连我的家事以后也征询您的意见！"子产听了连忙摇头说："人心不同，就像人的面貌不同一样，我怎么敢说你我的面貌相同呢？我只是觉得您这样做很冒险，所以根据事实告诉您。"子皮觉得子产对自己如此忠诚，就把政事完全交给了他。后来，经过子产的治理，郑国国富民强。"人心如面"这个成语就是源于这样一个历史故事。

第186天　"洛阳纸贵"从何而来

"洛阳纸贵"原意是指洛阳的纸因为一时供不应求，所以价格非常昂贵。后来人们用它来比喻作品被后世看重，风行一时，影响深远。该成语出自《晋书·文苑·左思传》："于是豪贵之家竞相传写，洛阳为之纸贵。"这个成语和西晋一个名叫左思的人有关。

西晋时期，有一位著名的文学家左思，他出身卑微，不善言辞，而且外貌丑陋，说话还有一点口吃。左思幼时很顽皮且不爱读书，他的父亲经常为这事生气，但是不管怎么教导左思，他依然如此，因此他的父亲感到很失望。有一次，父亲竟当着他的面告诉自己的一位朋友说："左思这孩子不听话，学习还比不上我小时候呢！"说着，脸上流露出无奈的神色。

这一切小左思看在眼里，记在心里。于是，小左思就暗暗下定决心要好好学习，从此他发愤读书。左思长大之后，由于他非常刻苦地读书，所以写得一手好文章，并且他的文章辞藻十分华丽，一时间名声大噪。他用了一年时间写成了《齐都赋》，显示了他出众的文采，这为他后来成为著名的文学家奠定了基础。

后来，左思的妹妹左棻因才学出众，被晋武帝选入宫，左思全家来到了京都洛阳。看到京都如此繁华，左思有了写《三都赋》的想法。为了更好地诠释内容、结构、语言诸方面的内容，他潜心研究，精益求精，几乎到了废寝忘食的地步。室内、厅前、走廊甚至厕所里都挂上纸笔，一有灵感，便随手记下。十年后，他终于完成了《三都赋》。起初，《三都赋》并没有得到人们的重视。后来由于得到了皇甫谧、张华等名流的大力推荐，《三都赋》才在洛阳流传开来。由于当时技术有限，喜爱《三都赋》的人只能争相抄阅，因为抄写的人过多，京都洛阳的纸张一时需大于供，纸的价格大幅上涨。后来，人们便用"洛阳纸贵"来形容文章作品脍炙人口，广为流传。

 第 187 天　"爱屋及乌"中的"屋"和"乌鸦"指什么

"爱屋及乌"这一成语出自汉代伏胜《尚书大传·大战》："爱人者，兼其屋上之乌。"意思是说喜爱一处房子，同样也喜爱那房顶上的乌鸦。用于比喻爱一个人的同时也会关爱与其有关系的人或物。关于这个成语有一个历史的传说：

殷商末，商纣王骄奢淫逸，昏庸无道，是出了名的昏君。西伯（西部诸侯之长）姬昌，即周文王，因为得罪了纣王被关押，想尽了办法才出狱。回到岐山（当时周的都城位于岐山）后，周文王一心想推翻商朝的统治。周文王为作战做了一系列的准备，势力逐渐强大。随后，又将都城迁到了丰邑（今陕西省户县附近），打算向东进军。可是，不久周文王就死了。周文王的儿子姬发即位后令姜太公继续担任军师。武王有两个得力的帮手,一个是同母弟姬旦(即周公),另一个是异母弟姬奭(即召公),并且其他几个诸侯也非常拥护武王。不久,武王正式宣布出兵伐纣。伐纣的大军从孟津一直向东北挺进,逼近商朝的都城朝歌(今河南淇县东北)。因为商纣王不得人心,军队不愿为他卖命,所以士兵们有的逃走,有的投降,有的起义,朝歌很快就被攻战。纣王自杀,商朝灭亡,周朝建立。

周武王攻克朝歌之初,对于商朝留下来的那些权臣贵族、官宦将士如何处理以及怎样安定大局的问题令周武王特别担心。为此,他还和姜太公等大臣进行商议。汉朝人刘向编撰的《说苑·贵法》里曾记载:"武王克殷,召太公而问曰:'将奈其士众何?'太公对曰:'臣闻爱其人者,兼爱屋上之乌;憎其人者,恶其余胥。咸刘厥敌,使靡有余,何如?'"意思是说,周武王战胜了殷商,召见姜太公,问道:"该怎样处置商朝留下的人呢?"太公回答说:"我听说,如果爱那个人,那么就连同他屋上的乌鸦一起爱;如果憎恨那个人,就憎恨一起夺来的他的所有仆从家吏。把他们全部杀尽,杀得一个不留,您觉得怎么样?"由此就产生了"爱屋及乌"这个成语。

 第188天 "马首是瞻"中的"马首"是什么意思

"马首是瞻"中"首"的意思是头,"瞻"的意思是向前看或向上看。原指士兵在战争中要依据主将的马头决定自己的作战方向。后比喻听从命令或听从某人。关于这个成语有一个历史故事:

春秋时期,晋悼公联合十二个诸侯国并令晋国的大将荀偃作为主帅征讨秦国。荀偃原以为十二国联军的攻势会使秦军方寸大乱。谁知秦景公已经知道联军士兵心不齐,士气不高,所以没有丝毫的害怕,也并没有求和的打算。荀偃没有办法,只好准备开战,他向全军将领发布命令说:"明天一早,一听到鸡叫就开始出发。各个军队都必须填平水井,把炉灶拆掉。作战之时,全军将士都必须听从我的命令,以我的马头为标准,决定你们行动的方向。你们要紧随着我,我奔向哪里,你们就跟着奔向哪里。"

荀偃的下军将领认为,这样的作战命令过于强硬和专横,反感地说:"晋国从来没有下达过这样的命令,为什么一定要听他的?好,他马头向西,我偏要和他相反,马头向东。"将领的副手这时说道:"他是我们的头,我听他的。"于是也立刻率领队伍朝东而去。于是,全军立刻变得混乱起来。荀偃此时失去了下军,仰天长叹:"既然下的命令,下属不愿执行,就很难取得战争的胜利,如果和秦军开战,一定是秦军占有优势。"

所以,他只好下令撤回了全部军队。"马首是瞻"这个成语就是由这样一个历史故事得来的。

 第 189 天　"一日曝之,十日寒之"和天气有关吗

"一日曝之,十日寒之"中"曝"是晒的意思。原意是说即使是生命力很强的植物,晒一天,冻十天,也很难生长。后比喻学习或工作时而勤奋,时而懒散,没有恒心。亦作"一曝十寒"。关于这个成语有一个有趣的故事:

战国时期,出现了百家争鸣的局面,游说之风盛行。当时,孟子是一个著名的辩论家。在《孟子·告子上》中有这样的记载:当时齐王昏庸无能,做事没有恒心,而且轻信奸佞的谗言,孟子对此特别不满,于是不客气地对齐王说:"大王您真的很不明智!天底下虽然有那种生命力顽强的生物,但是如果您把它在烈日下暴晒一天,然后再放在寒冷的地方冻十天,它怎么还能生存下来呢!我跟大王待在一起的时间是有限的,即使大王您有一点想做善事的心,可是我一离开您,那些奸臣又来左右您的思想,您又会听信他们的谗言,叫我该怎么办呢?"

随后,孟子又打了一个形象生动的比喻:"下棋这件事看起来很小,但是如果你不专心,也赢不了。弈秋是全国出了名的下棋高手,他有两个徒弟,一个徒弟专心致志,认真听取弈秋的指导;另一个老是不专心,总想着有天鹅飞来,打算用箭射它。两个徒弟虽然都是一个师傅教的,又同时开始学习,但是成绩却相去甚远。这和他们的智力是没有太大区别的,

而是和他们的专心程度有很大关系。"

 第 190 天　"杯弓蛇影"和蛇有关吗

"杯弓蛇影",既是一个成语,也是一个典故。现在人们常用它讽刺那些疑神疑鬼的人。该成语源于汉代应劭《风俗通义·世间多有见怪》中记载的一个名叫乐广的历史故事:

从前有一个人叫乐广,他有一位好朋友。他的这位好朋友一有时间就来找他玩。可是,乐广那位朋友很久都没有来了,乐广很是想念,决定去朋友家拜访他。不料,他的这位朋友倚在床头,脸色发黄。乐广这才知道朋友生了重病,就问他得病的原因,朋友不愿意说。因为乐广再三追问,朋友只好说:"那天在您家喝酒,看见有一条青皮红花的小蛇在酒杯里来回地游动。当时觉得特别恶心,不喝吧,您又再三劝饮,为了不扫兴,只好不情愿地喝下了酒。从此以后,一直忘不掉那件事,总觉得肚里有条小蛇在游动,想要呕吐,没有任何食欲。已经快病半个月了。"

乐广心生疑惑,酒杯里怎么会有小蛇呢?但他的朋友的确看见了,这究竟是怎么回事儿呢?回到家中,他在殿内思前想去,揣摩其中的原因,并回忆当时与朋友喝酒的场景。他偶然发现墙上挂有一张青漆红纹的雕弓,他心想会是这张雕弓在捣鬼吗?于是,他把装满酒的酒杯放在桌子上,移动了几下,的确看见那张弓的影子投映在了酒杯中,而且酒液一动,在酒杯中的影子就像一条青皮红花的小蛇在来回游动。后来他把这件事情的真相告诉了朋友,朋友这才明白是怎么回事。朋友解除了心病,恢复了健康。"杯弓蛇影"就是源于这样一个历史故事,现在常比喻那些疑神疑鬼的人。

 第 191 天　为什么用"才高八斗"比喻文采比较高

南朝诗人谢灵运称赞三国魏诗人曹植时,曾用过"八斗"这样的比喻。他说:"天下才有一石,曹子建(曹植)独占八斗,我得一斗,天下共分一斗。"后来,人们就用"才高八斗"这个成语比喻那些有较高文采的人。说到这个成语我们就不得不提一下谢灵运。

南朝宋的谢灵运,他的诗大多描绘一些山水名胜,比如会稽山、庐山以及永嘉等,他擅长刻画自然景物的美,是当时著名的山水诗作家。他写的诗具有很高的艺术性,注重形式美,得到了文人雅士的厚爱,他写的诗人们竞相传诵和抄录。

宋文帝特别赏识谢灵运的才华,不但把他的诗法和书法称为"二宝",还赐予了他官职。谢灵运受到了宋文帝的如此礼遇,变得高傲自大。有一次,他喝着酒自夸道:"魏晋以来,天下的文学之才共有一石,其中曹子建(即曹植)独占八斗,我得一斗,天下其他的人共分一斗。"从他的话中,我们可以看出他非常佩服曹植的才华,但是却不把其他文人的才华放在眼里,对自己的评价极高。后来,人们就用"才高八斗"或者是"八斗之才"比喻那些才华横溢的人。比如李商隐的《可叹》中就有:"宠妃愁坐芝田馆,用尽陈王八斗才。"

第 192 天 "不可救药"是怎么来的

"不可救药"中"药"指的是用药治疗,意思是说病已经到了不能用药物进行治疗的程度,比喻事情已经到了无法挽救的地步。这个成语出自《诗经·大雅·板》:"匪我言耄,尔用忧谑。多将熇熇,不可救药。"

西周后期,奴隶主贵族日益腐败,不断搜括民财,发动战争,使老百姓和奴隶苦不堪言。周厉王即位后,变本加厉,百姓和奴隶的生活更加艰难。周厉王贪财好利,将山林川泽占为己有,不许百姓进行打猎、砍柴、捕鱼等活动,还特意派人监视他们的一言一行;如果发现谁敢在背后议论他,他就把谁杀死。人民已经忍无可忍,到处都有人起来反抗周厉王,所以周王朝的统治越来越不得人心,已经到了风雨飘摇的地步。

朝中大臣看到周王朝政权摇摇欲坠,都很痛心。大臣中比较忠心的老臣凡伯，极力劝谏周厉王改变以往的暴虐政治，施行德政，挽救周王朝。可是周厉王根本就听不进去，一些权臣也嘲笑凡伯，认为他看不清形势。凡伯十分恼怒，挥笔写了一首长诗来表达自己内心焦急的心境。这首诗中有一节意思是："上天正在逞威肆虐，不要这样盲目开心。我这老匹夫一片诚意，小子们却是骄傲自大。我进谏的并非老昏之言，你们反倒拿来取笑戏谑。你们的气焰炽盛如火，真是病重到不能用药救活的境地。""不可救药"这个成语就是源于这样一个历史故事，后来人们就用它来形容事情已经到了不可挽救的地步。

第193天　"入木三分"和谁有关

"入木三分"这个成语原是用来形容书法写得刚劲有力，现在人们多用于比喻分析问题很深刻、很透彻。你知道这个成语是怎么来的吗？为什么叫"入木三分"而不是"入木四分"或者"入木五分"呢？那我们就必须讲一讲古代著名书法家王羲之的故事：

王羲之，字逸少，晋朝时会稽人，因他曾经做过右将军，所以又称"王右军"，是中国历史上最有名的书法家之一。王羲之的字写得非常好，他为了练习写字，几乎已经到了走火入魔的地步，因为无论是走路还是休息，他都不停地想着字的结构以及用手指头在衣服上比画。时间长了，他的衣服都被弄破了。他在池塘边练字，每次写完字后，他都要在池塘里涮一下笔砚，后来整个池塘中的水都被染黑了。可见，王羲之为了练习书法下了多大的苦功。

王羲之特别喜欢鹅，所以他就经常观察鹅。从鹅的动作中，王羲之也领悟到了书法的一些奥秘，对他的书法很有帮助，他曾经因为要买自己喜欢的鹅，写了一部《黄庭经》和一位卖鹅的道士做交换，可见他爱鹅之深。还有一次，当时皇上要去祭祀，所以让王羲之在一块木板上写上祝词，然后再请人进行雕刻。雕刻的工人在雕刻时看到上面的字非常惊讶，因为王羲之的字竟然渗入了木头三分多。然后赞叹道："右将军的字，真是入木三分哪!"

"入木三分"这个成语就是源于有关王羲之的这样一个小故事,起初是形容王羲之写字的笔力极其有力,后来人们就用"入木三分"形容对问题的分析很深刻、很透彻。

 第 194 天　你知道关于"老生常谈"的故事吗

"老生常谈"中"老生"指的是老书生。本义是说老书生常常发表的一些比较普通的言论。后来人们用于比喻那些经常听到的没有新鲜感的老话。这个成语来源于《三国志·魏书·管辂传》:"此老生之常谈。"其中记载着关于"老生常谈"这个成语的故事:

三国时期,有一个人名叫管辂,他从小十分勤奋好学,思维敏捷,尤其喜爱天文知识。15岁时,就已经熟读了《周易》,对占卜术非常了解,渐渐就小有名气。时间一长,这件事就传到了吏部尚书何晏和侍中尚书邓飏的耳朵里。那一天,正好是农历十二月二十八日,这两个大官酒足饭饱之后,觉得无聊,便派人把管辂召来为他们占卜。管辂之前听说这两人仗着曹操侄孙曹爽,胡作非为,名声很不好。他思索了一会儿,想趁这个机会给他们一点教训,灭一下他们的威风。

何晏一见到管辂就大声喊道:"听说你的占卜术很灵呀,快为我算上一卦,看我有没有机会再次升官发财。还有,这几个晚上我老是梦到苍蝇叮自己的鼻子,这有什么预兆?"管辂想了一下,说:"以前周公为人正直忠厚,帮助周成王建国立业,使得国泰民安;现在你比周公的职位还高,但是感激你的人却很少,害怕你的人却有很多,这恐怕是不好的兆头。你做的梦,从占卜术的角度来看,也是个凶相啊!"

管辂接着又说:"要想逢凶化吉,只有多效仿周公等大圣贤们,多发善心,多做善事。"邓飏在一旁听了,很不屑,连连摇头说:"这都是些老生常谈,没什么意思。"何晏顿时脸色不好,沉默不语。管辂见了,笑着说:"虽然是老生经常谈论的话,也不能轻视啊!"

不久，何晏、邓飏以及曹爽三人因谋反被诛杀。管辂知道后，连声说：“老生常谈的话，他们却不屑一顾，难怪会有这样的下场啊！”"老生常谈"这个成语就源于这样一个历史故事。

 第 195 天　是谁"点石成金"

"点石成金"这个成语，原指仙人或者道人可以把铁石点成黄金。现在常用它比喻修改文章，将文章修改得更加出彩。还指只要对人稍作指导，就可以让他豁然开朗。

说起"点石成金"这个成语的由来，就不得不提一下古代"八仙"之一的吕洞宾。从前，有一个人出身不好，家境特别贫困。但是他有一个习惯，那就是供奉吕祖，即吕洞宾，而且他的态度非常地虔诚。为什么要供奉吕洞宾呢？据说，吕洞宾是道教的先祖。他的诚意深深地打动了吕洞宾，吕洞宾决定去那个人的家中拜访他。于是，吕洞宾就选了一天，从天上降到他家。

吕洞宾见到他家十分贫穷，顿生怜悯之心，于是就用一根手指指了指那个穷人家院中的一块厚重的石头。一眨眼的工夫，石头就变成了闪闪发亮的黄金，吕洞宾说："你想要得到它们吗？"那个人拜了两次回答道："不想要。"吕洞宾十分满意地说："你如果能这样，没有私心，我可以教你成仙的方法。"那个人说："不是这样的，我想要你的那根手指头。"吕洞宾马上就不见了。吕洞宾"点石成金"的故事代代相传，后来就演变成了"点石成金"这个成语。

 第 196 天　"门可罗雀"是什么意思

"门可罗雀"这一成语，原指在门外张网捕雀。后形容做官的人因为事业由盛到衰，宾客比以前少了很多。这个成语出自西汉司马迁《史记·汲郑列传》："始翟公为廷尉，宾客阗门；及废，门外可设雀罗。"

汉初时期,汲、郑两人都是贤能之人并位居高官,众人都十分敬畏二人,每天都有很多的客人上门拜访。但因为他们个性十分正直,官场不容。后来二人都丢官失去了权势,生活陷入了十分窘迫的境地。此时,以前登门拜访的人都没有了踪影。

这样的事情也发生在了汉文帝时的大臣翟公身上。翟公曾任职廷尉,位高权重。在他当官时,家中每日来访的宾客数不胜数。但是当他丢官后,就不再有宾客造访,门外特别冷清,可以拿着网捕捉麻雀了。后来,翟公官复原职,宾客又继续登门拜访,逢迎巴结。经历了这样的事情之后,翟公终于看透了人情冷暖、世态炎凉,于是在大门上写下:"一死一生,乃知交情;一贫一富,乃知交态;一贵一贱,交情乃见。"用来告诫世人,要懂得世间的人情冷暖。

司马迁用汲、郑二人和翟公的故事,表达出对官场中人情冷暖的感叹。后来,人们就将这个故事浓缩成了"门可罗雀"这一成语。

 第 197 天　为什么讨论问题叫"切磋"

"切"与"磋"原本的意思是指磨砺。在我国古代,"切"就是把骨头加工成器物;而"磋"就是将象牙加工成器物。据《尔雅·释器》中记载:"骨谓之切,象谓之磋,玉谓之琢,石谓之磨。"这里对古代常用的切、磋、琢、磨四种方法做了简要的介绍。

在使用每一种方法时,都必须经过一个仔细研究的过程,只有经过这样一个过程,才能够成为器物。在《论衡·量知》中就有相关记载:"切磋琢磨,乃成宝器;人之学问、知能、成就,犹骨象玉石切磋琢磨也。"把人的学问、才能以及成就等和宝器的琢磨连在一起,形象且生动。意思就是说人们只有经历了艰苦磨砺的过程才能得到一个好结果,即要经过"切"和"磋"的过程。后来人们就把在一起探讨、研究学习的过程叫作"切磋"。

第198天 "义结金兰"和兰花有关吗

"义结金兰"是指朋友之间因为关系比较好结成了异姓的兄弟姐妹。这个说法最早和兰花有关。

关于"义结金兰"来历在《易·系辞卜》中就有相关的记载:"二人同心,其利断金;同心之言,其臭如兰。"这意思就是说朋友之间的深厚友情具有非常大的能量,可以斩断金属,朋友之间的言语就像兰花一样散发着一股香味。在《世说新语·贤媛》中同样有相关的记载:"山公与嵇、阮一面,契若金兰。"这里是用来比喻嵇康、阮籍以及山涛三人之间的友情之深厚,非常有默契。

在"义结金兰"时,一般要交换金兰谱或者兰谱。兰谱或者金兰谱是一种谱帖,所以我们还可以把结拜称为"换帖"。结拜之时,每人在一张红纸上分别写出自己的姓名、籍贯、生辰八字及父母、祖和曾祖三代的姓名,写好之后相互交换。接着摆上天地牌位,依照年龄的大小顺序,依次焚香叩拜,一起读誓词。

后来,人们就根据这些典故把朋友之间因志趣相投进而结成好兄弟或者好姐妹的行为称作"义结金兰"。

 第199天 "桃花运"是怎么来的

我们常说谁走了桃花运,就是指这个人很受异性的欢迎。那么为什么说"桃花运"而不是"杏花运"或者"梨花运"呢?

其实,追溯历史我们会发现,自古以来桃花和女子有着很密切的联系。在《诗经》中就有关于女子和桃花的渊源的诗句:"桃之夭夭,灼灼其华。之子于归,宜其室家",该句诗讲述的是女子出嫁时的情景,还夸赞了新娘的美貌和德行。这里说了女子和桃花的渊源,下面是关于"桃花运"的来源。

据说"桃花运"一词来源于中国传统命理学的重要支派——紫微斗数。紫微斗数是把人出生的年、月、日、时作为依据来确定十二宫的位置。十二宫分别是子女宫、兄弟宫、财帛宫、迁移宫、奴仆宫、夫妻宫、官禄宫、福德宫、田宅宫、父母宫等,然后再把各宫的星群结合着《周易》的卦爻,就能预测人的命运。

那么,命理中的"桃花运"就是根据"生辰八字"中五行所处的"长生,沐浴,冠带,临官,帝旺,衰,病,死,墓,绝,胎,养"的位置来判断是否能交桃花运的。如果大运和流年运行到了"沐浴"这个阶段就可以称作"行桃花运",这就是"桃花运"的由来。

 第200天 "五花八门"是什么意思

关于五花八门的说法有两种:一种说法是指古代战术中的阵势;另一种说法是指江湖中的各种行业。

第一种说法是指古代战术中的阵势。"五花"和"八门"分别指的是"五行阵"和"八门阵"。春秋战国时期,有不少的军事家和战略家都对这种五行阵略知一二。五行是指水、木、金、火、土。五行就是指构成各种物质的五种元素。与此同时,五行还可以代指红、黄、蓝、白、黑五种色素,它们在一起进行组合可以变幻出多种颜色。

八门阵也称八卦阵,它是依据八卦的次第列为阵势的。虽然听起来八卦很少,但是,八八就可以变成六十四卦,这样的阵势常常使敌方的军队感到变幻莫测,晕头转向,分不清南北。据说,春秋战国时期的孙武和孙膑是最早运用八门阵的人。三国时期,诸葛亮又在八门阵的基础上发展出了"八阵图"。

第二种说法是指江湖中的各种职业。五花分别是金菊花、土牛花、火棘花、木棉花以及水仙花。它们分别代表的职业是卖茶的女人、挑夫、玩杂耍的人、上街为人治病的郎中以及酒楼的歌女;八门分别是门调、门彩、门挂、门平、门皮、门团、门聊以及门巾,它们分别代表的职业是搭篷扎纸的人、变戏法的人、江湖卖艺的人、说书评弹的人、卖草药的人、街头卖唱的人、高台唱戏的人以及算卦的人。

 第201天　为什么人们要说"三十年河东三十年河西"呢

"三十年河东三十年河西"这句话表达了人们对于世事沧桑变化的一种感叹。得意之时用这句话警醒自己盛衰易交替，居安莫忘思危，要未雨绸缪。失意之时也不要一蹶不振，要知道福祸无常，还有时来运转的那一天。

"三十年河东三十年河西"中的河指的是黄河。以前黄河河道不固定，经常会改道，历史上曾经无数次地发生。某个地方原来在河的东面，若干年后，因为黄河水流改道，这个地方便变为河的西面。后来，人们便将这种变化无常的现象，来比喻人事的盛衰兴替，事物会向反面转变，让人难以预料。

 第202天　"斟酌"一词的来历是什么呢

我们常常把反复地仔细考虑一件事情叫作斟酌再三，为什么这么说呢，这两个字的原本意思是什么呢？原来，在我国古代宴饮时，人们喝的酒不是像现在一瓶瓶的，那时候酒先要盛在一个叫作樽的盛酒容器内，然后再用勺子舀到喝酒用的酒杯里。李白诗云"人生得意须尽欢，莫使金樽空对月"，这个樽就是盛酒的大中型容器。斟这个字右边是个斗字，斗是我国古代的一种测量容器，用来测量粮食、酒具体有多少，比勺子要大得多，可以理解成盆子，当然，樽就可以看作是缸了。

在这里，斟就表示用斗这个大容量的器具往樽里面舀酒，由于樽是比较大的，所以要一斗一斗地舀。再看这个"酌"字，右边是个勺子，这个我们容易理解，日常生活中我们也天天见到，大到做饭的饭勺，小到我们吃饭用的小调羹，总之是不算很大的，古时候也是这样的。酌的意思就是拿着勺子从樽里面舀酒到喝酒的杯子里面。直到这个时候才算是酒到嘴边，可以饮用了。

在这个斟酒酌酒的过程中，不论是用斗来斟还是用勺来酌都要小心翼翼的，尽量不要洒了，不能急，要稳，这个过程才不会有失误。如果毛手毛脚地把酒倒洒在桌面上，不但有损场面礼仪，同时也是一种浪费。我国古代长期粮食匮乏，谷物本来就很珍贵，用谷物酿造的酒也就愈加地弥足珍贵了，浪费不得。说到这里，我们就大致了解了斟酌的过程和含义了。这本来就是个反复而又小心稳重的过程，一斗一斗地把酒倒进樽里面，再一勺一勺地舀进饮酒的杯子里面，饮完后再一勺一勺地舀，每一步都按部就班，反复而又稳重，这本身就已经和斟酌现在所代表的意思很相近了。

樽这种盛酒的器具自春秋时期后就不再使用了，人们就把"斟"这个字简化理解为倒酒，而把"酌"理解成饮酒了。后来人们就把斟酌合在一起，表示做事反复考虑，以达到最好的结果。

 第 203 天　"瓜田李下"是在告诫我们什么

"瓜田李下"是"瓜田不纳履，李下不正冠"的简称。履是鞋子的意思，从原话看出大致意思就是说不要在瓜田里穿鞋、提鞋；不要在李子树下整理自己的帽子。可是为什么不能在这两个场合做这样的动作呢？

其实是很容易理解的。稍微一想我们就可以想到，瓜长在地上，假如我们看到有人在瓜田里弯下腰，我们一定认为那人是在摘瓜，谁会想到那个人弯下腰是为了穿鞋呢？谁会相信弯腰不是在摘瓜呢？即便真的是弯腰穿鞋。这是人们的一种思维定式。同样地，在李子树下伸手整理自己的帽子，也会被怀疑为摘李子。这都是我们本能的一种思维，但是我们可以改变自己的行为，不在瓜田里提鞋子，也不在李子树下整理自己的帽子，这样也就不会引起别人的怀疑和产生误会了。

推而广之，"瓜田李下"就是告诫我们在为人处世上注意自己的行为，不要使人产生误会，为别人留下误会和怀疑的把柄，要注意主动地避嫌，远离那些有理难辩的争议之地。这是一种明智的做法，值得我们每一个人在实际的生活中注意，并身体力行。

第 204 天　为何将男女之间的忌妒称为"吃醋"呢

汉语词汇的意思真的是太丰富了，还真不能单从字面上理解。就拿吃醋来说，我们知道这是形容男女之间的一种特有的感情情绪，是表达忌妒、紧张、生气等内容的一种丰富的心理感情。但是这种男女之间特有的感情和醋有什么关系呢？

咱泱泱大国历史悠久、典故众多。

话说我国的大唐太宗李世民时期，有个宰相很有才、很能干，为李世民的登基和贞观之治局面的形成都立下了汗马功劳。但这个一人之下万人之上的宰相却是个"妻管严"，朝堂之上，他领导百官，秉承民意，辅佐天子，但在自家的一亩三分地上却是个被领导和管制的角色，唯老婆之命是从。他就是大名鼎鼎的贞观名相、李世民的亲家房玄龄。

作为劳苦功高的社稷之臣，又恰逢太宗李世民这样的英明之主，被赏赐是理所当然的。据说有一次，太宗赏赐了房玄龄几个妙龄美女，但是房大人的反应却是出乎人的意料，他坚辞不受。李世民很纳闷，他哪里知道房大人是害怕家里的房夫人呢！

后来，太宗知道了房玄龄不肯接受美女赏赐的原因。于是太宗就派人去房玄龄家，劝导房大人的夫人，做她的思想工作。宰相夫人连皇帝的面子也不给，硬是给顶回去了。这下太宗有些生气了，就想出了个新方法。

太宗钦赐房夫人一壶酒，其实壶里面装的是醋，并下诏，大意就是房大人为国劳累，功不可没，特此赏赐给他几个美女，如果夫人想抗旨，那么就饮下这杯毒酒，自己了断。谁知房夫人极为刚烈，宁为玉碎不为瓦全，毅然决然地端起酒壶，一饮而尽。当然，房夫人没有死，太宗也只是想试探一下她的胆魄和决心。从此以后，太宗再也不提房玄龄纳妾的事儿了。

后来人们就用"吃醋"来形容男女之间的忌妒之情了。

 第 205 天　"吹牛皮"吹的真是牛皮吗

对于那些说大话、夸海口的人，我们常常对他们嗤之以鼻，称他们是在"吹牛"或"吹牛皮"，为什么会这么说呢？

说起吹牛皮，我们先从吹羊皮和猪皮说起。屠夫们宰羊杀猪时，放完血之后，有时候会在猪羊的蹄子附近划开一个小口子，用一个长铁棍子插进去，来回地捅一捅，然后用嘴使劲地往里面吹气。一直吹到猪羊的全身都圆鼓鼓的，之所以这么做，是为了剥皮时候更加容易，到时候，轻轻一拉，就剥掉了。

但是杀牛是不用这种方法的，牛的躯体庞大，皮下脂肪也少，一般的人是没有办法把整头的牛像吹羊皮一样吹胀起来的，所以谁如果说自己能吹胀牛皮，那一般大家是持怀疑的态度的，认为这是在说大话。后来，吹牛皮就成了说大话的代名词。

 第 206 天　"穿小鞋"一词究竟是怎么来的

在现代，给人"穿小鞋"一词用来指那些在背后给人使坏点子整人，或者利用某种特权寻机置人于困境的人。那么，"穿小鞋"一词是如何来的呢？

所谓的"小鞋"并非是指给小孩穿的鞋子，而是指旧时给缠了小脚的妇女们穿的一种绣着花的"小鞋"。这种小鞋是南唐后主李煜的"专利"，他别出心裁地命令未成年的宫女用很长的白布缠足，把脚缠成又小又尖的弯弯"月牙儿"，站在画有荷花的金莲台上跳舞，让自己观赏享乐，所以这种脚又叫"三寸金莲"。

后来，全国就兴起了妇女缠足的风气，这种风俗并由此开始在中国封建社会延续了1000余年。缠足以后，妇女的脚小了，也只能穿小鞋了，这就是"穿小鞋"的本义。这与现代人们所说的"穿小鞋"的意思有何关联呢？据说这与古代的男女婚姻有关系。

旧时的男女婚姻讲究"父母之命，媒妁之言"。古代的女子深居简出，不轻易露面，所以，男方根本不知道女方的模样，只能依照媒婆所拿来的鞋样的大小来衡量女方的相貌。

因此，在媒婆说媒时，必先请男方看女方的鞋样儿，以示女方脚的大小，一旦男方同意了亲事，就会留下鞋样儿，按此尺寸做一双鞋子连同订婚礼物一同送到女方家中，成亲那天，新娘必须要穿上这双鞋子，以防脚大而受骗。如果男方当初故意把这双绣花鞋尺寸做得很小，新娘穿着难受而不舒服，甚至穿不上，从而导致出丑。后来，人们把这一风俗引申到现实社会生活中，用来专门指那些在背后使坏点子整人，或者利用职权故意置人于困境中的人为"给人穿小鞋"。

第九章
奇趣拾录

 第 207 天　古代没有身份证，古人用什么方式证明自己的身份

　　在古代，普通人不需要用特别的凭证或物件证明自己的身份，一封书信或者一件寻常信物就可以证明一个人的身份。官员与普通人不同，他们是拿朝廷俸禄的，一旦走马上任就会被赋予相应的权力，所以他们的身份是否属实关系重大，需要有正式的凭据证明他们的特殊身份。为了防止有人假冒朝廷命官，古代的官员需要证明自己的身份，那么他们是采用哪种方式呢？

　　证明官员身份的凭据有两种东西，一种是敕牒，一种是告身。所谓的敕牒就是由国家颁发的委任书，上面赫然盖有吏部的印章，是很难伪造的。刚到任的官员通常以敕牒为凭证，证明自己是朝廷委任之人。经核查属实后，敕牒将放在报到的衙门备案。告身是由政府的专门机构制作的一种用以证明上任官员的凭证。宋朝时，吏部属衙官告院专门负责制作告身。告身使用的绫巾裱带也是十分讲究的，必须由朝廷特批的地点供应。告身上写有到任官员的年龄、籍贯和相貌特点。所以就算告身被别有用心的人盗走，也很难冒充赴任官员。我国早在南北朝时期就开始使用告身这种身份凭证。赴任官员用告身表明身份后，可以自行将其留下，以备用于

其他场合。

除了敕牒和告身外,古代官员还可以用"鱼符"和"牙牌"来证明自己的身份。唐朝官员佩戴鱼符,根据官位品级的不同,鱼符以不同材料制作,三品以上材料为金,三品以下便是银或铜。宋朝官员佩戴牙牌,它是由象牙、兽骨、金属制作而成的。无论鱼符还是牙牌,上面都刻有官员的个人信息,如姓名和任职衙门等。

第208天 在发明牙刷前,古人是怎么刷牙的

刷牙可以清除牙齿表面和口腔内的食物残渣和污垢,有助于口腔卫生和健康,现代人每天早晚都要刷牙,当然我们刷牙使用的工具是牙刷和牙膏。我们知道古代是没有牙刷的,那么他们是如何刷牙的呢?

在我国古典名著《红楼梦》中,官宦家的小姐用完餐后,府上的婢女就会为她们奉上漱口的茶。茶水漱口,是古人保持口腔卫生的一种方式。很早的时候,古人便以"漱"的方法达到洁净牙齿和口腔的目的。酒、醋、盐水、茶、温水都可以用来漱口,其中酒、醋、盐水可以杀灭细菌,有消毒的功效。茶中富含氟和维生素,可去除油腻荤腥,洁净牙垢,并有效防止蛀牙,让牙齿更牢固。

古人也常用药物来清洁牙齿。早在南朝时期,人们便学会以皂角、荷叶、青盐制成药粉擦牙,不但能清洁口腔、消炎杀菌,还能美白牙齿。到了唐朝,人们又研制出以天麻、细辛、沉香、寒水石制成的擦牙药粉。到了宋代,人们将这种擦牙药粉加以改进,在里面添加清热解毒的中药,使其既能洁牙又能治疗口腔疾病。具体的刷牙方法是用手或者杨枝(桃、槐、柳等树的枝条)当牙刷刷牙,用药粉当作牙膏擦牙。

佛教非常重视牙齿的洁净。"杨枝"便是佛教徒发明出来的牙具。佛经上说僧侣们几乎每天都咀嚼杨枝来洁齿护牙。据说这样做可以去除口腔内的污垢、消毒杀菌、清新口气。编撰过《本草纲目》的名医李时珍十分赞同这种清洁牙齿的方法,并用"涤齿甚妙"来描述杨枝的功能。

第 209 天　古代"悬丝诊脉"是真的吗

"悬丝诊脉"是古代中医一种诊断疾病的方法，医生将丝线的一端系在女患者的手腕上，自己掌握另一端，通过悬丝来感知脉相状况，以此诊断疾病。据说一代"药王"孙思邈就曾为难产的长孙皇后悬丝诊脉，并医治好了她的疾病。那么悬丝诊脉是真的吗？一根细细的丝线真的能准确探知女病人的脉象吗？

相传，已经怀胎十月的长孙皇后丝毫没有临产的迹象，长期卧病在床，虽经多位名医诊治，但却不见一点效果。唐太宗颇感不安，便找大臣徐茂公商量对策，从徐茂公口中得知，民间有位医术精湛的名医孙思邈，常年上山采药，尤其精于妇科疾病的诊疗。

唐太宗立刻派人请孙思邈入宫。孙思邈进宫后，向人仔细询问了长孙皇后的生活起居状况和发病特征，并认真翻看了太医们所写的病历。他对长孙皇后的病况大致有了了解。古代讲究"男女授受不亲"，孙思邈为了不冒犯长孙皇后的凤体，就在她手腕上系上一根长长的丝线，丝线一端从帘后拉出，这便是所谓的"悬丝诊脉"了。

为长孙皇后诊完脉后，孙思邈对唐太宗说皇后的病是因胎位不顺而起，只要在中指的穴位上扎上一针便可痊愈。唐太宗应允，侍女扶长孙皇后走了出来，孙思邈找准穴位用力下针，长孙皇后痛得全身发抖，没过多久，顺利诞下皇子。

由于丝线不能准确传导细微的脉动，悬丝诊脉缺乏科学依据，它不可能成为有效的诊断方法。孙思邈之所以能医好长孙皇后，是因为之前已询问过长孙皇后的发病特征，又翻看了病历，已经大体了解了病人的病情，悬丝诊脉不过是走个过场而已，并不能当作诊断依据。

第210天 道士可以娶妻生子吗

道士跟和尚一样,有出家和不出家之分,不出家的道士叫"居士"。金、元之前,道士是不需要出家的。到了金代有了全真教以后,才出现了出家的道士。全真派和正一派是道士的两大门派。

全真派的道士都是出家人,不能结婚生子,不沾荤腥严格素食,常年在道观里生活,蓄长发留胡须,可以束发戴冠,也可将头发盘成发髻。正一派的道士绝大多数都是不出家的道士,他们可以娶妻生子,也可以吃肉,过着正常的世俗生活。不出家的正一道士,一些居住在宫观里,一些散居生活。散居的道士穿着与普通人无异,住在自己家里。正一道士不需要留长发蓄胡须,他们的发型和寻常百姓相同。如果他们不穿道士的服装,根本就没人知道他们是道士。

无论是全真派还是正一派的弟子,都必须经过隆重的皈依仪式才能正式成为道士,全真派弟子需要经过授戒,而正一派弟子需要经过授箓。道士也是有品级之分的,道门的最高领袖是方丈,方丈是全体道士选举出来的,深受众人爱戴,他们往往德高望重,品行极高,严格遵守戒规。朝廷册封的"真人"、"先生"等也属于道教的领袖,享有较高的荣誉。在明朝,真人的地位不亚于当朝的二品官员。到了清代,真人和正三品的官员拥有同等的品级。

丘处机是道教中最有名望的人物之一,在金庸撰写的《射雕英雄传》和《神雕侠侣》两部武侠小说中,丘处机都被描述成一位侠肝义胆、豪放不羁、武艺高强的英雄人物。在道教信仰当中,这位极具个性的道士一直被尊奉为全真道"七真"之一。

 第211天 中国古代出现过女医生吗

我国古代曾涌现出许多杰出的医学大家,如扁鹊、华佗、孙思邈、李时珍等,只是他们都是男医生,那么中国古代究竟有没有出现过女医生呢?答案是肯定的。

虽然中国古代是男权社会,奉行男尊女卑的封建教条,中医技术传男不传女,导致女医生数量极少,但是那些医术高超的女医生救死扶伤的动人故事依然在民间流传了下来。

西汉时期的义妁是一名非常优秀的女医生。她自幼便对中国博大精深的医学产生了浓厚的兴趣,十几岁入山采药,开始悬壶济世治病救人。一次,她在乡里看到一个腹部膨出的病人,气息奄奄,生命危在旦夕。义妁认真查看了他的身体后,在其腹部和腿部找出精准穴位,施以针灸,然后配合中药加以治疗。过了些时日,病人腹部的肿块完全消退了,恶疾得以治愈。汉武帝得知后,便召义妁入宫做太后的私人医生。义妁的事迹自此广为流传。

著有《肘后备急方》的晋代医学家葛洪就有一位医术了得的妻子,她名叫鲍菇,被尊为"鲍仙姑",越秀山下的"鲍姑祠"就是人们为了纪念她而建立的。相传她常年随夫君在深山中采药,两个人四处云游,好似神仙眷侣,常在岭南一带一起为百姓施药看病,据说一代医典《肘后备急方》也是夫妇二人共同完成的。

此外,宋代的张小娘子也是一位名医,她因为好心招待了一位鹤发童颜的老人,喜获《痈疽异方》,最终成为外科医生。明代的谈允贤,出身中医世家,著有《女医杂言》传世。她精通妇科疾病,当时一些名门闺秀碍于封建礼教不便让男医生诊治,都请她治疗。

 第 212 天　古代能制造玻璃吗

在现代,晶莹剔透的玻璃制品无处不在地装点着我们的生活,精致的水晶杯、硕大的玻璃幕墙、透明的玻璃窗,美观实用,给人以如幻如梦的遐想。那么在古代,人们掌握了制造玻璃的工艺了吗?

约 4000 前,古埃及人发明了玻璃。到古罗马时期,罗马人也学会了制造玻璃。之后罗马人把制造彩色玻璃的工艺传到了印度,印度又将其传向东方。秦汉时期,我国出现了大量玻璃制品,当时称为"璧流璃"或"流璃"。君王们视玻璃为贵重物品,常用各色玻璃制品当作陪葬品。据说秦始皇陵墓的宝藏里就包括琉璃鱼和琉璃龟。另外,考古学家在西汉中山靖王刘胜的墓穴里挖掘出了珍贵而又罕见的玻璃耳杯和玻璃盘。

最初,古人以为玻璃是天然形成的。东晋时期,葛洪首次提出玻璃是人工制品。他认为外国人的玻璃用品是用五种材料混合制成的。当时中国广东和广西地区已经有人掌握了制作玻璃的技术。但人们还是不相信葛洪的说法,始终以为玻璃是纯天然的东西,不是人类可以任意生产和复制的。葛洪逝世80多年以后,在北魏都城平城,有人以石头为原料成功烧制玻璃,人们方才相信葛洪关于人造玻璃的说法。自此以后中国有了制造玻璃的作坊,可惜制作工艺没有流传下来,隋朝时期的工艺家只好退而求其次,以绿瓷代替玻璃,好在宋元时人们又重新琢磨出了玻璃的制作方法,遗憾的是制作出来的玻璃用品质量极差,遇热即破。明朝时,郑和下西洋从西方载回了大量质量上乘的玻璃制品,到了清代,玻璃器皿开始在民间普及。

第213天　汉墓女尸为何千年不腐

长沙马王堆三座汉墓的发现,震惊了中国的考古学界。考古学家在汉墓中挖掘出三千多件珍稀文物和一具千年不朽的完好女尸,莫不惊叹古代文明的辉煌与绮丽。色泽明润的漆器、轻薄华美的丝绸,跨越千年的历史尘埃,仿佛在向世人骄傲地展现着属于那个时代独有的璀璨光芒。尤其是那具保存完好的女尸,堪称人类防腐史上的伟大奇迹。那么沉睡了2000多年的汉墓女尸依然保持不腐的原因是什么呢?

通常尸体下葬后,不足半个月便会开始腐烂。汉墓女尸千年不腐主要是以下几个原因造成的:

一、尸体下葬时,以多种中药药物对棺内环境和尸身进行了防腐处理。棺木刚被开启时，考古人员发现里面五分之一的空间填满了中药。由于密封环境遭到破坏，大部分药物挥发消失。目前棺木中可考的药物有麝香、冰片、木香、灯芯草等，这些药物可杀死细菌，吸收棺内的水分，防止潮湿。此外，尸身上裹了一层乳黄色药物蜡壳，它起的作用是锁住尸体体内水分，同时避免细菌入侵体内，达到杀菌、保鲜的目的。

二、棺木好，埋藏较深，密封措施到位。棺材以楠木为原料，椁以柏木为原料，两种木材纹理交错、结构致密，坚硬耐腐。棺木埋葬深至4米，下面一年四季温度基本恒定。棺木有六层密封，棺内环境彻底与外界隔绝。总之，棺木几乎呈现真空状态。

三、尸体失去了大量的血液和水分。女尸颈部有明显伤痕，动脉、静脉均被割断，导致体内血液几乎全部流干，大量水分丧失，有效抑制了细菌的滋生。而且女尸下葬时间为寒气袭人的冬天，这也是尸体保存完好的一个重要因素。

 第214天　钟表发明出来之前，古人使用什么计时工具

在现代，人们使用的计时工具毫无疑问都是钟表。钟表是西方人发明研制出来的，明末清初才传入我国，而今它已经成为我们日常生活的必需品和必备品。在遥远的古代，我们的祖先是没有钟表的，那么他们又是靠什么来计时的呢？

我国古代最早的计时器叫"圭表"，它计时的依据是日影长度的变化。"圭表"由"圭"和"表"两部分构成。表是直立于地面的标杆或石柱，它的主要作用是用来测量日影。圭是在南北方向放置的一块刻板，它的主要作用是用来测量表影。时间又叫光阴，意思是太阳光在地面上投下了阴影，这个词的产生跟圭表有关。

后来人们对"圭表"加以改进，又发明了"日晷"，仍是根据阳光的投影来计时。日晷由晷针和晷盘两部分构成，晷针是一种投影工具，可以把影子投放到晷盘中的刻线上。随着时间的推移，太阳在天空中的位置发生了变化,晷针在晷盘中投影的方向也跟着发生了变动。根据长时间的观察,古人把日影的方向和一天中的十二个时辰一一对应起来,以此判断自己所处的时刻。比如晷针的投影处在晷盘午时的第三个刻度就代表那时的时间正好是午时三刻。

圭表和日晷在晴天可以计时,但是阴雨天就不管用了,于是古人又发明了"漏刻"。漏是带孔的水壶,刻是有刻度的浮箭。水从漏壶里均衡地流出,壶中的浮箭随着水面下降,通过观察浮箭上的刻度就可以判断时间。漏刻弥补了圭表和日晷的不足,有了它古人碰上阴雨连连的天气也可以知道时间了。

之后人们发明了油灯钟、蜡烛钟、沙钟等计时工具,在西方的钟表传入我国之前,人们使用各种各样的计时工具计时,为日常生活提供了很多便利。

第 215 天　古墓中的神秘"墓毒"是什么

《鬼吹灯》、《盗墓笔记》等盗墓小说曾风靡一时,很多读者产生了共同的疑问:古墓中的墓毒真的存在吗?存在的话,到底是什么东西?小说免不了有夸张虚构的成分,对此考古专家给出的答案是肯定的,古墓中不仅含有墓毒,而且品种众多、致命性高。那些非法盗墓者,稍不留神就会成为古墓的"殉葬者"。

古代帝王大多心存长生不老的念头,不老丹、长寿药等事史书都有记载,等知道此类举动必定无果后,就把生前的"实验"成果用到了"后事"上,古墓里毒气的制造原理正是炼丹制药的延伸。

实际上,中国古人早就知道制造毒气的原理,他们对化学这一门现代才发展起来的学科的某些领域,早就了解和掌握了,并在实践中进行应用。如,炼制仙丹、五灵丹这些所谓长生不老药、长寿药、壮阳药,就是中国古代化学家进行的早期化学实验行为。现代科学家们经研究总结,把古墓里的毒质按物质的三大形态主要分为以下几类:

固态墓毒，主要包括朱砂、石胆、雄黄、矾石、磁石、礜石等，这些毒石在一定温度下，会产生剧毒，"五毒之石"之说就足以见得。

液态墓毒，毒质主要以水银为主，专家证实，秦陵由于大量使用水银，成为了世界第一大毒墓。其使用的水银之多有"地下毒河"一说，足以让盗墓者有去无回。

气态墓毒，主要以一氧化碳和二氧化碳（量多会使人窒息而亡）为主，气态墓毒容易挥发，会杀人于无形。《酉阳杂俎·尸穸》记载齐景公的墓穴时说道："有青气上腾，望之如陶烟，飞鸟过之辄堕死，遂不敢入。"墓中的毒气把路过的飞鸟都杀死了，其杀伤力非同小可。

第216天　金缕玉衣是怎么制作的

金缕玉衣始于西汉时期（公元前206年～公元220年），是当时规格最高的丧葬殓服，多为皇帝和朝廷重臣死后入殓所穿。玉衣是一种封建等级的象征，据史料记载，汉代皇帝死后身穿金缕玉衣，其他皇室贵族依地位高低分别身穿银缕玉衣或铜缕玉衣。《西京杂志》记载，当时帝王下葬都用"珠襦玉匣"，此匣的外观有如铠甲，用金丝相连。这里说的玉匣就是人们常说的金缕玉衣。古代人们十分迷信玉能够保持尸骨不腐，更把玉作为一种贵重的礼器和身份的象征。

时至今日，我国考古工作者共发现九件金缕玉衣，其中以河北满城一号墓出土的中山靖王刘胜的金缕玉衣最具代表性。全衣由1000多克近似连缀2498片大小不等的玉片构成，上百个工匠耗时两年多才完成，精巧的设计、精细的做工，使其成为了难得的旷世之宝。

金缕玉衣的工艺要求十分严格，汉朝的帝王们还为此专门设立了玉衣制作的"东园"。工匠先将大量的玉片进行筛选、钻孔、打磨等十几道工序的准备工作，才能把玉片按照人体不同的部分设计成相关形状和大小，再将其用金线相连制成成衣。后来，由于金缕玉衣的制作成本巨大，而且众多帝王陵墓遭到了盗墓毁尸的厄运，三国时期的魏文帝命令禁止使用玉衣，玉衣从此在王室中消失，淡出历史舞台。

 第 217 天　秦始皇陵为何建在骊山

秦始皇执政时将都城定在了咸阳，但为何要将其陵园选在远离咸阳的骊山呢？北魏时期的郦道元对此解释道："秦始皇大兴厚葬，营建冢圹于骊戎之山，一名蓝田，其阴多金，其阳多美玉，始皇贪其美名，因而葬焉。"其意思是蓝田这个地方盛产古玉，秦始皇由于贪恋其名所以将陵墓定在这里。但根据考古学家和历史学家的推测，其选定骊山为墓的原因有以下几点：其一是受当时礼制的影响。古代帝王的陵墓往往按照生前居住时的尊卑进行排列。东汉《论衡》中记载道："夫西方，长者之地，尊者之位也，尊者在西，卑幼在东……夫墓，死人所藏；田，人所饮食；宅，人所居处；三者于人，去凶宜等。"因为秦始皇的先祖均葬在临漳县以西，身为后辈的秦始皇只能把陵墓选在芷阳以东了。其二是受"依山造陵"传统观念的影响。我国古帝王自春秋战国时期起就有依山造陵的观念，《大汉原陵秘葬经》曾有"立冢安坟，须籍来山去水"的记载。秦始皇陵园南依骊山，北临渭水，称得上是"依山傍水"造陵的典范。

秦朝"依山环水"的造陵观念对后代帝王建陵产生了深远的影响。西汉帝陵如景帝阳陵、高祖长陵、文帝霸陵、武帝茂陵等都是仿效秦始皇陵"依山环水"传统观念建造的。

 第 218 天　牛河梁遗址在哪里

牛河梁遗址位于辽宁省凌源、喀左、建平三市县的交界处，属于红山文化晚期的遗存。遗址内由距今5000多年的大型祭坛、积石冢群和女神庙构成，其布局和性质与北京的天坛、太庙、十三陵相似。

牛河梁遗址的主体建筑女神庙在整个遗址的北部，由一间主室和若干间侧室、前后室组成。除主体建筑外，其他附属建筑在遗址南部，均为单室建筑。女神庙坐落在北部山顶上，长22米，宽5.3米。顶盖和墙体采用木架草筋。内外敷泥，表面压光或者画以彩绘装饰。室内存有巨大塑像群，体态不一，大小不同，有的人像与真人大小，有的比真人大1～2倍，以玉石镶睛，人物形态逼真，近乎神化。该神庙是中国已知的最早神庙，出土的女神像造型精准、生动形象，有很高的艺术水平。

此外，在女神庙四周千余米的范围的山梁上，分布有大型积石冢群，积石冢一般都是用高30厘米、长40厘米、宽20多厘米，经过打制的大石块砌成的，分方形和圆形两种。在这些大型的积石冢中，随葬了数量众多、美轮美奂的各式玉器，种类有作为原始宗教信仰之物的玉猪龙，有挂于胸前的双联、三联玉璧，有勾云形玉佩、扁圆形玉环、圆桶形玉箍，有作为艺术品的玉鸟、玉鸽、玉龟、玉鱼、玉兽等，这些玉器造型古朴精致、别具一格，已成为红山文化的代表器物。

第219天　古代青花瓷器的烧制中心在哪里

湖田村是景德镇窑系中最具代表性的古代瓷窑址，在江西省景德镇市东南，到宋朝时成为影青瓷的主要产地，产品居于景德镇诸窑之冠。元朝时加以巩固和发展，技术工艺得到大幅度提升，成为著名的枢府器、青花瓷和釉里红的烧造中心。于明代隆庆、万历时期，延续600多年。

湖田村坐落在南山与南河之间的一片台地上，东西长约700米，南北长约800米，在景德镇众多的古窑址中，湖田窑历史悠久、规模庞大，且年代延续不断，堆积丰富，遗址保存较好，是反映景德镇烧瓷历史发展的典型窑址。湖田窑生产的宋代影青瓷和元代青花瓷，烧制技术相当成熟，代表了当时瓷器生产的最高水平。

湖田村现存窑炉结构、炉具及烧造工艺的窑炉遗迹4座，还发现与制瓷有关的元代水井2口和作坊遗迹若干。其中，这4座窑炉分属于宋末元初、元代后期、明代早中期和明代中期，元代后期，龙窑底部分前后二室，前室圆形，后室椭圆形，前端有火膛，与现代景德镇还在使用的清代遗留的柴窑相似。

湖田村烧制的青花瓷器胎质洁白。初期器釉色多泛黄，品种少，造型简朴。中后期釉色多纯正，晶莹碧透，色质如玉，品种增多，有碗、碟、罐、盘、壶、瓶、炉、茶托、香薰、注碗、盒子、瓷雕及芒口器等。青花装饰题材以云气、楼阁、荷花、兰竹、湖石为主，风格粗率、奔放。除一些青花碗、盘粗器采用叠烧外，90%的产品均为单件仰烧。早期青花在使用苏麻离青釉料、器物造型以及器底多不施釉等特点上，与元代风格相似。

第 220 天　古人也变魔术吗

刘谦在春节晚会上的精彩表演，让人们再一次领略到魔术独特的魅力与风采。鬼才导演克里斯托弗·诺兰执导的《致命魔术》，更是把出神入化的魔术表演推到登峰造极的境界。魔术不再是变出鲜花和鸽子的简单把戏，而是一门富含美学的艺术。那么古代人也会变魔术吗？他们又是怎样进行魔术表演的呢？

其实古人很早就学会了变魔术，不过那时这种表演形式叫做变戏法。根据杨晓歌《中国魔术》的说法，我国早在夏朝时期就有了魔术，人们称之为戏法。据《列女传·孽嬖传》所载，夏桀背弃了国家礼仪，收纳会表演歌舞、杂耍的艺人、侏儒、能逗趣的人聚在身边。看来魔术的吸引力还是蛮大的，连夏桀这样的暴君也被这种有趣的娱乐活动深深迷住了。

戏法在西汉时期尤为盛行，直至20世纪初我们才开始称戏法为魔术。魔术的叫法比戏法更贴合这种别具特色的表演艺术。"魔术"一词让人联想到魔法、法术，给人的感觉既神秘又新奇。现代魔术表演需要借助各种道具，比如魔术缸、魔术扑克等。古人的魔术道具则是人们已经非常熟悉的生活物品或者劳动工具，比如洗脸用的盆，吃饭用的瓷碗、小碟和勺子，以及装东西的箱子和衣柜，还有各种刀具。古人变魔术时必须先把双手亮给观众看，然后把表演用的盖布里里外外都让观众过目。观众没有异议后，表演艺人便要拿出自己的看家本领化腐朽为神奇，给观众带来娱乐和惊喜。《搜神记》中记录过一名天竺胡人的断舌表演，极为刺激惊险。

 第 221 天　中国的"三教九流"具体指什么

在人们的日常言谈中，"三教九流"是一个使用频率较高的词汇，主要用来泛指社会上各种各样的人，也泛指江湖上各种职业的总称。那么，在中国古代，"三教九流"具体指什么呢？

据现存的历史文献资料来看，关于"三教"最早的记录，是三国吴侯孙权和上书令阚泽的一次谈话中提及了儒、佛、道三教；"九流"的说法最早见于《汉书·艺文志》，这是我国现存最早的目录学文献。其中收录诸子189家，但最重要的是九家，即儒、道、墨、法、名、阴阳家、纵横家、九家与农家。这"九家"也叫"九流"，实际上是汉代之后对中国主要宗教和各种学术流派的泛指。

后来，"三教九流"慢慢地演变成了不同等级社会角色的代名词。中国历史上对人群的划分，最早是从商周时期开始的，当时主要将人群划分为"士、农、工、商"四业，这一划分延续了几千年。后来随着社会的不断进步和发展，人群的划分也越来越细，便也有了"三教九流"的分类。"三教"仍指儒、佛、道。而人们对于"九流"的说法则莫衷一是，到了后来，九流不够划分，一直演化到27种职业，依照上中下三类区分，即为上九流、中九流和下九流。具体为：

上九流主要指古代的领导阶层："一流佛祖二流天，三流皇帝四流官，五流阁老六宰相，七进八举九解元。"一流是佛教的佛祖，是至高无上的；二流天指玉皇大帝，比人间的皇帝高一等，但虚无缥缈；三流指人间的皇帝，皇上下来是阁老，即老资格的重臣，如位列三公的太师、太傅、太保等；接下来的宰相是帮助皇帝处理日常政务的内阁官员首领；接下来的三位都是科举中榜士子，是封建科举取士制度中的成功者。

中九流主要指古代的文艺与科技工作者："一流秀才二流医，三流丹青四流皮（皮影），五流弹唱六流卜（占卜），七僧八道九琴棋。"这一类主要指古代的文学艺术工作者和科学工程技术人员。

下九流主要指社会下层人员，即为："一高台（唱戏）二吹（吹鼓手），三马戏四剃（剃头），五池子（开澡堂）六搓背，七修（修脚）八配（给家畜配种的）九娼妓。"基本上指服务行业，除了排名第九的"娼妓"外，其余都是自食其力的下层劳动者，而且都体现了一定的劳动技能。

第 222 天　原始人是如何识文断字的

我们现代人识字必须经过后天学习，现代文字不同于古老的象形字，整体感觉比较抽象，所以没有经过专门学习的人，就会目不识丁。原始人发明了象形文字，其文字形状有如图画，有的一目了然，辨认起来也比较容易，那么他们又是如何识文断字的呢？

首先要了解原始社会时期文字的构成，并掌握最基本的规律。总体来说，当时文字的构成主要体现在四个方面：

一是指事。这种文字只要看一眼就能大致了解它的意思，观察一番就能知道其所指，比如上、下、左、右等。

二是象形法。指的是用画图的方式来描述信息，比如把"日"画成太阳的样子，"月"画成圆缺的样子，水画成河流流淌的样子。

三是会意法。那些不能抽象表达的事物多采用会意法，即用不同的符号或者两个象形文字叠加起来表述一种事物或一个抽象的概念，例如"日"、"月"合在一起就是"明"，在原始人眼里，太阳和月亮都是会发光的事物，它们都能给世界带来光明，如果两个发光的事物在一起，那么世界就更明亮了，"明"字取自日月同辉的意思。

四是形声法。原始人通过形声合一的方法造出了很多新字，依据事物的特性配上相近的声音，便能组合成形声字。比如江字，便是河流的象形字配上"工"的发音，"工"的发音和水流流动的声音相似，所以流水的象形字加上"工"的发音，组合起来就是江水的意思。

第 223 天　法老的诅咒真的会应验吗

20 世纪初，工作人员在发掘坦卡蒙法老陵墓时，看到墓碑上有多处死亡咒语，上面说谁打扰了法老安眠，谁就要遭受噩运并死于非命，接着就发生了一系列离奇的死亡事件。首先此次发掘工作的主要负责人霍华德·卡特家里的金丝雀突遭眼镜蛇吞食。之后卡尔纳冯伯爵被蚊虫叮咬后莫名染病身亡，令人大吃一惊的是他被叮咬的部位居然与坦卡蒙面部伤痕的位置一致。

类似奇异的事件还有很多。在埃及文物最高委员会主席哈瓦斯身上也发生了一系列难以解释的事件。那时他在坦卡蒙陵墓从事木乃伊研究工作，他正用美国出产的先进仪器给木乃伊做 CT，帝王谷忽然刮起狂风，仪器莫名失灵了半个小时之久。相信科学的哈瓦斯不理会法老诅咒那一套，他还安慰工作人员不要慌张。话音刚落，他妹妹便打来电话告知她丈夫突然离世的噩耗。

法老的诅咒流传了半个多世纪，写下《福尔摩斯》的柯南道尔居然也相信法老的咒语，那么法老的诅咒真的会应验吗？

科学家认为法老的诅咒是荒诞不经的。古埃及人为了保护法老的陵墓不被盗墓者冒犯，很可能在墓中释放了致命病毒。一些经常触摸古埃及纸草文书的人，大部分都感染了能引起呼吸道发炎的病菌，走进法老陵墓的人感染的是同样的病菌，这种病菌可引发肺炎，从而致人以死命。有些不常深入墓穴的人，很可能因为里面空气流动不畅而呼吸困难，加之劳累过度和对法老诅咒的恐惧，感到头昏目眩，从而引发其他疾病，最终导致迅速死亡。另外，陵墓内存在放射性物质，致使先进仪器失灵，甚至造成工作人员猝死。所以说法老的诅咒纯属子虚乌有。

第 224 天　古时为何要给犯人剃光头？

在中国古代，剃光头是一种刑罚，叫髡刑。这一刑罚最早见于《周礼·秋官·掌戮》："髡者使守积。"髡刑与墨、劓、宫等肉刑同属于损害人体完整的刑罚，因为古人将毛发作为"体"的一部分。三国曹魏时有完刑，实际上也是髡刑，就是完全将受刑者的头发剃去，使其头成丸状。

中国古代男子都有蓄发的习惯，并以之为美，长发更美，剃发无异于去首。髡首有标记的作用，常人不剃头发，罪犯剃头发，让人一看就知道是罪犯。髡刑主要是为附加刑使用的，秦时对刑徒加施髡刑，魏晋以前一般都是与徒刑并用，因而髡首也成为徒刑的别称。不过，北齐时髡刑变成了流刑的附加刑。与髡首相近的一种刑罚是耐刑，耐只是剃去犯人的鬓、须，是秦时最轻的伤人体的刑罚，因而成为对少数民族首领、朗中以上身份的人施加的特殊刑罚。

 第 225 天　古代是如何惩罚不婚大龄男女的

近些年，大龄未婚男女越来越受到社会的关注。其实，对于如何解决适龄男女的婚姻问题，古人也是十分重视的。如果适龄男女不结婚生育，整个社会就会人丁匮乏，生产和戍边就难以有保障。而且，古人也认为，只有"男有室女有家"之后，整个社会才能安定和谐。为此，为了防止适龄男女不婚，有的朝代规定了女性的婚配年龄，强制出嫁；有的设立了"官媒"拉女配，强制结婚；有的甚至颁布了"处罚条例"，对适龄不婚男女进行惩罚等。

在中国古代，女子的婚龄标准，各朝都不同。其中，上古周代规定了成年男女必须结婚的年龄上限。《周礼·地官·媒氏》篇中有语："男三十而娶，女二十而嫁。"就是说，男人最晚三十要娶妻，而女人最晚二十要嫁人。

中国古代一致提倡"早婚",尤其是女性的结婚年龄普遍都很低,早期的 11 岁就结婚了。据《梁书·张缅传》和《周书·城冀传》记载,梁高祖第 4 个女儿富阳公主和北周高祖女儿平原公主都是 11 岁出嫁的。更早的还有在 6 岁就结婚的,汉昭帝 8 岁继承皇位,娶"年甫六岁"的上官安女为皇后。

其实,依《礼记》所规定的男妇成婚年龄标准,古代嫁娶年龄一般都是男 20 岁,女 15 岁。但各个朝代都各有异,比如唐代,"男十五、女十三以上,得嫁娶";明代,"凡男年十六、女年十四以上,并听嫁娶"。

为了解决人口增长慢的问题,有很多朝代采取强制女性出嫁的手段。比如在晋代,女子到了 17 岁必须要嫁人,否则官府就会强行给她找对象,逼其强行嫁人。

到了南北朝时,还出现了适龄女子如果不出嫁,家里人都要跟着坐牢的规定。这就是《宋书·周朗传》中说的"女子十五不嫁,家人坐之"。这种强迫女子出嫁的初衷,虽然都是出于对人口增长的考虑,但在客观上也解决了不少男人娶不起老婆的问题。

第 226 天　餐巾的出现和男人的胡子有什么关系

餐巾是各大酒席宴会上必备的卫生用品。它不仅可以用来揩拭唇部,起到清洁卫生的作用,还可以成为装点美化环境的装饰品,烘托宴席的气氛,可根据不同性质的宴席折叠成姿态万千的花型。如新婚宴席上可折叠成比翼齐飞、心心相印的花型,用以表达对新人的美好祝福。各种谈判的宴席上,可折叠成和平鸽花型,以示和平友好之意。那么餐巾是如何产生的呢?

餐巾历史悠久,西方可追溯到十五六世纪。在那段历史时期内,英国还没出现可供修面的剃须刀,男人们都是仪容不整,蓄着大胡子。那时也没有发明刀叉等餐具,人们吃饭时都是直接用手取食,食物基本以肉食为主。如此一来,男人们的大胡子很容易沾上油光,他们也不太在意自己的形象，拉起衣服就随意地擦嘴擦胡子。妻子们认为他们的这个动作过于粗鲁有失体面，而且很不卫生，于是想出了一个绝佳的解决办法——在丈夫的脖子下面挂一块专门用来擦拭嘴和胡须的布，这便是餐巾的雏形。后来渐渐演变成了当代宴会酒席上的各种餐巾。

其实，在古代，中国人早就开始使用餐巾了。据《周礼》记载，周朝时，便出现了用以覆盖食物的毛巾，这种特殊用途的毛巾，就是世界上出现最早的餐巾。清朝时期，皇帝用膳时常用一种叫作"怀挂"的餐巾。怀挂设计得颇为精巧，它是以明黄色的上乘绸缎为面料，上面绣着象征着吉祥福贵的精美图案，绣工细致，花纹繁复美观，看起来华贵大气，于精细处体现皇家风范。怀挂的一角设计了扣襻，可套于衣扣上，用餐使用时极为方便。

第227天 世界上独一无二的"低智商大学"是怎样的

在人们的固有印象中，大学是专门为智商较高的莘莘学子设立的，是为社会培养高级人才的摇篮。但是位于比利时首都布鲁塞尔的"蠢人大学"，彻底颠覆了世人的观念，这所大学专招智商较低的学生，校名为圣尚戴拉克大学，是以比利时的一位神父命名的。

比利时之所以要创办这样一所世上独一无二的学校，是为了给所有人以公平接受教育的权利。该校负责人表示接受高等教育不应成为精英们的专利，智商低的人理应获得更多的知识来弥补自己的缺陷。步入大学学府并获得大学文凭，从某种意义上说，彻底改写了那些人的人生，他们会因此变得更加自信独立，更容易找到一份满意的工作。

创立至今，学校培养了近千名学生，所教授的课程五花八门，主要包括以下学科：

观鸟科——主要是为了培养学生的观察能力，课程的内容是观察乌克兰境内一种唱歌动听的鸟。

捉家禽科——主要是为了培养学生的动手能力，老师会在课堂上教授学生如何捕捉鸡鸭鹅以及鸽子等各种禽类。

踩单车科——可以增强学生的体质，使学生掌握平衡技巧，据说这门课最受本校学生欢迎。

笔友科——教学生怎样以笔会友，如何通过书面表达获得珍贵的友谊。

骆驼管理科——教授学生饲养沙漠中骆驼的相关知识和技巧。

稻草人科——这门课非常实用，北美的稻田里需要稻草人。

模特儿科——教授学生怎样成为一名人体模特儿。

除此之外，学校还教授过马路等生活常识，该所大学也像其他正规大学那样，学期为四年制，学生需要通过各门考试才能获得学位。

第228天　外国人有属相吗

中国有十二生肖，也称十二属相，对应的是十二种动物，生于哪个属相年，便属哪种动物，比如生于兔年的人属兔，生于虎年的人属虎。中国还把十二生肖和十二地支两两相配，即为子鼠、丑牛、寅虎、卯兔等。那么生肖是中国所独有的吗？其他国家的人也有生肖吗？

其实生肖是人类文化所共有的，非中国专有，外国也有属于自己的生肖文化。就亚洲而言，日本、韩国、朝鲜、柬埔寨的十二生肖跟中国的十二生肖完全一致，只不过生肖的排序有些区别，中国以鼠开始，而泰国以蛇开始，柬埔寨以牛开始。

越南的生肖和中国的生肖只有一点差别，他们的十二生肖动物里没有兔，以猫代之。至于为什么中国的"兔"变成了越南的"猫"，有人认为是因为在中文中卯兔的卯和猫发音非常接近，结果中国十二生肖传播到越南时，越南人把卯年误解成猫年。但更为可信的说法是当时越南国内根本没有兔子，所以只好以猫来补这个空缺。印度的十二生肖有两种动物与中国不同，他们把"虎"换成了"狮"，把"鸡"换成了"金翅鸟"。

墨西哥的十二生肖有6种动物与中国相同，它们是虎、兔、龙、猴、狗、猪，其余6个生肖是墨西哥境内特有的6种动物。伊拉克的十二生肖包括：猫、狗、蛇、蜣螂、驴、狮、羊、牛、鹰、猴、鳄、红鹤。埃及的十二生肖为：牡牛、山羊、猴子、驴、蟹、蛇、犬、猫、鳄、红鹤、狮子、鹰。希腊的十二生肖仅有一种动物与埃及不同，他们把猫换成了鼠。

  世界四大文明古国，古埃及、古巴比伦、古印度、古代中国都有十二生肖，虽然生肖文化传播的地域很广，但主要还是聚集在亚洲。由此可见，生肖文化起源于亚洲，之后传播到世界各地。

第十章
衣食住行

 第229天　古代的"凤冠霞帔"是什么样的

凤冠霞帔，是古代女子出嫁时必须具备的衣服和头饰；也可以用来指古代官员夫人的礼服。凤冠上面缀有点翠凤凰并且以金属丝网为胎，上面还挂有珠宝流苏的礼冠。

秦汉时期，太后、皇太后、皇后的规定服饰上面就用到了凤冠。明代的凤冠分为两种，第一种是后妃戴的凤冠，上面缀有凤凰和龙等图案。明制，皇后礼服凤冠上面有九龙四凤，而皇妃、公主、太子妃的凤冠为九翚四凤。第二种是一般的妇人所戴的凤冠，虽然一品至七品的妇人所戴的凤冠没有凤，上面只有一些花钗、珠翠，但也称为凤冠。

霞帔亦称"霞披"、"披帛"。宋代，霞帔被定为命妇冠服，没有受到赏赐是不能穿的，并且级别的高低也决定了霞帔的类别。明代，从公侯一品到九品命妇，所穿的服装都是绣有不同花纹的霞帔，都是披挂在胸前，服饰下面还缀有金或玉的坠子。

清朝时期，霞帔是诰命夫人专用的服饰，下面是彩色的流苏，中间有补子，补子上面所绣纹样各有不同，主要是根据其丈夫或者是儿子的身份来定。凡是武官的母亲和妻子不能用鸟纹和兽纹。凤冠霞帔是宫廷命妇才能穿的服装，平民女子只有在特殊场合才能穿着，比如婚礼、葬礼等，不算越级。

第 230 天　古人的腰带有哪些作用

现在人们说的腰带指的是用于束腰的带子，即裤带。如果是皮革制作的，就叫作皮带。其实，腰带自古就有，那么古人用的腰带和现在的腰带一样吗？

中国早期的衣服都没有纽扣，为了使衣服贴身，古人就在衣襟处缝上了几个小带子，可以系成结，这种带子叫作"衿"。在《说文·系部》中就有相关记载："衿，衣系也。"另有段玉裁注："联合衣襟之带也。今人用铜钮，非古也。"为了不使衣服紧紧地包裹着身体，不至于散开，人们又在腰部系上一根大带，这种大带就叫腰带。古人的腰带和今天人们所用的裤带名字虽同，但作用有很大差异。

古代人非常重视腰带，不论是穿什么样的衣服，或官服或便服，都会束上腰带。时间一长，腰带就成了古人生活中不可或缺的一种物品。尤其是在礼见的场合上，腰带的作用就更为突出了。在欧阳修的《归田录》中就有相关腰带作用的记载，宋太宗在夜间召见陶谷，陶谷进宫见到皇上马上又出来了，不肯进去。太宗立刻就察觉了原来是自己没有束腰带的原因。可见，腰带也是一种礼节的表达。即使是皇上召见臣子，不束腰带同样是不礼貌的行为。因此，古代的腰带作用是非常重要的。

第 231 天　古代的"冠"与"帽"一样吗

现在，冠和帽意思相同，但是在中国古代帽和冠是有差别的。起初，冠只是一个罩子，是为了束起发髻。在冠的上面，有一根冠梁，这根冠梁可以将头发束住。冠圈两旁还有名字为缨的丝绳，这样的设置是为了更好地固定头顶上的冠。

到了汉代，冠的种类开始增多。我们可以通过观察一个人的冠帽来确定这个人的身份和地位。汉代的冠帽主要有：通天冠、长冠、进贤冠、冕冠、武冠和法冠等。在不同的场合，不同身份的人戴什么样的冠帽是有严格规定的。比如说帝王的冠帽，在朝会和宴会上要戴通天冠；在参加祭祀大典时戴冕冠。官员在参加祭祀和朝会时分别佩戴长冠和礼冠。文武和儒士一般佩戴进贤冠。

在中国古代，冠既可以反映出一个时代的民俗习惯和人们的精神面貌，还能反映一个人的身份、地位以及社会等级等诸多方面的内容。古代人所戴的帽子有一定的文献记载，在《释名·释首饰》："帽，冒也。"意思就是说帽子圆圆地冒出于头顶。刚开始是平民为了抵御风寒所戴的，没有像冠那样有身份上的区别。到了魏晋时期，贵族也开始戴帽。所以后人就把冠和帽连用了。

第 232 天　"兜肚"是一种什么样的内衣

兜肚又称"抹胸"，它是古代内衣的一种，这种内衣很贴身，形状近似菱形。这种内衣要系在脖子和腰间，可以包裹着胸部和腹部，可以起到保护脏腑的作用。

明朝时期，兜肚已经被广大妇女所使用，当时叫"兜子"。是用两块布料斜着剪裁出来的，上尖下平。到了清代，主要有"兜肚"和"抹肚"两种款式的"抹胸"。"兜肚"是一种短小贴身的并且缚于胸腹之间的一种"抹胸"；"抹肚"是一种束在腰腹之间的一种"抹胸"。在清代徐珂《清稗类钞》中就有关于"抹胸"的记载："抹胸，胸间小衣也，一名抹腹，又名抹肚；以方尺之布为之，紧束前胸，以防风寒内侵者，俗称兜肚。男女皆有之。"

清朝时期，兜肚的外形一般上面是菱形，下面是三角形。一般都是用丝绸或者棉布制成的。在兜肚的上面有带子，穿时可以将其套在脖子上，腰部还有两条带子，可以绑在后面。有些家中比较富有的，还用金链子当作系带，还有些小家碧玉型的女子用红色丝绢。在兜肚面上会有"连生贵子"、"连年有余"、"麒麟送子"等预示吉祥的绣花图案。其中，绣花兜肚见得比较多，刺绣的主题纹样大多来源于民间传说，比如说鹊登梅、鸳鸯戏水、刘海戏金蟾等，这些大多都有吉祥的含义。

第233天　人们常吃的馒头是谁发明的

早在1700多年前，我国就已经有了馒头，那么是谁发明了馒头呢？也许你想不到，它的发明者就是大名鼎鼎的诸葛亮。相传诸葛亮七擒七纵孟获之后，正欲班师回朝，蜀国大军到达泸水时，天气骤变，一时间乌云密布，浊浪滔天，军队无法渡河。诸葛亮虽然上知天文下知地理，但面对此情此景，他也不知如何是好，于是忙问孟获是怎么回事。

孟获回答说："这里常年征战，很多将士惨死异乡，这里冤气太重，所以凡事要渡河的，必须用49颗人头祭供，才能顺利过河。"诸葛亮当然不愿拿人头来作祭品，但大军也不能空耗在这里，思来想去，他终于想出了一个绝妙的方法。他让士兵烹杀牛羊，将牛羊肉做成肉馅，外面包裹上面粉，做成人头模样，然后放在笼屉里蒸熟。这种面食做成的祭品叫做"馒首"，诸葛亮把馒首放到泸水旁，拜祭了一会儿，随后把它们抛进了水里，霎时间云消雾散，天朗气清，泸水终于平静了，蜀国大军这才得以顺利渡河。此后，人们常用馒首作祭品，因为"首"与"头"同义，所以"馒首"后来就演变成了馒头。

关于馒头的由来还有另外一个传说，相传南蛮首领孟获多次作乱袭击蜀国，诸葛亮亲自率兵讨伐，来到了泸水。泸水一带人烟稀少，且瘴气很重，士兵们水土不服，纷纷病倒了，于是诸葛亮麾下有人献策杀掉南蛮的俘虏，用他们的头颅来祭奠河神，诸葛亮觉得不妥，于是就想了另外一个鼓舞军心的办法，他命人用牛羊肉作馅，再用面粉裹在外面，捏成人头模样当祭品。因为"蛮"和"馒"同音，蛮头就演变成了馒头，久而久之，它便成为了人们喜爱的一种面食。

第234天　四川蜀锦是怎样得名的

四川蜀锦是三大名锦之一，因历史悠久、工艺独特而有"东方瑰宝，中华一绝"的美誉。蜀锦对历朝历代稳固政权和发展经济都有很大的促进作用，在中国丝绸发展史上占据重要的地位。

东汉末年，在魏、蜀、吴三国鼎立的大背景下，因蜀国的实力最弱，所以在诸葛亮辅佐刘备期间，蜀锦得到了快速发展，当时还颁布了相关法令："今民贫国虚，决敌之资唯仰锦耳。"此外还有相关的史料记载蜀国织锦业在当时的发展盛况，如左思的《蜀都赋》中就有"技巧之家，百室离房，机杼相和，贝锦斐成，濯色江波"的诗句。据说，当时成都还有专门为工匠建立的锦官城，这样一来，作坊和工匠就可以进行集中管理。在1995年10月，在新疆塔克拉玛干沙漠的一座墓葬中，中日专家发现了一件织锦，虽然已经有了千年的历史，但是看上去仍光彩夺目，足见当时的织锦技术已达到高超水平。

唐代蜀锦业尤为发达。蜀锦质纹十分细腻，层次也较为丰富，图案的种类也比较多，有团花、莲花、对禽、格子、对兽、翔凤等。锦的色泽艳丽多姿，花纹精致典雅，其中较为珍贵的要数团花纹锦、赤狮凤纹锦等。唐玄宗唐明皇就曾经穿过一件被视为"异物"的五彩丝织背心，价值百金；安乐公主出嫁时也曾经穿过一条单丝璧罗龙裙，非常精致美丽。蜀锦一度成为了皇宫贵族享用的奢侈品。丝绸之路的出现加快了中国和世界的沟通，大大促进了政治、经济、文化和科技的交流与发展。至今在日本还珍藏有"蜀江小幡"和"蜀江太子御织伞"等蜀锦。

 第235天　勺子是如何产生的

日常生活中喝粥盛饭时，都会用到一种工具，那就是勺子。有了勺子，很方便就能把粥喝到嘴里，不会被粥烫到，喝粥的动作还比较优雅，用勺子盛饭也比较方便。那么，什么时候人们开始使用勺子呢？

新石器时代就已经出现了勺子，距今已有七八千年。经考古学家认证，中国是最早使用勺子进食的工具。当时古人发明勺子，和农耕文化的出现有着密切的关系。新石器时代种植的物种主要是水稻和粟。这两种谷物可以经过熬制成汤食用，烹饪方法也比较简单，所以当时的古人就经常喝这两种谷物熬制成的粥。因为刚煮出来的粥比较热，并且是半流质状,所以是不能直接用手抓着放进嘴里的,必须借助一定的工具。因为人们当时的生活需求比较急切,于是人们就把捡来的蚌壳或者兽骨骨片进行修整之后,便用这些器具来喝粥饭了。后来,人们对之前的用具不太满意,就在之前的基础上进行改制,所以就出现了真正意义的勺子。

第 236 天 古人是如何请安的

"请安"原本是军礼中的一种,见于《大明会典》。在当时,全国各指挥使司、各卫所都有这个礼节,称为"屈一膝"。到了清代,在八旗和明朝遗留下来的绿营中仍旧沿袭旧习。

本来,兵士见到上级军官应该下跪,但因为身上有盔甲,便只能屈一膝或者半膝。久之,不穿盔甲时也以屈一膝为礼,并和叩首、打恭一样,含有问候请安的意思。在八旗人家和部分的汉族官宦人家,晚辈见长辈、见幼见长、奴仆见主人以至亲友相见,都行这个礼,所以屈一膝又叫请安。

男子请安的姿势是先端正姿势,如"立正"的样子。然后向前迈左腿,左手扶膝,右手下垂,右腿半跪,略微停顿;眼平视,不许低头、扬头或者歪头;双肩平衡,不许弯腰,左右腿的间距不可太大,保持左腿向前迈的自然距离,不可向后蹬腿。

女子请安姿势与男子同,只是左右腿的距离要近,动作幅度小,双手扶左膝,右手不下垂。

第 237 天 "沙琪玛"是哪个民族发明的小吃

沙琪玛原名叫作"萨其马",是满族的一种食物。萨其马具有松软香甜、入口即化的优点,所以深受人们的喜爱。满族入关后,萨其马传入北京并流传开来,直到今天,萨其马已经远销全国,名声远扬。

据《燕京岁时记》中记载:"萨其马乃满洲饽饽,以冰糖、奶油合白面为之，形状如糯米，用不灰木烘炉烤熟，遂成方块，甜腻可食。"由此可见，当时萨其马已经是一种比较有名的小吃。至今，人们依然很喜欢吃这种小吃。关于沙琪玛这个名字的由来有几种说法，而最可信的一种说法是下面这种。

因为"萨其马"是满族语音译过来的，在满族语里，"萨其"是"萨是非"、"马拉本壁"的缩音，具有"切"的含义，原因是"萨其马"属于一种"切糕"，再加上有"码"的这道工序，即先把它切成块状物，然后再将它们码起来。清朝乾隆年间傅恒等编的《御制增订清文鉴》中有关于这个词的最早记载。

当时，汉族制作的一种砂糖果子，即由胡麻及砂糖制作而成，汉语名字为金丝糕。由于当时在满族的字典里找不到汉语的代称，便直接将满族语音译，所以就有了今天的"沙琪玛"这个名字。

第 238 天　"北京烤鸭"为何如此有名

北京烤鸭是北京著名菜式之一，享誉世界。又因为鸭肉色泽红艳、肉质细嫩、味道醇厚以及肥而不腻的特色，被誉为"天下美味"。

北京烤鸭由来已久。相传，它是由一种被誉为世界上品种最名贵的北京肉食鸭制作而成的。这种北京鸭的饲养约起于辽、金、元时期，那时的帝王经常游猎以捕获此野鸭，经过千年的延续，它被驯化成了一种品种更加优良的肉食鸭。相传，"填鸭"是用填喂方法饲养的一种白鸭，它享誉欧美，声震世界，为世人所津津乐道，赞不绝口。

明初时期，上到皇宫贵族，下到黎民百姓，都特别钟爱南京板鸭。其中明太祖朱元璋就"日食烤鸭一只"。宫廷里的御厨们为了得到皇帝的赏识，便挖空心思地研究不同的制作方法，以至于后来出现了叉烧烤鸭和焖炉烤鸭这两种制作方法。叉烧烤鸭以"全聚德"为代表，而焖炉烤鸭则以"便宜坊"为标志。

嘉靖年间，烤鸭就从宫廷传到了民间，老"便宜坊"烤鸭店就在菜市口米市胡同挂牌开业，这也是北京第一家烤鸭店。而当时的名称则叫"金陵片皮鸭"。到 1864 年，京城名气最大的"全聚德"烤鸭店也挂牌开业，烤鸭技术得到了进一步发展，它是用果木明火烤制而成的，具有特殊的清香味道，从而雄踞全国之首。

第 239 天　"宫保鸡丁"这道菜是谁发明的

宫保鸡丁，又称"宫爆鸡丁"，是四川的一道传统名菜，它是由鸡丁、花生米、干辣椒等原料炒制而成。因为它具有味辣、鸡肉鲜嫩、花生香脆的特点，深受大众喜爱。

"宫保鸡丁"这道菜在大大小小的菜馆中都能吃到，味道特别好。但是人们常把"宫保鸡丁"误写为"宫爆鸡丁"，那是因为不知道"宫保鸡丁"的由来。说到"宫保鸡丁"的由来，就必须提到它的发明者——丁宝桢。据《清史稿》记载，丁宝桢是贵州平远人，1853 年时考中进士，1876 年，调任四川总督。据传，丁宝桢特别喜欢烹饪，鸡肉、花生米以及辣椒是他非常钟爱的三种食物。他在四川总督任上的时候想到了将这三种食物做成一道菜，于是他就创制出了一道由鸡丁、红辣椒、花生米爆炒而成的一道菜。后来这道菜就越传越广，尽人皆知。那为什么不称为"鸡丁"而称为"宫保鸡丁"呢？

"宫保鸡丁"中的"宫保"是丁宝桢的官衔。据《中国历代职官词典》上的解释，明清两代各级官员都有"虚衔"。朝中重臣的虚衔主要有太师、少师、太傅、少傅、太保、少保、太子太师、太子少师、太子太傅、太子少傅、太子太保、太子少保。其实，拥有这些虚衔的忠臣并没有真正的权力，通称为"宫衔"。咸丰以后，"某某师"改成"某某保"，所以这些高级的虚衔就被称为了"宫保"。丁宝桢治蜀十年功不可没，就被清廷追赠为了"太子太保"。"太子太保"属于"宫保"，所以人们就将他发明的菜称为"宫保鸡丁"，也是对这位丁大人的纪念。

第 240 天　面条起源于何时

说起面条我们并不陌生，尤其对于北方人来说，因为北方人特别喜欢吃面条。喜欢吃面条的人不一定知道面条的来历，那么面条的历史有多悠久呢？

其实，面条起源于汉代。汉朝时期的面食统称为饼。早期的面条有片状的，还有条状的。片状的面条是将面团放在手上拉扯而成的面片，然后下锅煮熟。到了隋、唐、五代时期，出现了有一种叫"冷淘"的过水凉面，味道非常独特，"诗圣"杜甫就非常喜欢这种面条，称其为"经齿冷于雪"。还有一种面条，嚼起来非常有韧劲，所以就有了"湿面条可以系鞋带"的说法，被人称为"健康七妙"之一。

到了宋元时期，"挂面"诞生了，据记载，南宋临安市上就有出售猪羊庵生面，还有很多其他种类的素面。到了明清时期，面条的样式就更加繁多了。比如清代戏剧家李渔的《闲情偶寄》中就有"五香面"、"八珍面"的相关记载，其中这两种面条在制作的过程中在面粉中加入了动植物原料的细末，可以说是面条中的上品。由此可见，面条的历史是非常悠久的。

第 241 天　馄饨是怎样发明出来的

馄饨是我们再熟悉不过的一种食物。馄饨的皮比较薄，里面包着鲜馅。一般是将馄饨下锅煮熟后带着汤食用。在寒冷的冬季，喝上一碗馄饨，既美味又感觉身上热乎乎的，真是人生一大享受。关于馄饨的由来说法不一，下面是其中的一种说法。

相传，春秋战国，吴王夫差打败了越国，勾践成为了吴国的俘虏，吴国还获得了大量金银财宝，不过，最让夫差得意的是得到了绝世美人西施。因此，夫差变得骄傲自大，整日不问朝政而沉溺在歌舞酒色之中。

冬至那天，吴王还是像以前那样接受文武百官的朝拜。不过，在饮宴之时，夫差却停住了筷子不想吃东西，因为他觉得山珍海味已经腻味了。西施知道这件事后，就决定到御厨房为吴王夫差做一些吃的。西施首先把面和好，然后又擀了一些面皮，接着又拌了馅儿。不一会儿工夫，西施就包出一种畚箕式的点心。而后将这些点心放入滚水里，点心一个个都浮到了水面。于是，西施把点心盛进碗里，然后再撒上葱、蒜、胡椒粉等，献给了吴王。

吴王吃了西施做的点心之后，觉得鲜美至极，吃了一大碗，迫不及待地问西施："这为何种点心？"听到夫差的问话，西施想了一会儿答道："馄饨。"从此，"馄饨"就流传到了民间。

第242天 "点心"这一叫法是怎么来的

我们都喜欢在饭后茶余吃一些美味的点心，点心虽然不是正餐，但是却在人们的日常生活中扮演着非常重要的角色。那么，你知道关于点心的由来吗？

唐朝时期，就已经有了"点心"一词，只不过当时"点心"指代的意义比较多。据南宋吴曾《能改斋漫录·事始》记载："世俗例以早晨小食为点心，自唐时已有此语。按，唐郑为江淮留后，家人备夫人晨馔，夫人顾其弟曰：治妆未毕，我未及餐，尔且可点心。其弟举瓯已罄，俄而女仆请饭库钥匙，备夫人点心。"从这里我们就可以看出，当时"点心"指的是早晨吃的小食品，那时的馄饨和馒头就可以称为点心，现在我们常说的"早点"估计就和这有关系。

关于"点心"的叫法，南方和北方是不同的。因为受到唐宋遗制的影响，所以当时称北方的"点心"为官礼茶食；南方的"点心"大约兴起于明朝中叶，存在时间并不长，所以称为"嘉湖细点"。从文献资料的记载来看，起初是有区别的，但是后来人们就把两者混在一起了。

第243天 最早的"老婆饼"是谁发明的

老婆饼是很多人都爱吃的一种点心,老婆饼的皮很薄,却包裹着很厚的馅,吃起来甜而不腻,难怪得到这么多人的喜爱。不过,谁最先发明了这样的饼呢?

元末明初时期,元朝的老百姓要向元朝的统治者上缴各种各样的赋税,人民的生活苦不堪言。所以,全国各地的起义不断,据说当时朱元璋率领的一支队伍是最有影响力的。起义期间,战火纷纷,粮食非常短缺,而且战士还要东征西战,非常辛苦。

朱元璋的妻子马氏非常聪慧,看到这样的情况,就想找到解决困难的办法。她苦思冥想,终于想到了解决的办法。马氏将小麦、冬瓜等很多可以吃的东西磨成了粉末,然后用这些粉末做成了饼。最后,把这些饼分给战场的战士,在行军打仗的时候,战士们饿了就可以拿出来充饥,非常方便携带。

后来,人们觉得这样将很多乱七八糟的东西放一起做成饼,味道不好。于是,人们在这个饼的基础上更新了制作材料,即用糖冬瓜、小麦粉、糕粉、饴糖、芝麻等原料做馅,做成的饼味道很不错,甘甜可口,甜而不腻。这就是最早的老婆饼。

第244天 王致和是怎样发明臭豆腐的

"闻着臭,吃着香"说的就是人们对臭豆腐的评价。可见,臭豆腐受到了很多人的喜爱。有人就要问了,新鲜的豆腐为什么想到把它做成臭豆腐呢?原来,这件事和清朝时期的一个名叫王致和的人有关。

相传,清朝康熙年间,王致和在安徽的考试中落第,几乎是身无分文。既不能返回家乡,又不能准备下次的考试,所以就在京城自谋生计。因为王致和幼年学过做豆腐,所以就租了几间房,又买了一些简单的用具,沿街卖起了豆腐。到了夏天,卖不完的豆腐就发霉变臭,不能吃了,但是扔了实在可惜。所以王致和就把豆腐切成小块,晒过之后用缸腌起来。后来,他不卖豆腐了,开始攻读学业,慢慢忘记了这件事。

在一次偶然的机会,王致和掀开了那缸腌制豆腐的缸盖,闻到一股很臭的气味,豆腐已经变成了青灰色,但是尝一口后,发现豆腐竟有一股浓郁的香气,这种味道让人久久不能忘怀。王致和把豆腐送给邻里品尝,人们都赞不绝口。

后来,王致和考试多次落第就弃学从商,他就靠经营臭豆腐维持生计。没有想到臭豆腐受到了很多人的喜爱,名声大振。至今,臭豆腐依然是人们喜欢吃的美食。这就是臭豆腐的来历。

第 245 天 "松鼠桂鱼"是怎样来的

松鼠桂鱼是苏菜中的代表作,因为这道菜除具有诱人的色香味形外,还会发出吱吱的响声。当这道菜上桌时,立即浇上刚制好的卤汁,这只"松鼠"就会吱吱作响。因为这道菜独具特色,又受到众人喜爱,所以享誉海内外。

据说,清朝时期,乾隆皇帝在巡游江南时,就曾经尝过苏州的"松鼠鲤鱼",后来就慢慢变成了"松鼠桂鱼"。在清代《调鼎集》中就有关于"松鼠鱼"的记载:"取季鱼,肚皮去骨,拖蛋黄,炸黄,作松鼠式。油、酱油烧。"季鱼指的就是鲫鱼。这说明乾隆时期很可能就已经有"松鼠鱼"了。

其次,我们可以得出后人是在"松鼠鱼"的基础上做成了后来的"松鼠桂鱼"。只是古代的"松鼠鱼"的材料是蛋黄糊,但是现在人们做的"松鼠鱼"用的是干淀粉;古代的"松鼠鱼"在炸好后,然后再在锅中加一些油、酱油以及其他的材料烧制而成,而今天的"松鼠鱼"只是把事先做好的卤汁,淋在已经炸好的鱼上面。虽然有这些不同之处,但是本质是相同的。由此可见,"松鼠桂鱼"由来已久。

第246天　"叫花鸡"是叫花子发明的吗

"叫花鸡"又叫"黄泥煨鸡",色泽鲜亮、香气扑鼻,吃起来酥嫩爽口,是难得的美味佳肴。那么叫花鸡真的是叫花子发明的吗?

相传,清朝时期,江苏常熟虞山地带叫花子非常多,大街小巷经常可以看到那些衣衫褴褛的乞讨者。一天,一个流落到常熟县的叫花子交了好运,从一户财主家讨来一只活鸡。他已经好几天没吃东西了,这只鸡正好饱餐一顿,因为不愿跟同伴分食,便独自拎着鸡去了破庙。

叫花子没有任何炊具,只有一只缺了口的破碗,怎么把鸡做熟呢?叫花子犯了难。庙外的一堆黄土给叫花子带来了灵感,他想起了家乡的美味烧乳猪,于是利落地将鸡宰杀后去除内脏,用水浇在黄土上和上黄泥,然后用厚厚的黄泥裹在鸡身上,再将其在火堆上炙烤。没过多久,被火烤干的黄泥片片裂开,鸡也烤熟了,叫花子剥去鸡身上的黄泥,捧着香喷喷的鸡肉大嚼起来。

虞山的一个叫钱谦益的隐士路过这座破庙时,被浓郁的鸡香味吸引到了庙里。看到叫花子捧着泛着油光的烧鸡吃得津津有味,钱谦益馋得直流口水。叫花子看看钱谦益又看看手里的鸡,有些不情愿地分了一小块鸡肉给他。钱谦益吃了几口,鸡肉外酥里嫩,果真是人间美味,于是便虚心向叫花子请教烹制方法。钱谦益回到家里即刻让家中厨师依法烘烤鸡肉,并添加了一些调味料,做好的烧鸡比从破庙里尝到的还要好吃。后来这种风味独特的鸡肉制法流传到了民间,人们又把精肉、虾仁和香菇等做成的辅料填入鸡肚中,使烧鸡的味道变得更加丰富鲜美。由于最初发明烧鸡制法的是一名叫花子,人们就管这种烧鸡叫"叫花鸡"。

第247天 "狗不理"包子为什么名气这么大

天津最有名的美食恐怕当属狗不理包子,这种馅大皮薄、鲜嫩多汁的包子,很受当地人和外地旅游者的欢迎。可是这么美味的小吃,怎么连狗都不爱搭理呢?

"狗不理"不是说狗不搭理。狗不理这个名号是源于它的创始人狗子。相传狗子出生于清朝咸丰年间,系河北武清县杨村人,原本姓高,因为幼时顽劣,父亲担心不好抚养成人,遂给他取了个贱名,叫"狗子"。

14岁时,狗子开始闯荡社会,独自来到天津谋生,在一家蒸吃铺当学徒,勤劳好学的他很受师傅欣赏。由于师傅有心栽培,狗子的厨艺越来越好,学成之后便开始自己创业。当时天津到处都是包子铺,要想使自己做的包子在天津小吃界独占鳌头,必须有自身的特色。狗子苦心改良包子制作工艺,终于创造出令整个业界都赞不绝口的风味美食。

狗子的生意越来越好,客人越来越多。包子生意本小利薄,经营本来就是薄利多销,因为资金不足,店里没法雇佣工人,狗子一个人忙得不可开交,既得做馅又得包包子、蒸包子。焦头烂额之际,狗子想出了一个好办法:在柜台前摆好一摞碗,客人买包子时把钱直接放在碗内,狗子根据碗里的钱给他们拿包子。这样一来,大家都节省了时间,而且买卖包子也便利了许多。久而久之,"狗子卖包子,一概不理"的说法就在经常光顾狗子店铺的客人中传开了。这句传言后来就变成了"狗不理",人们便称狗子做的包子为"狗不理"。

据说当年袁世凯曾将"狗不理"包子进献给慈禧太后,慈禧太后吃后盛赞说"狗不理"比所有的珍馐佳肴、山珍海味都要美味,难怪它能成为享誉中外的中华美食。

第248天　是孙中山设计了中山装吗

中山装是以孙中山的名字命名的一种正装，它线条简约硬朗，剪裁大方得体，穿在身上既舒适又庄重，深受国人喜爱。那么它真是孙中山设计出来的吗？

中山装诞生于民主革命时期，当时孙中山领导的辛亥革命推翻了中国2000多年的封建专制制度，中国社会发生了翻天覆地的变化，国人的生活方式和衣着装扮也大不相同了。于是孙中山决定设计出一款具有中国民族特色的服装来迎合时代的发展。就服装而论，西装庄重美观，颇有仪式感，但看起来生硬刻板，而且款式复杂，穿起来活动不便。中国的长袍马褂虽然宽松舒适，但过于传统，不能体现出思想已得到解放的国人奋发图强、锐意进取的精神。所以，孙中山设计的服装一定要结合中西服饰的优点，将两种截然不同的元素完美融合在一起。

为了设计这款特色服装，孙中山找到了洋服店老板黄隆生，两人最终决定采用最受南阳华侨欢迎的"企领文装"样式，领口部分着重突出西装衬衣硬领的特点，再结合中国传统服饰的特征，设计出一款既庄重又得体的民族正装。

中山装的设计不仅舒适实用，还体现出了爱国和民主建设的思想。上衣的四个口袋象征着礼义廉耻，上部的两口袋方便插钢笔，兜盖的设计可以保证里面的东西不丢失；衣襟上并排的五颗纽扣寓意着中国的行政、立法、司法、考试、监察各部门互相独立、各自行使权力；袖口上的三颗纽扣代表着民族、民权、民生三大民主口号。整款服装的后背没有任何分割完整地连为一体，标志着祖国的和平统一。

第249天　古代的"桌"和"案"各指什么

在古代，书桌和书案是古人在书房摆放的两种家具。那么书桌和书案有什么不同呢？一般来讲，书桌和书案在形制上和精神层面上是有一定区别的。

　　从本质上来讲，案和桌有很大的不同。具体来讲就是，腿的位置决定了二者的名称。案是在腿的位置缩进去一块，桌是在腿的位置顶住了四角。总之，桌形结体不包括案，但是在案形结体中不仅有案，还包括相同类型的桌子。除形制不同之外，桌与案在精神意义上还有很大的区别。严格地讲就是案的等级比桌子要高。我们都听说过拍案而起、拍案叫绝、拍案惊奇等成语，这些都是用来描述积极的情绪，像拍桌子砸板凳、拍桌子瞪眼等都描述的是一些负面的情绪。

　　案类家具主要有两种，即食案和书案。食案指的是古人吃饭用的家具。有长方形、圆形、三矮足以及四矮足，可以放置在地上。在《后汉书·梁鸿传》中就有相关记载："（梁鸿）为人赁舂。每归，妻为具食，不敢于鸿前仰视，举案齐眉。"这里的"案"就是食案。书案是一种在读书时或者办公时使用的长条形矮桌子，在桌子的两端有宽足向内曲成弧形。

第 250 天　古代的"堂"和"室"是什么样的

　　堂的具体位置是在主要建筑物的前面，正好位于中央，方向是坐北朝南。堂是官室的主要部分之一。

　　在堂的前面是没有门的，只有两根楹柱；在堂的东西两壁有墙，名字叫作序，堂内和序比较近的地方分别称为东序和西序；堂的东侧是东堂（东厢）和东夹，堂的西侧为西堂（西厢）和西夹；堂后面的墙将其和室、房分开了，室、房有门，和堂是相通的。在堂前有两个台阶，东西两面分别是东阶和西阶。在古代，堂不用来睡觉，而是用来招待宾客、举行典礼以及日常生活起居。堂上的座位也是有一定讲究的，朝南为尊，所以有"南面"的说法。

　　室则是古代官室中专门供人寝卧的地方，它在堂的后面，室和堂中间有门相通。并且，室与堂之间还有窗。在室内有四个角落，我们称角落为隅。室和堂一样也是有讲究的，以坐西向东为尊。古代这样设计，只有先进入了堂才能达到室的，这就是古代的堂和室。后来还引申出了"登堂入室"这个成语。

第 251 天 安车是一种什么样的交通工具

安车是古代的一种交通工具,具体地说,安车就是一种用马匹拉动的带有车厢的车子。马匹的数量有的是一匹,还有的是四匹。

上古时,人们乘坐的车子虽然里面有车厢,但是只能站在里面,但是这种安车的车厢里面有座位,所以人们乘坐这种车子是可以安坐的。因为可以坐着乘车,所以把这种车子命名为了"安车"。在《礼记·曲礼上》中就有关于安车的记载:"大夫七十而致事适四方,乘安车。"在古代,那些德高望重的人或者告老还乡的官员,一般被赐予乘坐安车,因此,乘坐安车也是一种优待礼遇的方式。

那种有特殊礼遇的安车是用四匹马拉的。在《史记·儒林列传》中就有相关的记载:"于是天子使使束帛加璧,安车驷马迎申公,弟子二人乘轺传从。"其中讲到了申公的年龄虽大,但是却拥有很好的德行,所以汉武帝就派了有四匹马的安车去迎接他,而他的弟子却只能乘坐一匹马或者两匹马的安车。由此可见,四匹马的安车是礼遇优待的一种方式。

第 252 天 古代的轿子是如何发明的

轿子是古代人乘坐的一种交通工具,轿子不像现代的交通工具那么先进,当时只能靠人和牲畜抬着向前走。比如古代迎亲时的"八抬大轿",就是靠人抬着前行的。

轿子最早是从车子演变过来的,刚开始人们只是把轿子用于走山路,因为山路崎岖不平,很难前行。不过,后来人们也把轿子应用到了平地上,成为了一种交通工具,称为肩舆。起初的肩舆只有两个长竿,在中间放置一把椅子,上面就可以坐人。上面没有遮盖的东西,和现在的"滑竿"很相似。

到了唐宋以后,乘坐轿子就比以前舒服许多,主要是因为这时的轿子已经发展得比较完善，在其四周都有遮挡物，它的外形就像一个车厢，即舆。另外，轿子还有很多种类，主要有官轿、民轿、喜轿、魂轿等；轿子在使用时，前面提到了既可以走平路也可以走山路；制作轿子的材料主要有木、竹、藤；轿子的行走方式，有的是人来抬，有的是牲畜抬的，比如四人抬的花轿和骆驼驮的"驼轿"。总之，轿子在我国古代是一种重要的交通工具。

第十一章
史海探秘

 第 253 天 古人是用什么洗涤的

我们现在洗衣服时会用到洗衣粉、洗衣液，而在古代人们用什么来洗衣服呢？

在《礼记·内则篇》说："冠带垢，和灰清漱。"意思就是说，系帽子的带子脏了，就和着草木灰洗。之所以用草木灰，主要是因为草木灰中含有能够去除污渍的成分碳酸钾。在《考工记》中也有相关记载，为了能使丝帛变得柔软洁白，古人就用草木灰水把丝帛蘸湿后，然后再放入贝壳烧成的灰，加入一定量的水进行浸泡。运用的化学原理就是草木灰水和贝壳灰能够发生反应后产生强碱——氢氧化钾。这种强碱具有去除污渍的作用。

汉朝时期，人们已经知道利用天然石碱来洗衣服了。后来，金人在石碱中加入了一些淀粉和香料，然后制成锭状的物体出售。到了明末，京城已经出现了专门卖人造香碱的铺子，比如"合香楼"和"华汉冲"等，直到解放初期，依然还有店铺在销售葫芦形玫瑰香碱和盒装桃形香碱。另外，人们洗衣服时，还用到了皂荚。当时在南宋都城临安（今杭州）的街上就有这种像橙子大小的用皂荚做出来的圆圈团，也就是周密在《武林旧事》中说的肥皂团。后来，西方传入的一些和肥皂团有相同功效的洗涤剂，我们也称为了"肥皂"。

第254天 古代的纸牌怎么玩

关于扑克的起源说法不一，其中流传最为广泛的就是起源于中国的"叶子戏"。说到叶子戏就要追溯到唐朝。

唐朝时期，叶子戏开始出现。在唐苏鹗的《同昌公主传》中就有关于叶子戏的相关记载："韦氏诸宗，好为叶子戏。"据说，叶子戏是由唐代著名天文学家张遂（一行和尚）发明的，当时是为了供唐玄宗和后宫的嫔妃们娱乐使用的。之所以称为叶子戏，是因为当时的纸牌就像叶子那样大。这种叶子戏后来传到了民间，很快流传开来。

明清时期，叶子戏已经发展成为社会上一种非常流行的博戏形式。关于叶子戏的样式和打法已经基本上定型了。李约瑟博士在《中国科学技术史》中就指出了中国人最早发明了桥牌，归属权归中国。法国的学者莱麦撒也曾说过："欧洲人最初玩的纸牌，其形状、图式、大小以及数目，皆与中国人所用的相同，或亦为蒙古输入欧洲。"就连美国《纽约时报》的桥牌专栏的主编艾伦·特拉克斯特也说过"中国是桥牌的故乡"。由此可见，中国是最早发明纸牌的国家。

 第255天 不为五斗米折腰的陶渊明靠什么为生呢

陶渊明是我国著名的山水田园诗人，他个性耿直、不畏权贵，追求恬淡自然的自由生活，留下了许多脍炙人口的名句。"采菊东篱下，悠然见南山"便是他远离仕途尘嚣、归隐田园后的生活写照。据史书记载，陶渊明为官时很受上级器重，那么到底是什么原因让他放弃大好的前程，选择归隐呢？

陶渊明本是官宦世家子弟，他为人正直，从不追名逐利。东晋末年，朝廷腐朽，官员堕落腐化，官场一片黑暗。个性清高的陶渊明本不愿为官，但是为了让家人衣食无忧，他先后做了几次地位不高的小官，由于不堪忍受官场腐败之风，多次辞职，过着时隐时仕的生活。

陶渊明最后一次做官是在 405 年，那时他已经 40 多岁了，正担任彭泽县令一职。有一天，浔阳郡派督邮前来视察。据说这位督邮是个声名狼藉的大贪官，他经常假公济私，利用公差之便收受贿赂。有人提醒陶渊明，必须穿戴整齐恭恭敬敬地迎接。陶渊明讨厌阿谀奉承，更受不了官场的歪风邪气，于是愤然写下辞官书，并说："我岂能为了五斗米就弯腰侍奉这种卑劣小人。"

辞官之后，陶渊明携妻子回到故土。失去了朝廷薪俸以后，他凭借祖先留下的房屋地产维持生计。他和妻子还亲自在田间耕作，纵然辛苦，却也其乐融融。陶渊明由于酷爱文学诗书，农田可能没有打理好，日子过得有些清苦，但依然没有影响他的雅趣，从他的诗作中我们可以看出他的田园生活还是无比愉快的。

第 256 天　"岳母刺字"是真的吗

岳飞是南宋最杰出的抗金将领，他久经沙场，克敌报国，并写下豪气干云的《满江红》，可谓是不折不扣的抗金英雄。传说其母曾在他背上刺下"尽忠报国"四个大字，那么这种说法是真的吗？

严格考证后，岳母刺字的说法恐怕是子虚乌有。宋人笔记和野史都没有提到过刺字一事，就连岳飞曾孙所写的《鄂王行实编年》都没有相关记载。最早提及岳母刺字的是元朝人编写的《宋史本传》。书上说岳飞背上刺有"尽忠报国"四个深入肌理的大字，可是并没说岳母是那个在岳飞背上刺字的人。

到了明朝中期，民间到处都流传着岳飞的故事。成化年间出现的《精忠记》，只说岳飞背上刺有"尽忠报国"四个字，同样没提字样出自谁人之手。明末，由李梅草拟、冯梦龙改编的《精忠旗传奇》声称岳飞背上"尽忠报国"的字样是张宪刺上去的。

有关岳母刺字的说法最早出现在清朝乾隆年间的《精忠说岳》里。该书第二十二回写的就是岳母刺字训子,主要内容是:岳飞拒绝了杨幺使者的厚聘,但他的母亲还是担心品行不端的人诱引其做不忠不义之事,万一岳飞一时把持不住,就会白白毁了一世英名。于是她祈求神明和祖宗保佑岳飞成为忠义之士,又在岳飞背上刺下"尽忠报国"四个字,希望儿子时刻牢记使命,不要误入歧途。

书中颇为详细地描述了刺字的过程:首先在岳飞背上写上字,然后用绣花针沿着毛笔字刺入,再涂上醋墨,使其不掉色。学者认为刺字是一门难度较高的技艺,岳母只是普通妇女,不可能掌握刺字技巧,所以岳母刺字只不过是人们想象加工出来的故事而已。

第257天 刘禅被称做"扶不起的阿斗",诸葛亮为什么不取而代之呢

《三国演义》中的诸葛亮拥有雄才大略,他神机妙算、运筹帷幄,为主公刘备鞠躬尽瘁,是个不可多得的奇才。刘备死后,其子刘禅即位,这个后来"乐不思蜀"的皇帝被民间戏称为"扶不起的阿斗",那么聪明一世的诸葛亮为什么要看着蜀国江山落在一个昏君手里,而不考虑取而代之呢?

据《三国志》记载,关羽被杀荆州失守以后,刘备极为悲痛,为了报仇雪恨,他毅然攻打吴国,最终大败而归。次年,刘备身体每况愈下,于病危之际,将诸葛亮等开国功臣和儿子刘禅召于榻前。他对诸葛亮说:"丞相心胸宽广,为人坦荡,多年为国效力,我刘备感激不尽。而今我命不久矣,刘禅就托付给丞相了。倘若他是可造之材,丞相就辅佐他;如果他是个无能的昏君,丞相便可取而代之。"之后又对儿子刘禅说:"以后你要像尊重父亲一样尊重丞相。"

既然刘备都说如果刘禅不成器,诸葛亮便可将其废掉自己称帝,那么诸葛亮为什么对这个建议毫不动心呢?分析起来跟蜀国的国情有关:当时蜀国的兵权并不集中在诸葛亮手中,而是集中在对刘备忠心不贰的李严、

魏延手里。攻打吴国后，蜀国损失惨重，急需安定下来休养生息。此外，刘备是以皇族后裔的名义称王的，颇得民心，而诸葛亮就算再有才干，也终归是一介布衣，没有权势和党羽，如果废除刘禅自立为王，就是"名不正言不顺"，会背上谋朝篡位的骂名。所以就算刘禅是个"扶不起的阿斗"，诸葛亮也没想过废掉他取而代之，而是选择尽心尽力辅佐，不负刘备所托。

第258天　皇帝被呼为"万岁"，为什么太监魏忠贤竟被称为"九千岁"

魏忠贤是明末时期的一名太监，他干涉朝纲、滥用职权，设立东厂，残杀东林党人，被称作"九千岁"？那么他的这个称呼是怎么来的呢？

魏忠贤原本是个市井流氓，因为沉迷赌博而债台高筑，为了还赌债，不得不净身到宫中做太监。他为人圆滑，懂得左右逢源，又极尽献媚之能事，先得太子宫太监王安庇佑，又得皇长孙朱由校喜欢，在宫里可谓是混得如鱼得水。朱由校即位后，魏忠贤被提拔为司礼秉笔太监。

1624年，魏忠贤遭到东林党人杨涟弹劾，但是由于他势力庞大，没有受到什么责难。从此东林党人成了魏忠贤的眼中钉，他利用各种卑鄙的伎俩诬陷和迫害东林党人，掀起一场血雨腥风。杨涟含冤入狱，受酷刑而死。高攀龙、李应升等人被无情杀害。魏忠贤命人拆毁东林书院，中止讲学，东林党被赶尽杀绝。

由于皇帝朱由校喜欢做木工，从早到晚都在忙着用刀锯制作木器，常常废寝忘食，经常荒废朝政，魏忠贤便有了可乘之机，他开始把持朝政，并在全国各地认义子，各地官员都对他溜须拍马，还为他设立了生祠。

魏忠贤喜欢听别人歌功颂德，宦官们为了讨好他，整天对他阿谀奉迎，甚至拿他跟尧舜相提并论，还说他有圣德、神通广大等，种种溢美之词不绝于耳。督饷尚书为了投其所好，竟在迎接之时行五拜五稽首之礼，口中高呼"九千岁"。意思是魏忠贤一人之下万人之上，只比皇帝少一千岁。后来这种称谓传遍了全国，魏忠贤成了轰动一时的人物。

正所谓树大招风，嚣张一时的魏忠贤在崇祯即位后，被流放凤阳，最终以自杀收场。

第259天 "只识弯弓射大雕"的成吉思汗是如何成为一代天骄的

成吉思汗一生征战无数，不但统一了蒙古草原，还远征中亚，体现出蒙古族人超凡的胆识和勇气，以及杰出的政治和军事才华。蒙古族是个马背上的民族，成吉思汗是如何成长为一代天骄的呢？

成吉思汗原名铁木真，他的一生传奇而坎坷。在年幼时，他的父亲被人下毒害死，母亲强忍丧夫之痛，带着成吉思汗和他的弟弟们艰难度日。父亲的惨死和母亲的坚强造就了他顽强的个性。很小的时候他就懂得眼泪是没有价值的，唯有强者才能更好地生存。

在铁木真成长的岁月里，蒙古高原上的几个强大部族总是征战不休，给蒙古族人民带来了无尽的苦难。铁木真认为分裂不能使蒙古部落走向强大，互相之间的杀伐只会给蒙古族人带来内耗。他心里一直存有统一蒙古部落的强烈愿望。在40多岁那年，他终于实现了蒙古五大部族的统一，建立起了幅员辽阔的蒙古帝国，号"成吉思汗"。之后他进军西夏、南下攻金、灭掉大辽，一路所向披靡，有如神助。

成吉思汗的政治眼光不局限于国内，而是囊括整个世界。他几次率军进攻中亚，分割包围花剌子模各战略要地，并将它们各个击破。灭亡西夏后，他还打算联合宋朝灭掉金，可惜还没来得及实现这个愿望他就遗憾离世了。

成吉思汗及其子孙在人类历史上具有重大的影响力，他们远征中亚和欧洲，打破了东西方文化交流的障碍，其征服夏、金、辽、宋，结束了中国政权分立的混乱局面，为国家统一和强盛打下了基础。

第 260 天　史上四次民族大融合分别是什么时候

我国是一个多民族的大家庭，秦朝以来的 2000 多年里，一直是一个多民族聚居的国家。史上共出现过四次大规模的民族融合，形成了我们今天的中华民族。

第一次：发生在春秋战国时期，据史料记载，中华民族的始祖——黄帝，在西北部打败炎帝和九黎后进驻中原。其后世子孙统一了蛮夷等氏族部落，并与炎帝组成联盟，繁衍于黄河中游两岸，公元前 770 年，黄河中下游的夏族、商族、周族和其他部落长期相处，逐渐形成以汉族为主体的华夏民族。

第二次：发生于魏晋南北朝时期。突厥、匈奴以及羯、氐、羌等周边少数民族不断与汉族融合，同时，部分汉人也往周边少数民族迁移，使这一时期的民族融合出现了明显的对流特征。

第三次：发生于宋辽金元时期，特点是主要发生于边疆地区，汉族与少数民族大量相互融合。

第四次：清朝时期的第四次民族大融合，奠定了现在中国疆域和以汉族为主体的中华民族的基础，使各民族之间的文化交流发展达到了新的高度。

 第 261 天　中国人和玛雅人有亲缘关系吗

玛雅人拥有高度发达的文明，创造过光辉灿烂的文化，在人类历史上书写了恢宏绚丽的篇章。那么神秘的玛雅人和先进的玛雅文明起源于哪里呢？据学者研究，玛雅文明和中国文明拥有很多相似之处，而且玛雅人也属于黄种人，通过对一些出土文物的分析和有关科学研究表明，玛雅人和中国人很可能存在亲缘关系，可能拥有共同的祖先。

古代中国文明和玛雅文明都十分发达，两种文明之间存在着较为明显的类似之处。比如，玛雅浮雕上雕刻的龙神形象跟中国的龙图腾非常接近。玛雅人的神话传说也具有几分中国色彩，例如他们也认为有一只玉兔居住在月亮上。两种文明之间的相似之处不胜枚举。

玛雅和中国在文化上诸多的相似，至少可以证明玛雅人和中国人必然存在某种关联。我国著名历史学家张光直认为，分布于美洲的玛雅文化和中国古代文化之所以存在相似性，是因为玛雅人和中国蒙古族人拥有共同的祖先，他们都是蒙古族人的后裔，也就是说太平洋两岸的蒙古人种在不同地区和不同时代各自独立地发展出了属于自己的文明。

中国蒙古族人具有典型的蒙古人种特征，而拥有蒙古族血统的玛雅人外貌上出现了变异。毕竟中国人和玛雅人在不同的地域各自生存了数千年，由于地理和环境的原因，外貌产生差异也是很正常的。也就是说，玛雅人和中国人可能存在亲缘关系，在血统上他们源于共同的祖先，后来他们各自创造发展了特色民族文化，并保留了一些相似的古老文化元素。

   第262天　古埃及人究竟是黑种人还是白种人

我们知道埃及是世界四大文明古国之一，创造了辉煌绚烂的古代文明，然而我们对古埃及人却知之甚少，甚至连他们是黑人还是白人都搞不清楚。

从现代埃及人的特点看，他们的祖先有可能是白人。现在埃及人以白人居多，如果他们是古埃及人的后代，那么古埃及人必然也有白人血统。一些西方学者赞同这种说法。在他们看来，唯有优秀的白种人才能创造出如此令人惊叹的古文明，而落后的黑种人根本不可能拥有这样的智慧。这种绝对的说法表现出一种过于偏激狭隘的种族主义，根本经不起现代考古学的考验。

人类学家通过使用现代科技手段揭示了古埃及人种族之谜，他们对埃及木乃伊进行了深入和广泛的研究，结论显示古埃及人的骨骼构造和黑色素分布基本符合黑人的特征。其实早在古代就有人认为古埃及人是黑人。

公元前 4 世纪古希腊哲学家亚里士多德写过一本名为《容貌》的书,他不乏偏见地把埃及人和埃塞俄比亚人看成懦夫,只因为他们的肤色太黑,并指出黑人的突出特点是厚唇、圆脸、塌鼻。

从现存的古埃及肖像画来看,古埃及人的外表存在着明显的差异。有人是高颧骨,有人是低颧骨;有人长着扁平鼻,有人长着弓形鼻;有人肤色较浅,呈白色,有人肤色相对较深,呈棕色。因此,好像只用黑人和白人来定义古埃及人并不十分恰当,毕竟埃及处于亚洲、非洲和欧洲三大洲的交界地带,地理环境非常特殊,有利于不同种族的融合。随着越来越多的西亚人和欧洲人迁入,以及埃及原住民的不断南迁,白种人在埃及逐渐占据了统治地位。

第 263 天　"国子监"为什么是中国古代最高的学府

国子监是中国古代的大学,始设于隋朝时期。上古的大学,称为成均、上庠。董仲舒:"五帝名大学曰成均。"郑玄:"上庠为大学。"至于夏商周,大学在夏为东序,在殷为右学,在周有东胶,而周朝又曾设五大学:东为东序,西为瞽宗,南为成均,北为上庠,中为辟雍。汉代始设太学,隋代始设国子监。

"国子监"也称"国子学",西周时期国家的最高学府称为"太学",汉武帝设置"太学"也是承袭了传授儒家经典最高学府的功能。而西晋初立"国子学"旨在突出国家教育管理机构的功能,北齐称为"国子寺"。隋、唐、宋、元、明、清称为"国子监"。清末改革学制,自 1906 年起新设学部,国子监并入学部。

在隋、唐、宋、辽、元的历史发展进程中,"国子监"依次沿承下来,并得到了不同程度的改善和发展。直到明清国子学为国子监。明朝国子监创于明太祖初定金陵之时,改应天府学为国子学。后太祖建都南京,重建校舍于鸡鸣山下,改学为监,故称国子监。永乐十八年(1420 年),明迁都北京,改北京国子监为京师国子监,于是明代国学有南北两监之分(亦称南北两雍)。南京国子监规模宏大,"延袤十里,灯火相辉"。校内建筑除射圃、仓库、疗养所、储藏室外,教室、藏书楼、学生宿舍、食堂,就有2000余间。教学和管理设有五厅(绳衍厅、博士厅、典籍厅、典簿厅和掌馔厅),六堂(率性、修道、诚心、正义、崇志、广业诸堂)。学生至洪武二十六年(1393年)已增加到8000多名,永乐二十年(1422年)达9900多人,盛况空前。当时邻邦高丽、日本、暹罗等国"向慕文教",不断派留学生到国子监学习。但此种盛况为时不久,正德以后日衰。明国子监学习《四书》《五经》,兼习《性理大全》以及律令、书数等。此外,国子监对教职员的职务、待遇及对监生的管理、待遇等方面,都有十分明确的规定。

第264天 何为"唐代五监"

"五监"是唐朝的独立中央职能的官职,在秦汉形成的没有列入九卿、九寺的执务机关。与九寺一样管理事务与尚书省六部重叠,而经常成为六部实际意义上的属官。

国子监:中国古代教育体系中的最高学府。唐武德初称为国子学,隶于太常寺,贞观二年(628年)改称监,为中央文化教育机关,是培养封建统治人才的干部学校。

将作监:主管土木工程,如宫殿、城壁、役所的建设。根据尚书省工部所制定之政令而具体掌管官府工业制作。

少府监:秦汉时,管理宫廷用度,制作皇帝、后妃、官僚的衣服、金属器和兵农之器,铸造货币。

都水监:管理河川、港湾、堤防、运河水利事业、渔业水运、监督港口。包括山泽、津梁、渠堰陂池的开凿和构筑等。都水监在诸监百寺中机构最小,官品最低。

军器监:主管兵器铸造和使用。

唐朝是中国发展史上的黄金期之一,是各项制度形成和完善的重要转折点。"唐代五监"的形成对中央政府的职能起到了完备和推进作用，宫廷、政务有了专职的部门来负责管理，行政效率得到了极大的提高。"五监制"更是在后世的执政体系中得到了沿承和发展。

 第 265 天　"徐娘"真实存在吗？"徐娘半老"之后还有无风韵

"徐娘半老"指的是青春已逝但尚有姿色和韵味的中年女性。那么历史上徐娘真的确有其人吗？人到中年的她是否还存有风韵呢？

据考证，历史上确实存在徐娘这个人，她的原名叫徐昭佩，是梁元帝的妃子。她出身高贵，既是前齐太尉的后裔又是当朝将军徐琨的女儿，可谓是出自显赫家族的名门闺秀。但因为长得相貌平平，不受梁元帝宠爱。

天生一只眼睛有残疾的梁元帝，不喜朝政，郁郁寡欢，迷恋老庄的超脱之道，常与文人雅士高谈阔论，毫不理会刻意讨好自己的徐昭佩。一次次遭受冷落，徐昭佩逐渐心灰意冷，再也不想委屈自己向梁元帝示好。她故意化半面妆见梁元帝，借此嘲弄梁元帝的独眼，这种极端做法让自卑的梁元帝很是难堪。她又染上了酒瘾，总是喝得酩酊大醉，还时常呕吐在梁元帝的龙袍上留下难闻的污秽物。面对如此疯癫的她，梁元帝当然更是厌烦，对她的态度越来越冷淡了。

徐昭佩深居宫闱，寂寞地虚度了大好年华，转眼就已届中年，因为孤独苦闷，只好委身和书生、道士厮磨，在无尽的空虚中贪欢。她最入眼的是长得一表人才的元帝侍臣暨季江，两个人常常在深宫内苑中把手言欢。后宫风流韵事，本该讳而不言。暨季江却毫不介意地对别人说："柏直狗虽老犹能猎，萧溧阳马虽老犹骏，徐娘虽老犹尚多情。"意思是柏直的狗虽然老了但还能狩猎，萧溧阳的马虽然老了但尚且骏足，徐娘虽然老了但仍旧风流多情。由此看出他和徐昭佩之间并没有真感情，两人不过是各取所需罢了。后来两人的私情被梁元帝发现了，恼羞成怒的梁元帝处死了所有跟徐昭佩有染的人，并把徐昭佩软禁在深宫中。

"徐娘半老"便来自"徐娘虽老犹尚多情"，指的是仍存有几分风韵的中年女子。

 第266天 昭君出塞是怎么回事

昭君出塞是源自我国历史上真实发生的故事。汉元帝时，呼韩邪单于想要与汉结好，要求通过联姻方式同汉朝建立长久和平关系。当时，汉朝国力已经衰落，匈奴有修好的意图，汉元帝当然很高兴，只要献出一位佳人就能换来大汉王朝的长治久安，他自然欣然应允。后宫美女如云，不乏才貌双全的佳丽。那些莺莺燕燕的年轻女子整日闷在宫中，不免对外面自由的世界心生向往，可是谁也不想远嫁匈奴。边塞是苦寒之地，过惯了优越生活的宫女们自然不愿下嫁到那里。这时有个叫王嫱的宫女自愿远赴边塞与匈奴和亲，为大汉的和平和安定做出了重大贡献。

王嫱就是历史上那个出塞的昭君。她秀丽端庄，美得惊若天人，又很有见识，非凡俗女子可比，那么她为什么要主动提出与匈奴和亲呢？说起来和宫廷的腐败有几分关系。原来宫女选秀不是由皇帝亲自决定的，而是先由画师依照宫女的相貌临摹画像，再请皇帝过目定夺。宫女们若想让画师把自己画得美些，就得准备厚礼。王嫱非常讨厌这种敲诈勒索的恶劣行为，坚决不肯贿赂画师，结果被画成了姿色不佳的丑女，失去了出人头地的机会。当王嫱毅然表示愿意与匈奴和亲时，汉元帝才发现宫中的这位绝色女子，只是他已经答应了呼韩邪的亲事，后悔也来不及了。

王嫱怀着复杂的心情骑马离开了长安城，她迎着塞外冽冽寒风，不远千里来到匈奴，成了呼韩邪单于的夫人。虽然有时会思念故土，但她很快适应了边塞生活，并把汉朝先进的文化和农耕技术带到了匈奴，促进了当地农业和畜牧业的发展，更重要的是使匈奴和汉朝和睦了半个多世纪，实现了和平。

 第267天 顺治帝真出家了吗

顺治帝6岁登基，成为清军入关以后的第一位皇帝，在其统治期间，清王朝基本统一了中国疆域。那么顺治帝真的放弃帝位遁入空门了吗？

传说顺治帝出家是因为董妃。董妃是顺治帝最为宠爱的妃子，她生得清丽脱俗，又精于诗书，聪慧识大体，深得顺治帝喜欢。在诞下皇四子以后，顺治帝更是对她偏爱有加，甚至想把皇位传于皇四子，可惜孩子福薄刚出生几个月就夭折了。失去爱子的董妃心如刀割，大受刺激，又加上皇太后对她百般虐待，最后抑郁成疾含恨而终。董妃的死让痴情的顺治帝备受打击，他一连五天都无心上朝，把心思都花在为爱妃举办丧事上，并追封董妃为孝献皇后。

根据民间的说法，董妃病逝后，顺治帝肝肠寸断、痛不欲生，在与佛教高僧交往的过程中，心灵逐渐得到了解脱，产生了遁入佛门的想法。于是他抛下皇位，到五台山出家为僧。《清朝野史大观》、《清史演义》都持这种说法。清朝诗人吴梅村也含沙射影地写下了顺治帝剃发出家的诗句。据传，康熙帝四去五台山三次为探父，第四次拜见顺治帝时，顺治帝已经去世，康熙帝闻讯后哀痛不已，于是写诗悼念，其诗文句句都饱含深情。

据大部分学者考证，顺治帝根本没有出家，他一直待在皇宫里直到病死。据清史专家孟森的《世祖出家事考实》记载，顺治帝 24 岁染上天花，年纪轻轻就离开了人世。在当时天花是无药可医的顽疾，顺治帝在死前已预感到自己将英年早逝。朝廷还下令赦免罪犯为他求福，可是仍没有挽救他的生命。

 第 268 天　历史上的张飞真是个有勇无谋的"大老粗"吗

张飞给人的印象一直都是个地地道道的"大老粗"。他相貌粗犷，据《三国演义》记载他长得虎背熊腰、豹头环眼，让人一看就心生畏惧。他不仅长得吓人，性情还非常暴戾，且异常勇猛，在当阳长坂坡一战中大声一喝就能吓退曹操 10 万雄兵，其中一人因为吓破了胆而坠马身亡。在小说中张飞是个不折不扣的武夫，经常随便暴打士兵，最后死于受虐士兵之手。那么历史上的张飞果真如此吗？

其实张飞固然有鲁莽和不拘小节的一面，但还是很有智谋的。就拿当阳长坂坡一战来说吧，他能大破曹军靠的可不仅仅是一副好嗓子，也不仅仅是万夫莫当的英勇气概，而是精心策划的谋略。那时他的兵马少得可怜，仅有20余骑，为了迷惑曹军，他让部下把树枝绑在马尾上，然后令士兵骑着战马在树林里来回跑动，一时间马蹄阵阵、尘沙飞扬，阵势有如千军万马。曹军见了立时中计，果然不敢近前。瓦口隘一役中，他佯装醉酒，连施妙计，连文武双全的张郃也上当受骗了，最后成为他的手下败将。

张飞是屠夫出身，那么他是不是真的就目不识丁呢？其实张飞不但识字，而且还是个不错的书法家和画家呢。据南北朝时期的《刀剑录》记载，张飞被封为新亭侯的时候，亲自在刀剑上书"新亭侯，蜀大将也"的铭文。明代《丹铅总录》中说张飞在铜质炊具上所书写的铭文极为工整，简直是铁钩银画。明代的《画髓元诠》中说张飞喜欢画美人，擅长写草书。

可见历史上的张飞虽然有脾气急躁、为人莽撞的缺点，但还是很有谋略的，而且能书善画，有儒雅之风，人们对他的刻板印象恐怕要改改了。

第269天 明朝的"东厂"和"西厂"是什么机构

东厂、西厂是古代的两个特务机构，东厂于明朝永乐十八年（1420年）设立于北京东安门北、西厂系明成化十三年（1477年）设于旧灰厂，东厂和锦衣卫是有较大区别的，而西厂更是前后只存在了不到十年。

永乐十八年十二月，明成祖朱棣为了加强中央集权统治，消除朝廷里的反对力量，成立了一个由宦官为主的机构，名曰"东缉事厂"，简称"东厂"。东厂的主要职能就是帮助皇帝铲除政治上的异己，在当时与锦衣卫的权势不相上下，起初，东厂只负责侦缉、抓人，并没有审讯犯人的权力，抓住的嫌疑犯要交给锦衣卫北镇抚司审理，但到了明末，东厂也有了自己的监狱。东厂的负责人称为东厂掌印太监，也称厂主和厂督，是宦官中仅次于司礼监掌印太监的第二号人物。除此之外，东厂中设千户、百户各一名，掌班、领班、司房若干，具体负责侦缉工作的是役长和番役，番役就是我们俗称的番子,役长相当于档头。

东厂的侦缉范围非常广,朝廷会审大案、锦衣卫北镇抚司拷问重犯,东厂都要派人听审;朝廷的各个衙门都有东厂人员坐班,监视官员们的一举一动;一些重要衙门的文件,如兵部的各种边报、塘报,东厂都要派人查看;甚至连普通百姓的日常生活、柴米油盐的价格,也在东厂的侦查范围之内。东厂和锦衣卫的关系,逐渐由平级变成了上下级关系。

西厂成立之初,本来只是为了替皇帝打探消息,但汪直为了增加自身的权势,不断地构置大案、要案,其办案数量之多、速度之快、牵扯人员之众都远远超过了东厂和锦衣卫。西厂在全国布下侦缉网,主要打击对象是京内外官员,一旦怀疑某人,就立刻加以逮捕,事先不必经由皇帝同意,之后当然就是严刑逼供,争取把案件弄得越大越好。对一般百姓,其一言一行只要稍有不慎,就会被西厂重处。

 第270天 古代公堂上为什么常见"明镜高悬"的匾额

古人常用"明镜高悬"来形容官员断案清正廉洁,执法如山。

古书《西京杂记》里说,秦王朝灭亡之后,刘邦率兵占领了咸阳宫,发现了秦朝王室存放奇珍异宝的仓库,数不胜数的金银珠宝当中,一面长方形镜子却引起了刘邦的注意,它宽约四尺,长约五尺九寸,正反两面都可照人,如果是用普通的姿势靠近它,里面就会呈现出倒立的画面;如果是双手捂着胸口靠近它,镜子里马上就会一目了然地显现出人的五脏六腑;患病的人如果捂着胸口照镜子,就会发现自身疾病的所在部位;心术不正的女子在它面前一照就会看见其心脏的跳动与正常人不同。由于这面镜子有此奇特的功能,后人们常用"秦镜高悬"来比喻断案官员明察秋毫、铁面无私。

在随后的社会进程中,朝廷官员为了约束自己和显示自己的"清廉",都会在公堂上挂起"秦镜高悬"的匾额。由于大多数人对"秦镜"的典故并不了解,所以就把"秦镜"改成了"明镜","明镜高悬"由此流传开来。

第271天　故宫因何又被称做"紫禁城"

紫禁城之名是根据紫微星垣而来。中国古代天文学家曾把天上的恒星分为三垣、二十八宿和其他星座。三垣包括太微垣、紫微垣和天市垣。紫微垣在三垣中央。而且位置永恒不变，因此把它作为代表天帝的星座，是天帝所居。进而把天帝所居的天宫谓之紫宫，有"紫微正中"之说。"禁"则意指皇宫乃是皇家重地，闲杂人等不可随意进入。

封建皇帝自称是天帝的儿子，自认为是真龙天子，而他们所居住的皇宫，被比喻为天上的紫宫。他们希望自己身居紫宫，以上天之德施政天下，使四方归附，达到江山永固、政权长存的目的。

明朝时期的皇帝为了维护自己的权威和尊严，以及出于自身的安全考虑，所修建的皇宫，不仅庄严雄伟，又壁垒森严。城池四周用10米多高的城墙和52米宽的护城河所围护，而且岗哨林立，全副戒备。非宫廷人员或政要官员，无特殊情况是不可能逾越紫禁城半步的。

明王朝的皇帝及其眷属居住的皇宫，除了为他们服务的宫女、太监、侍卫之外，只有被召见的官员以及被特许的人员才能进入，这里是外人不能逾越一步的地方。因此，明代的皇宫，既被誉为紫宫，又是禁地，故旧称紫禁城。

第272天　《大明律》是一部什么样的律法

《大明律》，是明朝政府的法令条例，由开国皇帝朱元璋总结历代法律施行的经验和教训而详细制定而成。《大明律》适应形势的发展，变通了体例，调整了刑名，肯定了明初人身地位的变化，注重了经济立法，在体例上表现了各部门法的相对独立性，并扩大了民法的范围，同时在"礼"与"法"的结合方面呈现出新的特点。

《大明律》共分30卷，篇目有名例一卷，包括五刑（笞、杖、徒、流、死)、十恶(谋反、谋大逆、谋叛、恶逆、不道、大不敬、不孝、不睦、不义、内乱)、八议(议亲、议故、议功、议贤、议能、议贵、议勤、议宾),以及吏律2卷、户律7卷、礼律2卷、兵律5卷、刑律11卷、工律2卷,共460条。这种以六部分作六律总目的编排方式,是承《元典章》而来的,与《唐律》面目已不尽相同,在内容上也较《唐律》有许多变更。又增加了"奸党"一条,这是前代所没有的。在量刑上大抵是罪轻者更为减轻,罪重者更为加重。前者主要指地主阶级内部的诉讼,后者主要指对谋反、大逆等民变的严厉措施。不准"奸党""交结近侍官员","上言大臣德政"等,反映了明朝初年朱元璋防止臣下揽权、交结党援的集权思想。

《大明律》在中国古代法典编纂史上具有重大意义。不仅继承了明朝之前的古代法律制定的优良传统,也是中国明代以前各个朝代法典文献编纂的历史总结,而且还开启了清代乃至近代中国立法活动。

第 273 天　皇帝都有哪些特定称谓

"皇帝"这一称谓,在中国几千年封建专制时代相沿不变,但在某些特定情况下,皇帝还有特定的称谓。

国家:东汉时期常用"国家"代表皇帝。《资治通鉴》记载晋惠帝元康元年"今内外阻隔,不知国家所在"。注曰:"国家谓天子。自东汉以来皆然。"

天子:"天子"一词早于皇帝制度的产生。"君天下者以天子自居",故称天子。皇帝制度产生后,皇帝被称为天子,董仲舒《春秋繁露》云:"德侔天地者称皇帝,天佑而子之,号称天子。"

朕:"朕"是皇帝的自称。秦始皇称帝前,普通人皆可自称朕,嬴政称帝后,"朕"成为皇帝一人的专称。

车驾:古籍中以"车驾"称皇帝,比比皆是,所以用"车驾"作为皇帝的别称。《汉书·高帝纪》注引颜师古曰:"凡言车驾者,谓天子乘车而行,不敢指斥也。"

县官：汉代常用"县官"作为"皇帝"的别称。真正意义上的一县的长官，则称为"县令长"。《汉书·霍光传》："县官非我家将军，不得至是。"注引如淳曰："县官谓天子。"

陛下：人臣对皇帝或临朝皇太后的称呼。

上：史家记载历史，或臣下相互对话时多称皇帝为"上"或"今上"、"皇上"、"圣上"、"明上"、"主上"等，凡皇帝所作诏书或指示，也叫"上谕"。

乘舆："乘舆"的本义是指皇帝所乘之车或皇帝的衣冠器物，由于皇帝至尊无上，便用"乘舆"作代表。

朝廷：古代文献典籍中，常用"朝廷"来代表皇帝。《资治通鉴》记载，东汉献帝初平二年（191年）"关东诸侯将领，以朝廷幼冲，迫于董卓"。初平三年（192年）王允曰："朝廷幼小，恃我而已。"

寡人：古代侯王自谓孤、寡人、不谷（穀），意为少德之人，以示自谦。唐以后只有皇帝能自称"寡人"。

第274天　皇帝的坟墓因何被称为"陵"

人们习惯把古代帝王的坟墓称为"陵寝"。坐落在北京的"明十三陵"更是举世闻名的皇家古迹和旅游景点。那么古代帝王陵墓为什么被称为"陵"呢？

大约从战国中期以后，帝王的坟墓开始称为"陵"，最早出现于赵、秦等国。《史记·赵世家》载道：赵肃侯十五年经营寿陵。《秦始皇本纪》说：秦惠文王葬公陵，悼武王葬永陵，孝文王葬寿陵。可见，这是君王墓称"陵"之始。随着封建王权的持续加强，帝王为了展现其最高的统治地位，其陵墓不仅占地广阔，封土有如山陵之高，称"陵"一说由此而来。古皇帝的墓可建9丈高，但大多帝王陵往往超过这个高度。至于黎民百姓的坟墓，不但要称为"坟"，而且受限在3尺以下，否则就要受到严惩。朝廷大臣们的坟墓也有严格的规定，不可以随便建造。

汉朝之后，几乎每个皇帝陵都有称号。如唐太宗李世民的陵墓被称为"昭陵"、汉武帝陵称为"茂陵"、曹丕与郭皇后合葬的"首阳陵"、汉明帝刘庄的"显节陵"等。此外，生前并未当过皇帝，但因其子孙做了皇帝，死后而被追尊为帝的，其坟墓也称为"陵"。如明太祖朱元璋做皇帝后，他的父亲朱世珍就被追谥为淳帝，庙号仁祖，就安徽凤阳原墓建为皇陵；追谥他的祖父朱初一为裕帝，庙号熙祖；追谥他的曾祖父朱四九为恒帝，庙号懿祖。还有像晋武帝司马炎篡魏权当了皇帝以后，追谥他的祖父司马懿为太祖宣皇帝，坟墓称为高原陵；追谥他的伯父司马师为世宗景皇帝，坟墓为峻平陵；追谥他的父亲司马昭为太祖文皇帝，坟墓称为崇阳陵。类似这种追尊的情况，历朝历代屡见不鲜。

第275天 "达鲁花赤"是什么官职

"达鲁花赤"是蒙古族语的译音，也叫做"札鲁忽赤"，蒙古帝国和元朝的官名，为所在地方、军队和官衙的最大监督长官。蒙古族贵族征服地域广阔，对所占领的国家不能完全自己治理，便委任当地统治阶级进行管理，增派达鲁花赤巡查统治阶级的工作，以此来保障蒙古大汗和贵族的阶级地位。

早在成吉思汗时期就已经存在这一官职。征伐金时，成吉思汗曾任命西域人札八儿火者为黄河以北、铁门以南都的达鲁花赤。蒙古帝国西征期间，占领了大片欧亚地区的土地，在政治要地和人口众多的城镇，都设置达鲁花赤管理。成吉思汗入元以后，在各地路、府、州、县和录事司等执事机构，全部设置达鲁花赤。虽然官品与路总管、府州县令尹相同，但实权高于这些官员。在南方少数民族地区的长官司，同样设有达鲁花赤。监察军民的安抚司，大都设有此职。

蒙古族军队和蒙古族探马赤军一般不设达鲁花赤。其他各族军队依实际情况设置，但都在元帅府、万户府、千户所设达鲁花赤来监督军务，官品与元帅、万户、千户相同。

元朝设置达鲁花赤官阶最高达到正二品。官阶最低的是路府治所的录事司达鲁花赤，正八品。在重要地方和军队还设有副达鲁花赤。

至元二年（1265年），元廷正式规定，达鲁花赤一职全部由蒙古族人担任，总管由汉人担任。此后，汉人再无达鲁花赤一职。

第276天　克拉苏带领的罗马大军为何在东征时离奇消失

公元前53年，克拉苏带领罗马大军向东进发，对安息发动了军事战争，两军在克莱尔发生恶战，除了克拉苏的长子带着第一军团6000多人成功突围外，罗马军队几乎全部遭围歼战死。33年后，罗马与安息休战，双方互遣战俘，这时，罗马人才发现当年东征的第一军团竟离奇失踪了！这究竟是怎么回事呢？

有人认为，罗马第一军团并非失踪，而是在中国安定了下来。据《汉书·陈汤传》记载，西汉陈汤等人在西征匈奴时，怀疑单于雇佣古罗马残部作战，因为那支奇特的军队使用"鱼丽阵"作战，并修建"重木城"为军事壁垒，这些都是古罗马人独有的军事战术。西征胜利后，1000多名战俘被陈汤等人带回中国。西汉河西地区莫名多出了一个叫"骊靬"的县，当时中国人称罗马人为骊靬，那么这是否意味着在这里定居的一定是罗马人呢？陈汤在征战匈奴时看到的军队是否就是神秘失踪的罗马第一军团呢？

历史学家希望能通过考古找到答案。经过多年努力，他们终于在者来寨找到了骊靬县古城遗址。遗憾的是，由于自然和人为的原因古城遗址遭到严重破坏，没有保留下当年的风貌。不过考古工作也不是全无收获，古城中一处汉代墓葬的出现引起了工作人员的注意，据证实墓主是汉代欧洲人。此外，工作人员还挖掘出当年修建"重木城"所用的粗大原木。

专家还发现者来寨50%的村民在外貌上与欧洲人极为相近：他们高大健美，有着深红色皮肤和棕色头发，眼睛深陷且呈蓝色，汗毛比亚洲人长。此外，村民们热爱斗牛表演，举行丧葬时，习惯让死者的头部朝向西方，这些都属于古罗马的风俗。

种种迹象表明，罗马第一军团并没有离奇失踪，而是在中国西汉时期的骊靬县定居了下来。

第 277 天　埃及法老的木乃伊为何要改葬

世界各国都有入土为安的观念，死人被埋葬后，打扰逝者安宁和破坏坟墓，都属于对死者的亵渎。那么移动死者的尸体就更是让人难以接受了。所以，如若没有什么特别的原因，改葬是不允许的。可是古埃及人偏不忌讳这些，时常改葬死者，据说埃及法老的木乃伊更是频繁地被迁往别处重新下葬。

埃及法老是本国最有权势的人，他们不但追求生前的享乐，而且重视死后的世界，对自己的身后事自然尤为关注。法老们在世时就开始忙着建造自己的豪华陵墓，并在墓中安装了各种玄妙的机关，阻止盗墓者进入。可是这样煞费苦心修建的安身之所，却没有为死去的法老们带来安宁。他们的陵墓常有盗贼光顾，奢华的陪葬品经常被抢掠一空。

由此看来，埃及法老的木乃伊之所以要频繁改葬，都是为盗贼所逼。尽管精明的法老们在生前处心积虑地防范盗墓者，刻意把陵墓修得隐蔽，并在里面布下重重机关，可是仍然无法阻止猖獗的盗墓活动，盗墓者依然可以潜入墓穴卷走墓室里所有的宝贝。因此，为了保护法老们尊贵的遗体和价值不菲的陪葬品，需要有人在恰当的时机把他们转移到更为安全的地方，再次安葬起来。

那么，由谁来转移法老们的木乃伊尸身呢？他们便是那些信仰虔诚的僧人、忠于法老的大臣和少量国家派来的看守人员。他们视守护法老墓为己任，并尽职尽责地完成这一神圣使命，与盗墓者展开了无数次斗争。每当得到盗墓者行动的消息后，他们就会提前将法老们的木乃伊和陪葬品迁往别地安葬。如此一来，法老们的木乃伊就只能经常改葬了。

第 278 天　孟尝君为何被列为"鸡鸣狗盗"之徒

战国时期,齐国有个叫孟尝君的人,门下供养了 3000 名食客。他曾被秦昭王招到秦国,差点就受到重用,然而世事难料,没过多久秦昭王对他的态度突然发生了戏剧性的转变,不但没有对他委以重任,还把他囚禁起来。原来秦昭王是个喜欢偏听偏信的人,之前听说孟尝君有才干,就想让他为己所用,后来听信了谗言,对孟尝君为人产生了重大怀疑,于是就把他关了起来。

孟尝君为了脱身,不得不向秦昭王的宠妃求助。妃子答应为他脱困,但是有个条件,他必须把齐国那件举世无双的狐裘大衣献给自己当礼物。可是孟尝君早已把这件独一无二的大衣献给秦昭王了。所以听后感到为难。这时他的一位门客自信满满地说:"我能把狐裘大衣拿来。"原来这个门客是个小偷,他以前干的就是钻狗洞偷东西的行当。走投无路的孟尝君觉得此人正好可以派上用场,就默许他放手偷盗。

经过一番打探,这位门客得知秦昭王将那件裘皮大衣视为至宝,不舍得穿在身上,把它放在了存放贵重物品的储藏室里,于是便趁着月色,蹑手蹑脚地钻进储藏室,轻而易举地偷走了裘皮大衣。秦王的宠妃如愿以偿地得到了裘皮大衣,心里很是欢喜,就在秦昭王面前为孟尝君美言,秦昭王耳根一软,就把孟尝君放了。孟尝君一走,秦昭王忽然后悔了,立刻派兵捉拿孟尝君。孟尝君一路奔逃,好不容易到了函谷关,可是因为是在深夜,鸡叫之前关门是不开的。这时他有个善于模仿鸡叫的门客,立时学起了鸡鸣,使得鸡们也跟着叫起来,守关的士兵听到鸡鸣就打开了关门,孟尝君才得以逃脱。从此,人们称他为善用"鸡鸣狗盗"之徒。

 第 279 天　杨家将满门忠烈,流传的说法合乎史实吗

杨家将的英名世代传颂,从男将到女眷,都是忠肝义胆。他们驰骋沙场、保家卫国，甘愿抛头颅洒热血，演绎出荡气回肠的英雄史诗。其中杨六郎探母、穆桂英挂帅、杨宗保阵亡以及佘太君和萧太后斗智斗勇的交锋，成为民间广为流传的传奇故事。那么，历史上的杨家将真的跟民间传颂的一样吗？

真实的杨家将源于杨家三父子抗辽的史实。首先从杨业说起，他骁勇善战，智勇双全，曾与辽驸马萧咄李交手，在雁门关战役中大破辽军，并缴获大量马匹辎重，致使辽军闻风丧胆，只要看到杨家大旗就会避其锋芒，不敢恋战。杨业之子杨延昭颇有乃父遗风，他自幼随父出征，受到父亲抗击契丹、收复大宋河山的思想影响，驻守边防20年，与士兵共甘苦，每次征战都身先士卒，深受人民爱戴，威名震彻契丹。杨延昭之子杨文广由于宋辽议合而壮志未酬，没有建立太大功业，自然也就不能和祖父辈们相比了。

历史上的杨业是被奸人王侁害死的。当时王侁是军营主帅，因为忌妒杨业屡立战功，故意选择不利时机命杨业作战，接应时又漫不经心，致使杨业孤军奋战，最终身陷囹圄、兵败身亡。杨延昭是杨业的长子，并非第六子，他之所以被叫做"六郎"，是因为辽人认为北斗七星中第六颗星是大辽的克星，而杨延昭正是这颗星宿下凡转世，故而屡次击退辽兵，威震边陲，成为辽人的噩梦。关于佘太君和穆桂英，史书上并无相关记录，在正史中也找不到有关杨宗保的记载，很难说历史上确有其人。

 第280天　古人是如何钓鱼的

现代人想钓鱼时，可以去市场上购买先进的钓鱼用具。那么古代的钓鱼工具没有这么先进，古人是怎么钓鱼的呢？

古代最原始的钓钩是一些竹条、木条、兽骨或者两头较尖的小石条等。然后再把钓钩包在钓饵中，当鱼吃到鱼饵的时候，就会卡到喉咙，这时就能把鱼钓起。西周时期，人们就已经会制造铁质的钓钩。在东汉许慎的《说文解字》中就有相关记载："钩鱼也。钩者曲金也，以曲金取鱼谓之钓。"

古代的钓线，除了使用麻线和丝线外，还会用到一种蚕线。人们把结茧的蚕身体里的丝浆收集起来，然后拉成单股的粗丝，将这些粗丝晒干后就能使用。这种丝线具有柔软、光滑、透明、强度大的特点。

古代的钓竿，是人们用细长的竹子制作而成。在《国风·卫风·竹竿》中就有相关的记载："藋藋竹竿，以钓于淇。"钓鱼的基本用具已经齐全，古人还要考虑一个非常重要的因素，那就是天气。古人很重视钓鱼的季节、钓鱼的技巧以及钓鱼时的天气，并且在这方面特别有经验。

钓鱼的"黄金季节"是春季和秋季。如张志《渔歌子》中就有钓鱼的相关记载："桃花流水鳜鱼肥。"这里面提到了桃花，可见描写的是春季的场景。又如孟浩然的《临洞庭上张丞相》中的诗句："八月湖水平，坐观垂钓者，徒有羡鱼情。"就指出了秋季是钓鱼的好季节。

第 281 天　清代八旗是怎么划分的

八旗制度是清太祖努尔哈赤于明万历二十九年（1601 年）正式创立，初建时设四旗：黄旗、白旗、红旗、蓝旗。1614 年因"归服益广"，将四旗改为正黄、正白、正红、正蓝，并增设镶黄、镶白、镶红、镶蓝四旗，合称八旗，统率满、蒙、汉族军队。

满族的先世女真人以射猎为业，每年到采捕季节，以氏族或村寨为单位，由有名望的人当首领，这种以血缘和地缘为单位进行集体狩猎的组织形式，称为牛录制。总领称为牛录额真（牛录意为大箭；额真，又称厄真，意为主）。规定每 300 人为一牛录，设牛录额真一人，五牛录为一甲喇（队），设甲喇额真（参领）一人，五甲喇为一固山，设固山额真（都统、旗主）一人，副职一人，称为左右梅勒额真（副都统）。皇太极即位后，为扩大兵源在满八旗的基础上又创建了蒙古八旗和汉军八旗，其编制与满八旗相同。满、蒙、汉八旗共二十四旗构成了清代八旗制度的整体。清军入关后八旗军又分成了禁旅八旗和驻防八旗。

第十二章
文学艺术

 第 282 天　汉字的五种主要书法字体是什么

作为中华五千年文明史的根基，汉字的形成经历了甲骨文—金文—篆书—隶书—草书—楷书—行书的演变过程，人们根据由繁到简规律又演变出了篆书—隶书—草书—楷书—行书，五种主要书法字体。

小篆：秦始皇统一六国后，命令宰相李斯推行"书同文"政策，来统一全国文字，李斯废除了六国文字中各种和秦国文字不同的形体，并把秦国使用的大篆籀文进行简化，并结合民间文字的简体、俗体，加以整合规范，形成了统一的文字书写格式——小篆体。

隶书：隶书始于秦朝，在汉魏时期较为成熟并广泛使用，也被称作"隶字"、"古书"。隶书是在小篆的基础上形成的。由于小篆字体书写比较烦琐，人们就把小篆匀圆的线条改为平竖方正的笔画，以此来提高书写速度，便于推广。

草书：草书起源于汉朝，有章草、今草、狂草之分。草书是隶书的一种演变，书写时结构简省而不失梗概，减去了隶书的中规中矩，起笔奔放，笔画连绵。唐朝以后，草书逐渐成为一种书法艺术，尤其是狂草的出现，使草书本身传递信息的作用大幅减退，更多地被人们以艺术品眼光来看待。

楷书：也称正楷、真书。从隶书演变而来，字体更加简化，字形由扁体改为方体。《辞海》中的解释是:"字形方正,笔画平直工整,是在汉末八分书(见隶书)基础上演变而成的新书体。"这种书体三国时已通行全国,世传魏初钟繇为真书之祖。隋唐以后真书在书法风格上有了新的发展,代表作如智永《真草千字文》中的真书和欧阳询的《九成宫醴泉铭》。真书一直作为正体字沿用至今。

行书:行书是结合楷书的字体方正、草书的洒脱大气两大优点而成,在书写时,弥补了草书的难以辨认和楷书的速度缓慢两大不足。

第283天 "八股文"是什么

八股文,是中国明朝和清朝科举考试所采用的一种专门的文化,又叫做制艺、制义、时艺、明文(相对于古文而言)、八比文等。之所以称为"八股文",主要是因为对文章有一定的要求,即必须要有四段对偶排比的文字,共有八股。"股"或"比",都是对偶的含义。

八股文主要在北宋比较流行,其基本特点,大致为以下几个方面:

1. 题目一律用《五经》、《四书》中的原文。
2. 内容必须以程朱学派的注释为准。
3. 体裁结构有一套极为固定的格式。

全文由破题、起讲、入题等几部分组成。八股文对字数有一定的要求,有着明确的限制。按照明初的制度分为乡试和会试,用《四书》义一道为300字,用《五经》义一道为500字。清康熙时对字数的要求为550字,从乾隆后一律按照字数为700字的标准。

明清两代,大部分的官私学校都将八股文作为必修的课程。无论是童试、乡试还是会试都要用到八股文。如果不懂八股文,是无法通过科举考试的,就更谈不上做官了。但是八股文只有一个用途就是应付科举考试,除此之外就没有其他的作用了。明清时期有许多有才的人士对八股文的态度都比较厌恶。八股文后来没有得到发展而是被人们遗弃,应该说是历史发展的必然结果。

第 284 天　你知道儒家"五常"吗

中国儒家五常指：仁、义、礼、智、信，为了促进自身发展以及社会进步，每个人必须拥有这五种最基本的品格和德行。

仁，就是现在常说的换位思考，为别人着想。仁是最基本的品格，最普遍的德行准则。

义，和仁并用为道德的代表。义也是一种人生观、价值观。很多有关义的词语，像"见义勇为"、"大义凛然"、"义正词严"等，意味着人生的责任和奉献。

礼，礼和仁二者互为表里，仁是礼的内在精神，礼是仁的外在形式。守礼重礼是礼仪之邦的重要传统美德和重要文化。明礼，从大的方面讲，就是讲文明；具体到个人说，就是日常待人接物的举止表现。礼仪作为个人修养的一个重要方面，用于处理与他人的关系，直接体现了个人的素质和魅力。这些已经成为个人、社会、国家文明发展程度的一个标准和最直观的体现。

智，睿智、理智、明智、明达。就是说要把智力和道德联系起来。

信，讲信用，靠得住，说话算数。这是做人处世的根本，童叟无欺是兴业之道，也是中华民族的基本美德。

第 285 天　为什么绘画又被称为"丹青"

在中国古代的史书上，我们经常可以看到古人用"丹青"代指绘画。其实，"丹"和"青"是古代绘画所使用的两种矿石颜料。

后来，"丹青"被特指为红色和青色，也泛指绚烂的色彩。汉陆贾《新语·道基》："民弃本趋末，伎巧横出……丹青玄黄琦玮之色，以穷耳目之好，极工匠之巧。"这里的"丹青"就指颜色和绚烂。

后来，随着词义的引申，"丹青"就变成了绘画作品的代名词，而且是指精美绝伦的艺术作品。杰出的画家也因此被称为"丹青妙手"或"丹青手"。苏轼《王晋叔所藏画跋尾五首·徐熙杏花》诗云:"江左风流王谢家,尽携书画到天涯。却因梅雨丹青暗,洗出徐熙落墨花。"此处的"丹青"二字就泛指书画。

 第286天 《左传》的"左"是什么意思

《左转》原名叫《左氏春秋》。汉代改称《春秋左氏传》,简称《左传》。相传是春秋末年一个叫左丘明的人所著,所以叫《左传》。又因为是为了解释孔子的《春秋》而著,所以其原名叫《左氏春秋》。实际上《左传》是一部独立撰写的史书。它述说了自鲁隐公元年(公元前722年),一直到鲁悼公十四年(公元前453年),共200多年的历史。以《春秋》为本,通过记述春秋时期的具体史实来说明《春秋》的纲目,是儒家重要经典之一。

《左传》作为编年体史书,叙述详细。和另外的两本即《春秋公羊传》、《春秋吕梁传》并称"春秋三传"。《左传》不仅仅是一部史书,对史学做出了贡献,《左传》的文学价值也很高。《左传》之所以如此被后世看重,也正是基于这两点。它代表了先秦时期史学和文学的最高成就。是一部集大成式的巨著,文史并茂。承《尚书》、《春秋》之后,启《史记》、《汉书》之先,可谓承前启后、继往开来,是中国最优秀的史书之一。

 第287天 "扬州八怪"究竟有多怪

清朝中期活跃在扬州一带画风相似的书画家被称为"扬州八怪",指的是罗聘、李方膺、李鱓、金农、黄慎、郑燮(又名郑板桥)、高翔和汪士慎。

"扬州八怪"不拘泥于传统的画风,注重个性表达,提倡形成具有独立特色的个人风格,公然与过去文人附庸风雅的价值观决裂,坦然宣称自己作画卖画实为谋生。在绘画选材上,他们沿袭了传统文人的审美情趣,偏爱梅、兰、竹、菊、松、石等能体现高洁、脱俗等美好品质的事物。此外,他们还喜欢在画卷上题写诗文,以象征隐喻的方式描画社会世俗画面,以此表达自己的见解和思想。如李方膺绘制的《风竹图》,以在暴风中坚挺的苍竹象征宁折不弯、刚强不屈的伟大人格,黄慎的《群乞图》表达了对现实社会不公正的抨击。

"扬州八怪"以水墨画见长,他们不局限于对细枝末节的勾画,在用笔上大胆写意、狂放不羁,与当时画坛上含蓄委婉的表达方式格格不入,受到评论家的强烈批判,被称为"怪","扬州八怪"由此得名。"扬州八怪"博闻强识、精通诗文,大多人生失意,为了谋生而出售字画。虽然他们卖画是迫于生活压力,然而他们对书画艺术却有更高的热情和更大的追求,不愿让自己的作品流于庸俗。他们有学识、有艺术涵养,人生阅历丰富,画功扎实,立意不凡,构图新奇别致,远远超过同一时期的书画大家,为我国的书画艺术带来一股独特的清新之风,成为我国书画史上的不朽传奇。

第288天 "三言二拍"指的是哪三言、哪二拍

"三言二拍"是指明代编撰的五本流传颇广的短篇小说集和拟话本集。"三言"指的是冯梦龙所创作的《喻世明言》、《警世通言》、《醒世恒言》。"二拍"指的是凌濛初编撰的拟话本小说集《初刻拍案惊奇》、《二刻拍案惊奇》。

"三言"的每章都阐明一个道理,故事情节十分吸引人,比如《卖油郎独占花魁》讲的是才貌过人、名满京城的花魁娘子与从事小本生意的卖油郎相识相恋的爱情故事。"三言"收录的作品包括宋元旧篇、明代新作和冯梦龙拟作,所有内容都经过了冯梦龙精心的增删和巧妙的润色,这些作品取材较广,内容复杂多样,主题颇多。其中有对封建社会官场的映射,有力批判了旧官僚的恶劣行径,热情赞扬了正直官员的高风亮节;也有对人间情义的感悟,赞美真挚的友情和美好的爱情,指责不仁不义、背信弃义的行为。这些故事从不同程度、不同层面折射出当时的社会风貌和市井百态生活,反映出市民阶层的思想情感和内心世界。如《杜十娘怒沉

百宝箱》、《蒋兴哥重会珍珠衫》等，着重强调人的情感和价值，从根本上否定了封建礼教和世俗观念的价值理念。

"二拍"是作者根据野史、文言小说、古往今来的社会传闻编纂而成，它属于一部个人白话小说集，反映的是市民追求荣华富贵和奢侈享乐的社会风气，也反映出处于资本主义萌芽时期的人们思想自由化倾向，他们渴慕自由的爱情和平等，渴望突破束缚，拥有崭新的人生。笑花主人称"二拍""卷帙浩繁"，从中选取40种集成《古今奇观》。在后世的300年光景里，它成为我国流传最为广泛的短篇白话小说集选本。

第289天　古代四大奇书指的是哪四部名著

《三国演义》、《水浒传》、《西游记》、《金瓶梅》被评为我国古代四大奇书，由于四部古典长篇小说均是在明代创作完成的，因此又被称为"明代四大奇书"。冯梦龙最早提出此种说法。这四部著作之所以被称为奇书，除了内容新颖、在艺术上有所创新外，还因为这四部作品开拓出了全新的小说体裁，开创了我国古典小说的四大文学传统，即《三国演义》开创了长篇章回体小说的历史演义传统，《水浒传》开创了英雄传奇传统，《西游记》开创了神魔小说传统，《金瓶梅》开创了世情小说传统。

《三国演义》是明代小说家罗贯中编撰的，取材于民间历史传说和描绘三国时期的话本、戏曲，它是我国最早的长篇章回体历史小说。小说半文半白、深入浅出、气势磅礴、娓娓动人。

《水浒传》是明初施耐庵所著，同样取材于民间故事、话本和戏曲，它是我国最早反映农民反封建反压迫的历史小说，全书围绕着尖锐的官民矛盾展开，展现了封建王朝体制内的反叛者和政权的复杂关系，这是中国2000年来封建专制制度下的一个深刻的政治话题。

《西游记》是吴承恩根据民间口头创作的神魔故事加工编纂而成，它是中国神话小说的巅峰之作，书中通过唐玄奘西天取经的历史故事，熔神话、历史、佛道于一炉，勾勒出了一个神奇瑰丽的传奇世界。

《金瓶梅》是由署名为兰陵笑笑生的人创作的，取材于《水浒传》中的"武松杀嫂",是一部描写市井人物命运的古典小说,对后世小说影响深远,由于存在淫秽描写,明清以来一直被当作禁书。

第290天 孙悟空可以腾云驾雾,为什么不背着唐僧飞到西天取经

《西游记》中,孙悟空神通广大,不但可以腾云驾雾,而且一个筋斗可翻十万八千里,那么他为什么不直接背着唐僧飞到西天去呢?为什么还要寒来暑往跟着唐僧如此辛苦地到达取经之地呢?

原来筋斗云是有灵性的,只有仙人才能乘坐,孙悟空背着唐僧根本无法驾驭它。唐僧虽是得道高僧,道行极深,可毕竟是凡胎肉身,没有位列仙班,怎么可能跟神仙一样腾云驾雾呢?按照这种说法,孙悟空不是不想背着唐僧飞到西天而是不能,实属无奈。

但纵观整部小说,我们会觉得事情绝对没那么简单。孙悟空曾说:"我们跟随师父去西天取经,主要是为了保护他性命周全。师父注定要经历无数磨难,这些都是我们所不能替代的。这些磨难对师父意义重大,只有经历劫难,师父才可悟出佛道,修成正果,到达西天拜见了佛祖,才会取得真经。而你我兄弟,均是泛泛之辈,就算代师父去西天取经,取来的也是毫无价值的假经,是得不到真经的。"

书中提到过唐僧的特殊身世,他乃是如来弟子金蝉子转世,下凡到人间的目的就是到西天取得真经、普度众生。取经途中遭遇的每一次磨难,如来都是知道的。如来说过:"我曾想过把真经送到东土去,可是世人愚昧,居然不识真经,白白辜负我一番好意。我派唐僧下凡取经是想让至诚至信之人历经艰难困苦取回真经,以此来感化世人和芸芸众生。如此千辛万苦取回的真经,世人必会万般珍惜。"

从孙悟空和如来的话语中,我们可以知道,孙悟空之所以不能背唐僧飞到西天取经,是为了成全如来"感化众生"的苦心,而唐僧经历的所有磨难,是为了感化世人、普度众生为民受苦的苦修行为。

第 291 天　古代儿童的启蒙读物是什么书

在我国明朝时期，儿童接受教育的启蒙读物是《三字经》、《百家姓》和《千字文》三本书。8 岁以下的儿童，首先阅读《三字经》来增加知识和增长见闻，然后阅读《百家姓》方便日常所用，再读《千字文》以晓大义明事理。《三字经》、《百家姓》和《千字文》把儿童早期启蒙教育与中国传统民族文化，以及道德培养熔于一炉，且内容丰富、言辞简洁、韵律和谐，便于记忆和朗读。

《三字经》汲取中国历史文化精髓，篇幅短小寓意深刻，内容涉及历史、天文、地理、道德修养及民间传说，涵盖范围颇广，可让儿童在识字阶段了解天下大事，是一本非常难得的儿童启蒙读物。由于特定历史阶段人类认识的局限性，《三字经》中也有一些错误的理念和价值观念，但它深刻的思想内涵和深厚的文化沉淀为世人公认，依然成为人们喜爱的经典。

《百家姓》是宋朝初期编纂的一本关于中国人姓氏的书。最初书籍涉猎的姓氏有 411 个，之后增加了 93 个姓氏，共有姓氏 504 个，包括 444 个单姓和 60 个复姓。其实泱泱中华 56 个民族，姓氏怎么可能仅有几百个？仅汉族的姓氏也远远多于这个数目，据统计有文献记录的姓氏足有 5600 个之多，包括单姓、复姓、三字姓、四字姓、五字姓等。所以百家姓仅收录了百姓常见的姓氏，国人的很多姓氏是从百家姓派生出来的。

《千字文》成书的时间比《三字经》和《百家姓》都早，是世界上使用时间最长的儿童启蒙读物，千余年来影响了无数儿童的教育和成长，历代畅销不衰。

 第 292 天　我国历史上的"书圣"指的是谁

我国东晋时期的著名书法家王羲之，被尊为"书圣"。王羲之出身名门世家，自幼酷爱书法，数十年坚持不懈地刻苦研习，使他的书法造诣达到了令人望尘莫及的高度。他楷书、草书、行书、隶书无所不精,学过钟繇、李斯、张芝等大书法家的书法,集各名家之所长,并形成了属于自己的独特风格。他的字矫健超逸,有如游龙惊鸿,又优雅端庄、俊丽不俗,似菊似松,恍若薄云遮月、清风飞雪。

王羲之能成为伟大的书法家,和他锲而不舍的学习精神是分不开的。13岁那年,他发现家中藏有珍贵的书法书《说笔》,忍不住偷偷阅读起来。父亲见他年纪尚幼,担心泄露家传,不想过早传授,于是告诉他长大成人之前不可随意翻阅。王羲之爱书心切,实在等不得成年以后,竟急得跪在地上请求父亲准许他即刻阅读那本家传宝书,父亲被他诚恳的态度打动了,最后满足了他的要求。

王羲之练习书法几乎到了废寝忘食的地步,还常常临池书写,以池水洗砚,把整池水都染黑了,这便是"墨池"的由来。而今绍兴兰亭、浙江永嘉西谷山、庐山归宗寺等都以墨池而闻名,成为旅游胜地。

王羲之最具代表性的作品是《兰亭集序》。相传东晋穆帝永和九年(353年)三月三,王羲之和谢安等一群文人雅士共41位,齐聚兰亭嬉乐游玩,大家一边畅饮一边作诗,然后把诗作聚集起来,合称诗集,取名为《兰亭集》。公推王羲之为诗集作序,已经微醉的王羲之,借着酒意,提笔而就,洋洋洒洒写下28行、324字,成就"天下第一行书"《兰亭集序》。《兰亭集序》是王羲之最好的书法作品,全篇324字,形态各异,千变万化,各有韵致又浑然一体,艺术水准已达到炉火纯青的境界。

第293天　《红楼梦》原名是什么,它因何而得名

《红楼梦》位于我国四大古典文学名著之首,具有极高的文学成就和艺术价值,问世以来深受广大人民喜爱,素有"开谈不读红楼梦,读尽诗书也枉然"之说。这部旷世奇书在正式命名为《红楼梦》之前,曾先后使用过的书名有《石头记》、《情僧录》、《风月宝鉴》、《金陵十二钗》等。甲戌年间,《脂砚斋重评石头记》的作者又把它更回最初的名字《石头记》。直至1784年,这部长篇文学巨著才正式被命名为《红楼梦》,此后一直延

续这个名字。

《红楼梦》开篇的楔子颇有传奇神话色彩，写的是女娲补天的故事。书中写道，上古时期，西北边的天空漏了一个大窟窿，人间正经历浩劫，女娲娘娘为了拯救世间生灵而炼石补天，天补好以后，所炼的三万六千五百零一块石头用去三万六千五百块，遗下一石，女娲将其弃于青埂峰下。想到其他石头皆可补天，体现自身的价值，唯独自己一无所用，被遗弃在山峰下虚度年华，这块石头心中越发愤懑不平，终日长吁短叹。天长日久，吸天地之灵气汲日月之精华，修成人形。他路过灵河岸边时看到一株绛珠仙草快枯萎了，遂以甘露灌溉，绛珠草活了下来，修成女儿身。为了报答他的救命之恩，发誓要用一生的眼泪偿还。后来，这块石头想要下凡为人，绛珠草也追随而去，于是这段缠绵悱恻的爱情故事便拉开了帷幕。

有人认为《红楼梦》所记述的事迹，都是石头的自说自话。空空道人看见它时，石上已写满了密密麻麻的文字，所载的全是这块顽石下凡后在人间的际遇。所以，顽石便是小说的作者，这部鸿篇巨制被命名为《石头记》就再恰当不过了。直到1784年，《石头记》才被更名为《红楼梦》，这个名字给人以真真假假、如梦似幻的美感，得到了文学界和学术界的普遍认可，成为该作品的正式书名。

第294天 你了解中国的"二十四史"吗

二十四史指的是我国古代二十四部正史，是被历来的封建王朝视为正统的史书，因此又称"正史"。它记载从传说中的黄帝，止于明朝崇祯十七年（1644年），大约4000万字，用统一的有本纪、列传的纪传体体例编写。

二十四史共包括《史记》《汉书》《后汉书》《三国志》《晋书》《宋书》《南齐书》《梁书》《陈书》《南史》《魏书》《周书》《北齐书》《北史》《隋书》《旧唐书》《新唐书》《旧五代史》《新五代史》《宋史》《辽史》《金史》《元史》《明史》。

二十四史的内容非常丰富，记载了历朝的经济、政治、文化艺术和科学技术等诸多方面的情况。

第 295 天　"四书五经"具体指哪些书

"四书五经"是四书和五经的合称，是中国儒家经典的书籍。

"四书"指的是《论语》、《孟子》、《大学》、《中庸》这四本书。

"五经"指的是《诗经》、《尚书》、《礼记》、《周易》和《春秋》，简称"诗、书、礼、易、春秋"。四书五经之前，还有本《乐经》，合称"诗、书、礼、乐、易、春秋"，被称为"六经"。其中的《乐经》后来失传了，所以就成为了"五经"。

"四书五经"是南宋以后儒学的基本书目，儒生学子必读之书。

"四书五经"是封建科举时代选拔人才的命题书和教科书。同时，"四书五经"在社会规范、人际交流、社会文化等方面产生了不可估量的影响，其影响力甚至播于海外，是中华文化的千古名篇，也是人类文明的共同遗产。

第 296 天　经史子集是什么呢

中国传统古籍按内容区分，可以分为经、史、子、集四大类。今天，它依然是我们熟悉古代文化典籍以及了解传统文化的一条捷径。

经：指的是儒家经典著作。

史：就是史书。其中包括正史类、编年类、纪事本末类、杂史类、别史类、诏令奏议类、传记类、史钞类、载记类、时令类、地理类、职官类、政书类、目录类、史评类 15 个大的类别。

子：子部收录的是诸子百家著作和类书。包含儒、兵、法、农、医、天文算法、术数、艺术、谱录、杂家、类书、小说家、释、道 14 大类。

集：集部是诗文词总集和专集等，包括楚辞、别集、总集、诗文评、词曲 5 个大类。

第297天 《聊斋志异》是一部怎样的著作

《聊斋志异》是我国清代文学家蒲松龄呕心创作的短篇小说集,它在蒲松龄40岁左右成书,后来经过多次修改和增补,全书共有491篇短篇小说,题材宽泛,内容丰富多彩,在文学艺术上具有很高的造诣。作者成功塑造了众多人物形象,多以狐仙鬼怪为主,故事情节跌宕起伏,布局严密,构思巧妙,文笔洗练,描写细致生动,堪称我国古代短篇小说集的典范之作。

《聊斋志异》借谈狐说鬼的手法,以各种曲折离奇的故事为主线,描画出一个光怪陆离的世界,反映了真实的社会生活,鞭挞了封建社会的腐朽和黑暗,深刻揭示了各种尖锐的社会矛盾,表明了作者反压迫反封建的坚定立场和态度,具有很高的思想价值。

书中以爱情为主题的小说,其中不乏痴男怨女的浪漫缠绵,但更多的是体现作者反对封建礼教束缚、大胆追求真爱的价值观。在一些作品中,花妖狐魅与人类自由相恋,摒弃世俗偏见,突破种种阻隔,寻求美满爱情。《聊斋志异》的另一个主题是批判科举制度。在小说中,考官有眼不识慧珠,使得文章辞赋一流的读书人怀才不遇,最终成为骈死于奴隶之手的千里马。作者借以指出科举制度的不合理性,并反映出考官埋没人才的罪恶及贪财腐化的丑恶本质。《聊斋志异》的第三个主题就是反抗阶级压迫。此类作品反映出统治阶级和人民的阶级矛盾,揭露了统治阶级的冷酷无情和残暴不仁,讴歌了劳动人民反压迫的勇敢决心和无畏精神,塑造出众多富有反抗精神的经典形象。

第298天 "春秋笔法"是一种什么样的笔法

"春秋笔法",又称"春秋书法"或"微言大义"。其实它就是我国古代史学编撰的一种叙述方式和写作技巧。

"春秋笔法"是孔子开创的一种笔法,即一种使用语言的方法和写作技巧。在文章的记叙之中，要从文章的整体上表现出作者的某种思想倾向，不能直接通过议论性的话语表达出来。"春秋笔法"正是符合了封建礼法的标准要求，不但能够表达出事实，而且还可以做到"为尊者讳，为贤者讳，为亲者讳"。

"春秋笔法"这种传统叙述史学的方法，在孔子写的《春秋》之中就能找到有关的文献记载。后世经学的评论家就对《春秋》做出过评价，他们认为《春秋》中每一个字都含有褒贬的意思，因此称曲折而意涵褒贬的文字为"春秋笔法"。我们可以看出，春秋笔法是一种比较委婉的表达方法，人们也称为"曲笔"。虽然它是一种委婉表达作者观点意见的写作方法，但是实际上还是以事实为依据的。所以说"曲笔"并没有歪曲史实。

自古以来，不同时期的人都会带有其所处历史时期的烙印和局限性。在记录历史时，一定有所避讳，不可能总是"直笔"，这是历史事实。

 第 299 天　我国现存最早的诗歌总集是什么

《诗经》是中国第一部诗歌总集，收入自西周初年至春秋中叶 500 多年的诗歌 305 篇，又称《诗三百》。先秦称为《诗》，或取其整数称《诗三百》。西汉时被尊为儒家经典，始称《诗经》，并沿用至今。

《诗经》中诗的分类，有"四始六义"之说。"四始"指《风》、《大雅》、《小雅》、《颂》的四篇列首位的诗。"六义"则指"风、雅、颂、赋、比、兴"。"风、雅、颂"是按音乐的不同对《诗经》的分类，"赋、比、兴"是《诗经》的表现手法。《诗经》多以四言为主，兼有杂言。

《诗经》为中国第一部纯文学的专著，它开启了中国诗叙事、抒情的内涵，称"纯文学之祖"。它是中国最早的诗歌总集，确定了中国诗的修辞原则及押韵原则，称"总集之祖"、"诗歌（韵文）之祖"。也是北方文学的代表，他所代表的区域是黄河流域，称"北方文学之代表"。

孔子对《诗经》有很高的评价。对于《诗经》的思想内容，他说"诗三百，一言以蔽之，思无邪"。对于它的特点，则"温柔敦厚，诗教也"（即以为诗经使人读后有澄清心灵的功效，作为教化的工具实为最佳良策)。孔子甚至说"不学诗，无以言"，显示出《诗经》对中国古代文学的深刻影响。孔子认为，研究诗经可以培养联想力，提高观察力，学习讽刺方法，可以运用其中的道理侍奉父母，服侍君主，从而达成齐家、治国、平天下的理想，即《论语》中所谓"可以兴，可以观，可以群，可以怨。迩之事父，远之事君；多识于鸟兽草木之名"。在古代，《诗经》还有政治上的作用。春秋时期，各国之间的外交，经常用歌诗或奏诗的方法来表达一些不想说或难以言喻的话，类似于现在的外交辞令。

第300天 《礼记》是礼法方面的书吗

《礼记》，儒家的十三经之一，是有关我国古代各种典章制度方面的典籍。它是从战国至秦汉年间的儒家学者对经书《仪礼》解释说明的文章选集，同时也是一部儒家思想的资料大汇编。关于《礼记》的作者，据考证不止一人，写作时间也有先有后，其中多数篇章可能是孔子著名的七十二名高徒及其学生们共同的作品，同时，《礼记》还兼收了先秦时期的其他典籍。

事实上，《礼记》涉及的内容是很广博的，从日常生活、祭祀、地理历史到天文历法、道德、哲学，可谓包罗万象，是研究先秦社会的重要文献。《礼记》在文学上也具有很大的价值。这些用记叙文写作的篇章，各有特色，有的用短小的故事寓意某个道理，有的是气势磅礴、一泻千里，有的是结构严谨、语言凝练。此外，书中还收录了很多名言警句，寓意深刻，耐人寻味。作为儒家十三经之一的经典著作，以其丰富的思想内涵对中华文化产生过深远的影响。中国作为世界闻名的礼仪之邦，是和《礼记》的千年教化有必然的关系的。它对中国孝道的形成发展、中国人生活习惯以及交往礼仪的形成起了很大的作用。

第十三章
思想学术

 第 301 天　道家和道教是怎样的关系

道家是根据老子的宇宙哲学观发展成的一个哲学流派，道教是我国的本土宗教，两者在性质上是不同的，但也存在密切关联。

道教的宇宙观继承了道家的基本理论，认为宇宙起源于"道"、"气"、"一"、"玄"等，世间万物皆由道生。道教有关道的理念与老子大致相同，相信道是宇宙和芸芸众生的起源，支配着自然界的一切以及人类的社会活动。道教的理论体系是以老子效法自然的哲学观点为依据的，道一直被认为是世界的本源和最高的存在。老子被道教尊为教主。道教把老子的道上升为具有至高无上的神的抽象形态。老子追求清静无为、内心宁静，道教主张修身养性、脱离凡俗，以求悟道修仙。老子的道是一种玄妙的哲学，道家的道宣扬的是超自然神学。道家追求无上永恒的至境，符合道教追求长生的思想。因此道教吸收和改进了道家思想，形成了系统的神学理论体系，同时也融合了其他思想，赋予宗教以现实意义。

道家思想是道教的源泉，道教和道家文化有着血脉相连的密切联系，但道教并不是直接继承了道教，而是汲取了道家的基本思想，并在此基础上进行发挥创造。道教熔中华民族哲学与神学为一炉，对我国的思想文化、艺术文学、古代化学、医药学、养生学等都产生了深远的影响。道教留下的珍贵经书典籍，也是我国古代文明和历史文化的重要组成部分。在我国漫长的历史长河中，道教和道家思想都发挥了一定作用。而今，随着历史的演进，其思想精华部分依然值得借鉴。

第302天 《圣经》为什么叫"约"呢

《圣经》分为《旧约》和《新约》，《旧约》继承了犹太人的宗教典籍，《新约》是延续《旧约》书写而成的。那么《圣经》为什么要叫做"约"呢？

犹太人认为宇宙和人类都是由上帝创造的，上帝选择犹太人为神的选民，并与他们订立契约，只要犹太人按照神的旨意行事，神就会庇佑和成全他们。上帝与挪亚立约，挪亚遵守契约，建造方舟逃过了滔滔洪水；上帝与亚伯拉罕立约，亚伯拉罕遵照约定行事，有了多如繁星的子孙；上帝与摩西订立"十诫"之约，摩西服从誓约，使他的人民摆脱了埃及的奴役。

基督教沿袭了犹太人有关上帝与人类订立契约之说，认为耶稣基督的降生意味着上帝与人类重新建立契约关系。以前上帝与犹太人立的约就是旧约，而上帝重新立的约就是新约。基督教认为神不再只眷顾犹太人，转为关注全人类的命运，并赐下他的独生子耶稣降临人世，为人类所犯下的罪恶受罚代死，通过被钉十字架流出宝血的方式来洗刷世间所有的罪孽，使神重新和人类和好。上帝与人类所定之约就是追随耶稣基督，以信称义，弘扬爱的精神，上帝会福佑人类并赐予永生。

《旧约》和《新约》主张的都是一种契约精神，强调人对神的无条件服从，神爱人类，人类只要按照契约生活，神便会成全。《圣经》被称为"约"，实际指的就是契约，阐述的是人与神之间的关系。基督教文明对西方的文化和历史产生过重大影响，在世界范围内也具有很大影响力，使得《圣经》成为全球印刷次数最多、发行量最大的图书之一。

第 303 天　庄子为什么认为"无用"才是真正的至用

庄子曾经说过，人皆知有用之用，而莫知无用之用也。并用桂树因为树皮可食用而遭到砍伐，漆树因为树漆用途广泛而被刀斧切割的例子，强调有用之物最终会因为自己的价值而被戕害，而人人都不认同的无用之物其实价值更大。他为什么会提出这种观点呢？

庄子继承了老子的无为思想，宣扬的是一种出世的价值观。庄子生活在一个杀伐不断、群雄并起的乱世，在那个弱肉强食的世界，百姓家破人亡、生灵涂炭，统治者为了维护自己的霸权和强权，可以牺牲任何人的利益。为了功名利禄侍奉权贵的人等同于与冷酷残暴的统治阶级同流合污，这是庄子所不齿的。

从世俗的观点看，个人的价值体现在权势、财富和名誉上，拥有这一切的被当作有用之人，而庄子则认为有用和无用是一种辩证关系，他人眼中的无用其实乃是真正的大用。追求有用的仕途之路会让人迷失本性，而超越世俗观念，从更高的角度看待问题，追求灵魂的自由和朴素的本真，不为外物所累，心灵才能得到真正的自由和解放，对个人而言，这就是大用；对社会而言，不为争权夺利而做出有违道德和真理的事，不接纳强者蚕食弱者所分的那杯羹，同样也是大用。而那些备受追捧的有用者尽管极力讨好统治者也可能因为某些原因而招致祸端，因为参与压迫无辜的劳动人民，对整个社会而言是祸害，所以他们才是真正的无用之人。庄子的辩证思想透露出古代哲学的智慧，其至纯至净的追求和深植内心的善良，以及在大是大非面前坚定的立场是非常值得钦佩的。

 第 304 天　孟子为什么选择熊掌而不选鱼

孟子说："鱼，我所欲也，熊掌，亦我所欲也；二者不可得兼，舍鱼而取熊掌者也。生，亦我所欲也，义，亦我所欲也；二者不可得兼，舍生而取义者也。"他认为当两样东西都想要的时候，有时不能如愿以偿，两者之中需作出取舍。那么他为什么在鱼与熊掌不可兼得的时候选择罕见的熊掌而放弃寻常的鱼呢？

其实鱼与熊掌只是一个比喻，鱼是人们常吃的食物，熊掌却不是人人都能得到的，通常情况下在两者之间作出选择时，自然会选择珍贵的熊掌而放弃随处可见的鱼。孟子所讲述的只是人之常情罢了。但下面话锋一转，把命题升华到生死大义上。生，是我想要的，义也是我想要的，两者不能兼得，我宁愿割舍生命而保全大义。孟子把生命喻为鱼，把大义比作熊掌，认为大义比生命要宝贵。孟子相信人性本是善良的，舍生取义之境界不是圣贤独有的，人人都有为大义而死的高尚情操，只不过贤德的人不容易丧失对义的追求罢了。鱼与熊掌之间的选择，就像生与死、利与义之间的抉择，人们普遍贪恋生而畏惧死亡，在利益与道义之间挣扎徘徊。以人性而论，人对某种事物的渴求可能超过生命，对某种事物的厌憎可能超过死亡，而廉耻之心可以帮助人们抵住各种诱惑，认清基本的道德规范，明白许多诱惑应该加以抑制，而死亡并非最可憎之事，如此人们便能从内心深处渴慕义举，从而变得大义凛然。

孟子主张"仁"、"义"，继承和发展了孔子的思想，正所谓"杀身成仁，舍生取义"，人间的道义值得牺牲性命来维护，抛弃鱼而选择熊掌阐述的就是这个道理。

第305天　阴阳学说对我国文化产生过怎样的影响

阴阳学说对我国哲学产生了一定影响，阴与阳相互依存、相辅相成，是事物对立统一的两个方面，可以互相转化，呈现此消彼长的关系。阴阳学说认为无论有形还是无形之物都可划分为阴与阳，世间万事万物都是在阴阳基础上发展变化的。比如白昼与黑夜、光明与黑暗、寒冷与炎热、生存与死亡等。阴阳对抗、相互转化，构成了宇宙的和谐。阴阳平衡则万物和谐，阴阳失衡则会出现种种问题。调节阴阳，可使所有偏离方向的事物回归到正常的轨道上来。

古人用阴阳学说指导生产生活。他们用阴阳解释四季更迭，并以其基本理论指导农事。在生产劳动中，古人认识到向阳的庄稼丰收，背阴的庄稼产量少，于是总结出了有利于农作物生长的生产经验。古代建筑大多坐北朝南，主要是因为应用了阴阳风水学，阴阳学说在住宅的选址和规划上提出了一系列标准，《易经·系辞》认为理想的风水居所应该"阴阳合德，而刚柔有体"。

阴阳学说为中医提供了理论基础。《黄帝内经》以阴阳学说来诠释中医学，解释人体各种生理现象和病理变化的基本规律。中医认为，人体要维持正常的生理活动，体内的阳气和阴经必须处于平衡和协调状态，阴阳失调就会滋生疾病。医生为患者诊断时首先判断其身体阴阳是否失衡，对症下药也是为了调节阴阳，使两者重新归于平衡。

阴阳学说还渗透到文学艺术领域，楹联讲求的平仄就是建立在阴阳相合的基础上的。人们在诗歌里表达的人与自然的关系也来源于阴阳学说。比如《帝载歌》写道："日月有常，星辰有行。四时从经，百姓允诚。于予论乐，配天之灵。迁于贤善，莫不咸听。"也就是说，世间伦理源于日月星辰运行，而礼乐可促成神与人和谐。

第306天　"性三品"说的是什么

性三品，即中国古代一种主张人性分为三等的理论。西汉董仲舒最早提出"性三品"的人性论。董仲舒结合阴阳理念对人的天性进行了分析，正如天有阴阳一样，人也有善恶之分。人所具有的善良的品质，体现了天的阳性，董仲舒将其命名为"性"；人所具有的恶的品质体现了天的阴性，称为"情"。但"性"与"情"两个方面并非绝对的，虽然"性"蕴含着善的一面，但并不等同于善，只是意味着有善的可能。对此他曾比喻说："性比于禾，善比于米；米出禾中，而禾未可全为米也；善出性中，而性未可全为善也。"董仲舒根据人的"性"、"情"不同，将人性分为三品，上品为"圣人之性"，是"性"主导，而少"情欲"，具有不交而可为善的品性；下品为"斗筲之性"，"情"为主导，而"性"缺乏，属虽教而不能为善的品性；"中民之性"位于两者之间，"性"与"情"的成分相当，是为善亦可为恶的品性。董仲舒的"性三品说"和孔孟的"性相近"、"人皆可以为尧舜"是截然不同的概念。东汉著名的思想家王充对董仲舒的"性三品"说给予了充分的肯定，对此曾说道："董仲舒之言本性有善有恶，为普遍人的本性；孟子的性善论指的是上等人的品性；荀子的性恶论，说的是下等人的本性，这几种思想的差异在于所指的对象不同。"

第307天　"魏晋风度"说的是什么

魏晋风度说的是魏晋时期名士们自信风流潇洒、不滞于物、不拘礼节的风格。以"竹林七贤"的阮籍、嵇康、山涛、刘伶、阮咸、向秀、王戎为代表。他们在生活上不拘礼法，常聚于林中喝酒纵歌，清静无为，洒脱倜傥，他们代表的"魏晋风度"得到后来许多知识分子的赞赏。

魏晋风度作为当时的士族意识形态的一种人格表现，成为当时的审美理想。风流名士们崇尚自然、超然物外，率真任诞而风流自赏。晋朝屡以吏部尚书请官王右军，但遭屡拒绝。正是因为魏晋风度代表人物何晏精神的超俗，"托杯玄胜，远咏庄老"、"以清淡为经济"，喜好饮酒，不务世事，以隐逸为高等这样的人事哲学观，才能造就那传奇的《兰亭序》。

以魏晋风度为开端的儒道互补的士大夫精神，从根本上奠定了中国知识分子的人格基础，影响相当深远。可是，魏晋风度的所及，也带来了弊端，许多人赶时髦，心情也并非嵇康、阮籍似的沉重，却也学他们的放达。其实现在年轻人作为对人生的爱恋，自我的发现与肯定，与东汉末以魏晋风度的价值观念是一脉相承的。而现在年轻人在追求行止姿容的俊逸个性上，又和魏晋风度的美学观相辅相成。

第 308 天　"非攻"是一种怎样的主张

墨子根据"兼爱"主张,通过对社会的感触提出了"非攻"的主张。墨子从"兼爱"理念开始就极力反对战争,《墨子·非攻》中说:"今攻三里之城,七里之郭……杀人多必数于万,寡必数于千。"战争使百姓生活在"居处之不安,食饭之不时,饥饱之不节"的惊慌失措的处境,不仅如此,"入其国家边境,芟刈其禾稼,斩其树木,堕其城郭,以湮其沟池,劲杀其万民,覆其老弱,迁其重器,卒进而柱乎斗……"这都是战争悲惨场景的真实写照。墨子提出:"此其为不利于人也,天下之厚害矣,而王公大人乐而行之,则此贼灭天下之万民也,岂不悖哉!"这反映的是,战争在祸害老百姓的同时,统治者们却为了各自的名利争得不知疲倦,不惜扩大战争而置万民生死于不顾。墨子所处的时代正是诸侯割据、战事有增无减之时,战争波及之处,涂炭生灵,乐土化为废墟,和谐之家弄得妻离子散、骨肉分离。墨子对战争给社会带来的灾难有着极大的震撼,因而对霸权所产生的战争深恶痛绝,他和他的弟子们,从爱百姓的高度出发,极力反对攻伐之战,维护人间的和谐的社会。

第 309 天　"尚贤"与"尚同"说的是什么

"尚贤"与"尚同"是墨子提出的政治主张,他认为,即使是一般农民和工匠,只要具有一定的才能,就应该选举他为贤,给他以高位和高俸禄,给予他一定的权限让他去做事。墨子认为,尚贤任能是为政之本。一个国家的贤良之士的众寡以及是否做到尚贤使能,是关系国家的强弱或兴衰、社会的稳定或混乱之根本。他说:"尚贤使能为政也。逮至其国家之乱,社稷之危,则不知使能以治之。"也就是说,尚贤是一个国家政治的根本。如果不知道尚贤的重要性,就会国家混乱,政权岌岌可危。墨子指出:"官无常贵,而民无终贱,有能则举之,无能则下之。""不辨贫富、贵贱、远近、亲疏，贤者举而上之，不肖者抑而废之。"墨子的这一思想在当时突破了宗法等级制度的束缚，显示出人人平等的色彩。

"尚同"指的是统一人们的思想，墨子认为，人们的思想不统一，各种冲突就会相继而来，天下就会大乱，正所谓"一人一义，十人十义，百人百义"。墨子对此给予的对策是"选择天下贤良、明智、仁义之人，立为天子，使从事乎一同天下之义"。由圣贤之人来做天子，间接地用其高尚的品德和知仁的智慧来统一天下人的思想，达到人人心里相同不二，国家社会便会永享太平盛世。在当时的社会背景下，墨子的"尚同"主张只是一种不可能实现的空想。

第310天　"天理人欲"是关于什么的论述

天理人欲是在中国哲学史上关于伦理道德与物质欲望之间关系的范畴。

先秦时，孔子、孟子认为声色富贵等欲望，应以道得之，否则，便不应接受。荀子认为，应当有限度地满足人的情欲。道家老子、庄子倡导"无欲"。两汉时，董仲舒阐发孔孟思想，强调道和理，轻视功利和物欲。王充则以为人民的物欲得到满足之后，才知道礼节和荣辱。魏晋时，王弼继承老子的无欲，提倡无所欲求，反对物质欲望。

《礼记·乐记》明确把天理与人欲作为一对伦理道德范畴提出。宋明理学家融合儒家的理欲观，强调"明天理，灭人欲"。程颐说，"不是天理，便是私欲"，"无人欲即皆天理"。以封建社会的伦理为天理，认为天理人欲不两立。朱熹发展了程颐的思想，认为天理人欲，不容并立，两者是对立的。但又认为，"人欲"不全是不好，在一定限度内是合理的，以日常饮食之欲为天理，求美味为人欲，要求以理节欲。王守仁在哲学上虽与程朱有异，但主张存天理，灭人欲则同。认为去尽人欲，纯是天理，便是圣人。李贽反对把天理与人欲对立起来。王夫之认为"天理"寓于"人欲"之中。"礼虽纯为天理之节文，而必寓于人欲以见"。强调天理不能脱离人欲。但他并没有完全摆脱程朱的影响,以人欲的大公为天理的至正,把人们共同的欲望作为天理。这是抽象人性论。戴震比较系统地论述了理欲问题,提出"理存于欲"的学说,以为"凡事为皆有于欲,无欲则无为矣";"无欲无为,又焉有理"。

第311天 "立功、立德、立言"是什么意思

人们常说的"三不朽"即是对"立功、立德、立言"的统称,《左传·襄公二十四年》中说道:"太上有立德,其次有立功,其次有立言,虽久不废,此之谓三不朽。""立德",即要树立高尚的品德;"立功",指的是为国家民族建功立业;"立言",即提出具有真知灼见的言论。此三者是经久不废,流芳百世的。据说,历史上能够做到三不朽的只有两个半,孔子和王阳明分别是一个,曾国藩半个。当然,这种说法只是客观的流传而已,历朝历代都有身先士卒,死而后已的榜样;以身作则,教化民众的文人;保家卫国,宁死不屈的兵将。他们共同的特点就是超越了个人追求,立言于己、立功于国、立德于民,这种精神激励着每个人拼搏奋进,敢于开拓进取,有着巨大的精神能量,绝非是一时的虚张声势,只求欣慰而已。

孔子在《大学》中提到:"大学者,立德之处所;惟有先立德,才可立功;立德立功,方有立真言之力。"意思就是,一个人如果想有所作为,首先要有高尚的道德,这样才可以树立自己的威信,然后才有机会立功,功德圆满了才有立真言的能力。

在当下社会,各行各业都竞争激烈,优胜劣汰,人们在追求自己理想的同时,更应该不断告诫自己要立功、立德、立言,只有把这三点作为人生的信条,才不会因小失大、误入歧途。言行不一、道德败坏的人只是一个跳梁小丑,不要因为一时的风光背负一世的骂名。

第 312 天　如何做到忠孝两全

俗话说"自古忠孝难两全"。生逢乱世,想要做到忠孝两全确实是不容易的。岳飞、文天祥、林则徐、关天培、邓世昌等英雄,浴血疆场,义无反顾,留下了"忠孝难两全"的历史悲歌。

所谓忠孝两全,指对国家尽忠,对父母尽孝,两者兼顾,妥善处理。华夏大地,自古就有介子推、李密、陶侃、花木兰等忠孝两全的动人传说。对国家尽忠,是公民的天职。我国颁布的公民基本道德规范,首条要求就是"爱国"。中华民族几千年来,历经浩劫,饱受凌辱,却能生生不息,走出苦难,走向复兴,根本原因,就是爱国精神代代相传。忠与孝是统一的两个方面,忠是放大的孝,孝是浓缩的忠。在忠孝发生矛盾时,就应舍小家为大家,义不容辞地服从祖国的需要。

孝敬父母,是为人的基本准则。"身体发肤,受之父母。"父母给了你生命,将你抚养成人,"谁言寸草心,报得三春晖"。有道是:"百善孝为先",正因如此,我国古代即有举孝廉制度,强调当官必须要有孝道。现代有的企业,招聘员工时,还加进了尽孝的内容,也是"孝"的与时俱进。我国法律明确规定,"子女对父母有赡养扶助的义务"。作为儿女,必须孝敬父母,一个不知孝敬父母的人,即失去了做人的起码道义。不孝父母,安能孝天下?

想要做到忠孝两全,只能是辩证地对待忠孝的关系,主观上讲,效忠国家和孝顺父母是统一的,俗话说"尽忠于国,尽孝于家";客观来说,忠孝之所以难两全,是一种不能消除的冲突,是一种必然的存在,人们只能在现实中对两者进行一定程度的协调,尽量做到两者之间的平衡。

 第 313 天　"独善与兼济"指的是什么

独善与兼济,是儒家倡导的修身准则,语出《孟子·尽心上》:"穷则独善其身，达则兼善天下。""独善"和"兼济"是对这段话的简单概括，其意思为，一个人在命运不通达、不走运的时候，更要尽量提升自己的思想境界，让自己的思想高尚起来；一个人走运得志，即飞黄腾达时候，应当把自己的智慧与才能用以救济天下苍生。孟子也说道："得志，与民由之；不得志，独行其道。富贵不能淫，贫贱不能移，威武不能屈，此之谓大丈夫。""得志"在古代多指在朝廷里位高权重，即所谓的"达"；相反，"不得志"就是在仕途路上不尽如人意，就是所谓的"穷"。

儒家学术讲究入世主义，所谓入世的主要方式就是从政，所谓"学而优则仕"、"治国平天下"。但一个人的一厢情愿并不能代表仕途上的通达，孟子游说诸侯，但最终是终身布衣；孔子周游列国，四处碰壁。孔子曰："天下有道则见，无道则隐。""不在其位，不谋其政。"意思就是出仕并不是人生唯一的出路。孟子提出"独善其身"与"兼善天下"，事实上就是对孔子思想的补充，使其更为明确。一个人如果有幸参与政事，就应该以天下百姓为重，使民众受到惠泽，正如范仲淹所说"先天下之忧而忧，后天下之乐而乐"，这才是为官的根本所在；相反，如果没有得到治国平天下的机会，懂得退而修身，洁身自好也不失为一种积极的人生。这两种处世之道都是积极入世的体现，"兼济"为进，"独善"为退，进退都是儒家圣贤之道。

第十四章
医学常识

 第 314 天　中医主要分为哪些流派

中医学的形成是对我国古代传统医学精华部分的继承和发扬,其实本无流派之分,因为不同医生主治的领域不同、相同的医术掌握的程度不同,也就出现了所谓的流派。在古代中医主要有以下几个流派:

伤寒派:因张仲景的《伤寒论》而问世,伤寒派是问世最早的流派。张仲景介绍的辨证方法是六经辨证。其中还有明显的药证辨证、方证辨证以及体质辨证的例子。张仲景的伤寒论对于中医的兴盛有着极其重要的贡献。

脾胃派:该派由李东垣创立,也叫作补土派。李东垣创立《脾胃论》学说,认为脾胃是水谷气血之海,后天之本,虚则百病丛生,主张疾病由补脾胃,从脾胃着手论治。

滋阴派:由朱丹溪创立。该派治疗以滋阴为主。他创立"阳常有余,阴常不足"的论点,强调保护阴气的重要性,确立"滋阴降火"的治则,为倡导滋阴学说,打下牢固的基础。

寒凉派:以金元四大医学家之一的刘完素为主要人物,刘完素提出"五运六气"的理论,重视针灸治法,临床施治重视井穴、原穴。以火热论思想指导针灸临床,形成了以清热泻火为基点的针灸学术思想,对金元以后的医家影响很大。

温补派：指由张景岳、薛己主导的温补阴阳的流派，提出了"温补学说"，提出"阴常不足，阳本无余"的著名论点。

温病学派：以叶天士为代表。该派用药多以寒凉轻灵为特点。崇尚阴柔，恣用寒凉，治病喜欢补而害怕攻下，喜轻避重，讲究平和。

火神派：该派脱胎于伤寒派，但更主张补阳为先。所以该流派也叫作温阳派和扶阳派。代表人物是郑钦安。后人有吴佩衡、祝味菊、范中林、唐步祺、卢崇汉等。

第 315 天　华佗因何被称为"外科鼻祖"

华佗（145年～208年），字元化，东汉末著名医学家。沛国谯（今安徽亳州）人。

华佗一生奔波各地，救死扶伤，精通内、外、妇、儿、针灸各科。《后汉书·华佗传》记载："若疾发结于内，针药所不能及者，乃令先以酒服麻沸散，既醉无所觉，因刳破腹背，抽割积聚。若在肠胃，则断截湔洗，除去疾秽，既而缝合，傅以神膏，四五日创愈，一月之间皆平复。"由于他"兼通数经，晓养性之术"、"精于方药"，被人们称为神医。

史书对于华佗治疗的病例有二十多个，涉及传染病、妇产科病、小儿科病、寄生虫病、内科病、皮肤病等。在对"肠胃积聚"之疾实施医治时，华佗首创了麻沸散，对患者麻醉后实施手术，这是全世界医学史上首次应用麻醉进行手术治疗，对后世有着极大的影响。后来中药麻醉都是在麻沸散的基础上发展而来，而且这一应用比西方早1000多年。

华佗认为："人体欲得劳动，但不当使极耳。动摇则谷气得消，血脉流通，病不得生，譬犹户枢终不朽也。"他模仿虎、鹿、熊、猿、鸟的动作和姿态，创造了一种"五禽之戏"，以此来进行医疗体育锻炼，他的弟子吴普坚持做"五禽之戏"，九十高龄仍耳聪目明，齿牙完坚。

华佗是古代杰出的医学家，医术高明，而且有着高尚的道德情操，为人治病不分对象、不论场所。一生行医，对外科、内科、妇科、针灸、寄生虫病和医疗体育保健等方面，都有独到的见解和精湛的医术。华佗曾把平生的医学理论和医疗经验写成《青囊经》，可惜失传。

第316天　孙思邈为什么被称为"药王"

孙思邈（581年～682年）为唐代著名道士，医药学家。京兆华原（今陕西耀县）人。人们把他当作"神仙"，尊称为"药王"。他从小苦读经书，20岁时，已精通诸子百家学说，"善于老庄，兼好儒典"，学识渊博。

孙思邈小的时候体弱多病，家人为了给他治病几乎耗尽了所有钱财，因此，他从小就立志研究医学，治病救人。他认真研读了《黄帝内经》、《神农本草经》、《伤寒杂病论》等医学著作，广泛搜集单方、验方和药物的使用知识，向经验丰富的医师学习请教，取长补短。他所著的《备急千金要方》，简称《千金要方》，共30卷，分医学总论、妇人、少小婴孺、七窍、诸风、脚气、伤寒、内脏、痈疽、解毒、备急诸方、食治、平脉、针灸等，共计232门，收方5300首。最难的是，书中首创"复方"。《伤寒论》的体例是一病一方，而孙思邈在《千金要方》中发展为一病多方，并变通了张仲景的"经方"，有时将两三个经方合成一个"复方"，这在我国医学史上是重大的革新。

孙思邈不但精通内科，对外科、妇产科、儿科、五官科也尤为擅长。他描述的颌骨脱臼复位手法至今仍被沿用。孙思邈著的《千金翼方》是对《千金要方》的补编。此书共30卷，其中收录了唐代以前本草书中所未有的药物，补充了很多方剂和治疗方法。首载药物800余种。这两部书，合称为《千金方》，收集了大量的医药资料，是对唐代以前医药成就的系统总结。

第317天　中医说的"人身三宝"指的是什么

精、气、神本是古代哲学中的概念,被用来指代宇宙物质的本源。中医认为精、气、神是人体生命活动的根本。古代人把"精、气、神"称为养生的三宝,精、气、神退化就会加快人的衰老,古人对这点非常重视。荀子认为:"养备而动时,则天不能病;养略而动罕,则天不能使之全。"其中包含两层意思:一个是说要注意精、气、神的物质补充;二是强调不可滥耗"三宝"。

精是构成人体、维持体内生命活动的物质基础。广义上说,精包含精、血、津液,一般所说的精指的是人体的元阴,不但促进人体的生长发育,而且具有生殖功能,促进人体的生长发育,而且能够抵抗外界各种不良因素影响而免于发生疾病。因此,阴精充盛不仅生长发育正常,而且是抵抗疾病的重要因素。

气为生命活动的动力所在。气包含两层意思,其一是运行于人体内微小难见的物质,其二为人体各脏腑器官活动的能力。因此中医所说的气,既是物质,又是功能。气是维持人体呼吸吐纳、血液运行、消化代谢等生命活动的基础。古人提倡"人体欲得劳动,但不可使之极"。生活中,养生拳、保健操等就是以动养气的原理。

神是精神、意志、知觉、运动等一切生命活动的统称。它包括魂、魄、意、志、思、虑、智等活动。

第318天　"中医八纲"指的是什么

中医所说的"八纲",是以阴、阳、表、里、寒、热、虚、实为主的辨证论治的理论基础。医生根据对病人的"望、闻、问、切"初步诊断后,根据人体正气的盛衰、病邪的性质、疾病所在的部位深浅等情况,进行综合分析,归纳为阴、阳、表、里、寒、热、虚、实八类症状,即为

"八纲"。

八纲辨证是中医师诊断病情时常用的一种分析疾病性质及产生原因的辨证方法，通过八纲辨证法可确定其症状的分类，判断病因，为确诊和治疗提供了科学基础。八纲辨证是其他辨证法的基础。其他辨证法均是在八纲辨证基础上的深化。

在八纲辨证中，阴阳、寒热、表里、虚实八类证候之间的关系，并非是彼此平行的，一般而言，表证、热证、实证隶属于阳证范畴。里证、寒证、虚证统属于阴证范畴。所以，八纲辨证中，阴阳两证又是概括其他六证的总纲。此外，八类证候也不是相互独立，而是彼此错杂，互为交叉，体现出复杂的临床表现。在一定的条件下，疾病的表里病位和虚实寒热性质往往会发生不同程度的转化，如表邪入里、里邪出表、寒证化热、热证转寒、由实转虚、因虚致实等。当疾病发展到一定阶段时，还会出现一些与病变性质相反的假象，如真寒假热、真热假寒、真虚假实、真实假虚等。所以，进行八纲辨证时不仅要熟悉八纲证候的各自特点，同时还应注意它们之间的相互联系。

第319天　《黄帝内经》是一部怎样的著作

《黄帝内经》简称《内经》，约成书于战国至秦汉时期，是一部综合论述中医理论的经典著作。总结了春秋至战国时期的医疗经验和学术理论，并吸收了秦汉以前有关天文学、历算学、生物学、地理学、人类学、心理学，运用阴阳、五行、天人合一的理论，对人体的解剖、生理、病理以及疾病的诊断、治疗与预防，做了比较全面的阐述，确立了中医学独特的理论体系，成为中国医药学发展的理论基础和源泉。

《黄帝内经》包括《素问》81篇和《灵枢》81篇，各9卷。书中内容分别从阴阳五行、天人相应、五运六气、脏腑经络、病机、诊法、治则、针灸等学说，论述病因、病机、脏腑、经络、药物、摄生、养生、防病等各方面的关系，甚至涉及现代医学中的预防医学和时间医学等内容，结合当时哲学和自然科学的成就,作出了比较系统的理论概括和认识。是中医基本理论的根基。

《黄帝内经》中提出人体血液是在脉管内不停地流动,并且是"如环无端"的循环状态,这一理论被世界科技史学界公认为是血液循环概念的萌芽。其他诸如体内个脏器的解剖结构,以及灌肠法物理疗法等论述,在世界医学史上都属于首次记载。

 第320天　《四部医典》是谁编著的

《四部医典》是我国古代藏医学的精华,又称《医方四续》,藏名简称《据悉》,是由著名藏医学家陀宁玛·元丹贡布等编著。《四部医典》全书共分四部,约24万多字,共156章。第一部为《根本医典》,共6章,总论人体生理、病理、诊断及治疗;第二部为《论述医典》,共31章,介绍人体生理解剖、病症分类和治疗原则;第三部《秘诀医典》共92章,阐述临床各科疾病之诊断和治疗;第四部《后续医典》共27章,主要论述脉诊和尿诊,各种方剂药物的配伍,药物的炮制、功能,给药途径及外治法,包括放血、艾灸、火灸、外敷、拔罐等。

《四部医典》共收载方剂443,药品1002种,根据药物来源、质地、生境、入药部位的不同,分为精华类、贵重药类、土类、宝石类、木类、平地产类、草类、动物药等八大类。并对药物的性味、炮制作了记载。作者认为药物的生长与五行(土、水、火、风、空)有密切关系;并将药物分为热性与寒性两类,热症用寒性药治之,寒症用热性药治之,这与中医用药理论类同。

全书从生理到病理,都贯串着隆、赤巴、培根三大因素,五脏六腑,寒热气血等理论,具有藏族的民族特色,其中有一些疾病是高原所特有的,有些病名至今未能找到中医或西医学中相匹的病名,藏医中关于胚胎学的认识,认为是由父精母血的结合,逐渐发展起来,并且由简单到复杂,最后形成胎儿。藏医在胚胎学方面的认识在世界生物学史上是很先进的。

第 321 天　中医上说的"邪气"和"正气"分别指什么

"气"是中医学上特有的术语，在人体中分为"邪气"和"正气"两种。"邪气"能引发疾病，包括外感六淫、疫疠，内伤七情、饮食、劳逸，以及外伤、虫兽伤等，只有在两气平衡的状态下身体才健康。

中医学所论的"正气"内涵相当广泛而丰富，仅就发病机理而言，正气是指人体的形体结构、精微物质及其产生的机能活动、抗病能力、康复能力，以及人体对外界的适应能力，调控能力之总称。

正气又简称为"正"。中医发病学认为内脏功能正常，正气旺盛，气血充盈病邪难于侵入，疾病无从发生。即使邪气侵袭人体，正气即起来抗邪，若正气强盛。则病邪难于侵入，或侵入后即被正气及时消除，一般不易发病，即使发病也较轻浅易愈。自然界中经常存在着各种各样的致病因素，但并不是所有接触的人都会发病，此即是正能胜邪的结果。当正气不足，或邪气的致病能力超过正气的抗病能力的限度时，邪正之间的力量对比表现为邪盛正衰，正气无力抗邪，感邪后又不能及时驱邪外出，更无力尽快修复病邪对机体造成的损伤，及时调节紊乱的机能活动，于是发生疾病。

邪气简称为"邪"，又称为虚邪、病邪等，是对一切致病因素的统称。中医学中的邪气，包括外感六淫、疫疠，内伤七情、饮食、劳逸，以及外伤、虫兽伤等。邪气是发病的重要因素，在一定的条件下，甚至可能起主导作用。

祖国医学在治疗疾病时所应用的法则有汗、吐、下、和、温、清、消、补等八法，概括为扶正与祛邪两大法则。疾病的发生与正气的虚弱有着密切的关系，扶正不能忽视祛邪，因为祛邪能消除致病因素，故前人有"正足邪自去"，"邪去正自安"之说。

第 322 天　医生在古代都有哪些别称

医生是一个神圣的职业，在中国古代，最初从医的人不叫医生而叫郎中，而在后来的社会发展进程中，又对医生赋予了很多不同的称谓。

疾医：周代医官名，相当于后世的内科医生。

医师：春秋战国时期对医生的尊称。

太常：医官名，前身为秦朝时设置的奉常。公元前2世纪中期，汉景帝改称太常。西汉时设太常、少府官职，太常为百官治病，少府的在宫廷里行医。

太医令：东汉曹魏时设置，隋唐改称太医署令。为掌管医疗机构的职官。

太医博士：北魏设置太医博士，官阶从七品以下，专门负责传授医学知识。

药医师：唐代已设药医师（后称药师），负责采办诸药、调和制剂等。

郎中：始于宋代，皆称医生为郎中。

大夫：始于宋代，今北方仍沿称医生为大夫。

医生：此称呼始于唐代。

医士：此名首见于北宋。

院使：隋唐设有太医署，宋有医官院，设置提点为长官。明清时期沿承此制，将长官称为院使，下设御医、吏目、医士数十人，主要为宫廷服务。

御医：专门为皇亲国戚服务的医生。

 第 323 天　古代的医院叫什么

据史料记载，公元6年左右，黄河一带瘟疫横行。汉平帝刘衍下令在地方建造房屋，内置各种药品，并配置医生，这也许是我国第一批公立的临时医院。到了隋唐时代,具有一定收容能力,并有相应管理制度的医院已初步形成。如在唐武宗年间,丞相李德裕就曾倡导成立"病坊"。

到了宋代医院门类日渐齐全,如出现较早的"福田院",以佛家世间有"三佛(福)田"之说而取名,是用来收养老、瘫、乞丐的官办慈善医院。北宋末年,各地陆续设立了为贫困病人治疗的"安济坊",它们都带有救济色彩。南宋时,不少地方设置了供四方宾旅患者疗养的"养济院"。

明、清两代出现的"太医院",设院使、院判、御医吏目、医士、医员等职别,其作用主要为皇室服务。至于下属的医院,仍通称"病坊"。值得注意的是,清代的医院开始出现了乳母、女使等职称,其作用相当于现代医院的护士。

第 324 天　世界上最早的医学校是什么

唐"太医署"是我国古代第一座由国家兴办的正式医学机构,唐高祖于624年在长安建立,分为药工、教学、医疗、行政四大部分,管理体系比较接近于现代的医学院校。

"太医署"设太医令2人,为最高官员;太医丞2人,为太医令的助手;医正8人,医监4人为太医丞差遣。这18人都是"太医署"的高级官员。

"太医署"由药学部和医学部两大部门组成,类似于现在医学院校系别差异。医学部又划分为按摩科、针科、咒禁科和医科,类似于院系开设的一些不同专业。

"太医署"制度严格,学生除了入学考试之外还要参加规定的月考、季考和年考。在太医署学习九年仍未及格者会被取消学习资格,对于考试成绩优秀者,予以嘉奖。这样的考试制度在保证了学生质量的同时又可以防止人才埋没。太医署不仅规定对学生定期考核,而且所有医师、医正、医工,疗人疾病,以其痊多少而书之以为考课。这样就保证了师资队伍的质量,为整个医学校的教育质量提供了保障。

唐"太医署"在当时培养了大批医学泰斗，以后各个朝代都设立类似唐"太医署"的医学机构。宋朝开始，"太医署"由最高教育机构国子监管理，并扩大"太医署"的规模，使"太医署"的发展达到了鼎盛时期，像朱肱、陈自明，元代危亦林、齐德之，明代徐春甫、薛己等著名医师全部出自"太医署"。

太医署的设立不仅推动了我国古代医疗事业的发展，而且还使得许多邻邦国家争相效仿，如朝鲜效仿唐朝"太医署"设立了博士。日本于701年设立了类似"太医署"的医学机构，并且规定只以《新修本草》、《素问》等中国医书作为教科书。

第325天　我国有哪些药材之乡

中医文化博大精深、源远流长，诸多医学巨著开创了医疗领域的先河，为世界各国所认同和传承。中药的发展更是为我国医学的发展提供了保障，时至今日，神州大地上已经展现出许多珍贵中药药材的生产集聚地，下面就让我们看一下这些"中药之乡"都在哪里。

三七之乡——云南省文山壮族苗族自治州；川贝之乡——四川省松潘县；

黄连之乡——重庆市石柱土家族自治县；党参之乡——山西省长治县；

当归之乡——甘肃省岷县；山药之乡——山西省平遥县；

甘草之乡——内蒙古自治区杭锦旗；白术之乡——浙江省磐安县；

枸杞之乡——宁夏回族自治区中宁县；银花之乡——山东省平邑县；

茯苓之乡——湖北省罗田县；银耳之乡——四川省通江县；

浙贝之乡——浙江省鄞县；玄胡之乡——浙江省东阳市；

杭菊之乡——浙江省桐乡市；麦冬之乡——浙江省慈溪市；

枳壳之乡————江西省靖安县；木瓜之乡————安徽省宣城市；

泽泻之乡————福建省建瓯市；珍珠之乡————广西壮族自治区合浦县；

山楂之乡————河南省林州市；黄芪之乡————内蒙古自治区武川县。

 第 326 天　古代哪位医学家被称为"医圣"

张仲景是东汉名医，姓张名机，字仲景，被人们尊称为"医圣"。

张仲景是南阳郡涅阳人（今河南省邓县穰东镇），约生于公元150年，卒于219年。张仲景刻苦好学，天资聪慧，少年时学医于同郡张伯祖，得其真学。明朝《李濂医史》中称："仲景之术精于伯祖，起病之验，虽鬼神莫能知之，真一世之神医也。"

张仲景生于军阀混战的东汉末年，当时瘟疫肆虐，张仲景家族中有一半以上的人因伤寒而死。张仲景从此立志"勤求古训，博采众方"，为百姓救死扶伤。他刻苦钻研《黄帝内经》中的中医理论，在总结前人经验的基础上，结合自己的行医经验，寒来暑往几十载，写成了医学史上的不朽名著《伤寒杂病论》。全书对外妇科疾病、急性传染病进行了系统的论述，除此之外还系统地分析了伤寒杂症的原因及处理方法，奠定了中医学方、药、法、理的理论基础。书中精选了300多种方剂，为中医药剂学提供了发展依据，后世大部分药方都是由它发展而来。

古代中医所说的伤寒病，除了包括普通的外感病外，通常主要泛指一切热性传染病。在张仲景生活的东汉年间，疾病流行，张仲景的家人也在所难免，据他自己记载，在张氏宗族的200余人中，自东汉建安元年（196年），在不到十年的时间里，感染疾病而死亡的就占了2/3。其中患伤寒而死者占7/10。面对这尸横遍野、疫病流行的惨状，他勤奋钻研学习《内经》等中医经典。在总结前人经验的基础上，呕心沥血几十个寒暑，终于写成了《伤寒杂病论》这部人类医学史上不朽的名著。

《伤寒杂病论》成书至今已经将近两千年，是公认的中国医学方书的鼻祖，在医学界被誉为讲究辨证论治而又自成体系的最权威的临床经典医书。张仲景首创的六经分证、中医八纲和辨证施治论，是中医学的基础纲领。后人根据《伤寒杂病论》著作了《金匮要略》和《伤寒论》两部医学经典著作。

第十五章 生物大观

第 327 天　动物会做梦吗

做梦对人类而言是一种司空见惯的事情，它是人体进入睡眠状态时，部分脑细胞尚未完全停止活动，导致各种刺激和残留在大脑皮层的信息引起的景象活动。那么动物也能做梦吗？

当然你不可能向动物们提出这个问题，它们也没有办法回答你。但是专家们相信猫狗马之类的家养动物也能像人一样进入梦乡，大象、老鼠、刺猬、蝙蝠等哺乳动物也会做梦，只不过有的动物经常做梦，而有的动物只是偶尔做梦；绝大多数的爬行动物、两栖动物、鱼类和无脊椎动物从来都不做梦。

动物们的睡眠和入梦存在跟人类相似的脑部活动。通常来讲，睡眠包括快速眼动睡眠和非快速眼动睡眠，梦境多产生于快速眼动睡眠阶段，这是因为这一阶段脑部活动较活跃，各种刺激和信息残留将会在大脑皮层中形成一定景象。但机体所具有的生化控制系统能抑制身体的活动，所以做梦的时候躯体大多处于安静状态中。

为了研究动物的做梦情况，人类设想和实施了一些动物实验。如果以外科手术的手段移除猫大脑中的抑制躯体活动的细胞，猫在快速眼动睡眠阶段，就会像梦游一样在房间里四处走动，显然它们是在做梦而不是在清醒的状态下散步。

人们还让一只老鼠白天在迷宫里行走,测试它的海马体活动状态,到了老鼠睡着进入快速眼动睡眠阶段时,再测试一下它的脑电波,发现此时的脑电波与白天走迷宫时的脑电波非常相似,由此可以判断它正处于梦境中,可能正梦到在迷宫里寻找出路。

测试动物的脑电波还可以了解动物做梦时间的长短,实验证明,乌龟做梦时间很短,猫、狗、猴做梦时间都很长,三者之中猴子梦境最长,狗次之,猫梦境最短。

第 328 天　鱼类需要睡觉吗

鱼和人类一样也是需要睡觉的,不过因为它们没有眼睑,不能合上眼睛,人们误以为它们从不睡觉。鱼类静止不动的时候就是它们在睡觉。它们同样需要通过睡眠这种休息方式恢复精神和体力,仔细观察你会发现,它们睡觉的方式还是多种多样的。

金鱼晚上很喜欢躲在鱼缸内的假山和水草里,那里光线幽暗,非常适合美美地睡上一觉。淡水鱼大都喜好躲在岩石后面和水草丛暗处睡觉。鲤鱼、鲫鱼会钻进水草丛里安眠,鳉鱼、鲷鱼则会在岩石后睡觉。

大洋底部的花海猪鱼、锦鱼喜欢钻到沙子里睡觉,这座沙质的寝宫可以防止天敌来犯,而且里面环境不错,足够安静。热带鹦鹉鱼睡觉的方式很特别,它会在睡觉时分泌一种胶状物质,胶状物质遇到海水后膨胀成一个大泡泡,热带鹦鹉鱼钻进泡泡里呼呼大睡,就像躺在睡袋里一样舒服。对金枪鱼这种雷厉风行的行动者来说,睡觉就不是那么简单的事了。它们是海洋中游速最快的鱼,最高时速为 160 公里,堪称鱼雷家族中的游泳冠军。它们的鳃退化严重,需要靠快速游动带动水里的氧气通过鳃呼吸,一旦停下来就会窒息而死,所以这些劳碌的金枪鱼必须一边游泳一边睡觉,好不辛苦。除了金枪鱼外,鲨鱼、鲭鱼和嘉鱼也是靠不分昼夜不间地断游动来保持呼吸,我们很难判断出它们什么时候在睡觉、什么时候是处于清醒状态。对于海洋霸主鲨鱼来说,没有比那些小鱼小虾更了解它们的睡眠状况了,如果判断失误,就会凄惨地成为它们的一顿美餐。

第 329 天　提取古老的 DNA 能使恐龙复活吗

在斯皮尔伯格执导的电影《侏罗纪公园》里，科学家通过提取古老的 DNA（脱氧核糖核酸）成功使恐龙复活了。这是一部震撼人心的科幻电影，然而科幻毕竟是想象成分多些，那么从科学现实的角度讲，人类真的能够通过提取恐龙的 DNA 而使这种庞然大物死而复生吗？

迄今为止，人类已经找不到可用于实验的恐龙 DNA 了。以前人类确实发现过恐龙的 DNA，不过遗憾的是，这些 DNA 都遭到了污染，已是毫无利用价值了。恐龙这个古老物种灭绝了 6600 万年了，找到它们的 DNA 就像寻找失落的亚特兰蒂斯一样困难重重。即使真的找到了恐龙的 DNA，要想使这个灭绝的古老物种再现地球，受到的挑战也将是无法估量的。创造一个正常的生命体，最基本的条件是得到它基因组中的全部遗传基因。高等级生物的基因组排列的基对多达数十亿，而要从十分古老的 DNA 残留基对中提取超过几十或几百对的基对是完全不可能的。就算我们历尽艰辛找到了大量 DNA，其中的大部分极有可能都是无用的，因为高等动物约 90% 的基因组都是非编码 DNA。因此让恐龙复活是不可能实现的疯狂幻想。

《侏罗纪公园》中一只困在琥珀里的吸血虫成功保留了恐龙的 DNA，这种设定是相当巧妙的。但是在现有的科技水平和技术条件下，即便真的找到了一套完整的恐龙的 DNA，也不可能复制出恐龙生命体。现在的克隆技术必须在活的细胞上操作，DNA 只不过是含有遗传信息的化学分子，即便把它导入到去核细胞中，也保证不了它所包含的数万个基因的正确表达，这是因为只有在 DNA 成功包装成染色体的情况下，才能使其正常调节基因的表达。然而迄今为止，人类尚未掌握任何可以将高等生物 DNA 包装成染色体的技术，所以复制恐龙这样的史前怪兽根本无从谈起。

第 330 天　鹦鹉为什么会学舌，它明白自己说的是什么吗

鹦鹉是一种非常惹人喜爱的鸟类，因为它不仅有漂亮的羽毛，还能开口讲话，这项神奇的技能是其他动物所不具备的。从一只小小的鹦鹉嘴里听到"欢迎光临"、"你好"等问候语是一件非常有意思的事，有的鹦鹉还能唱歌和背诵唐诗。那么鹦鹉为什么能讲话呢？它知道自己说的是什么吗？

鹦鹉是一种十分聪明的鸟，模仿能力很强。它拥有完善的发声器官鸣管，鸣管上有四五对发达的鸣肌，在神经系统的调控下，可以有节奏地振动发出复杂的鸣声。另外，鹦鹉的舌头的形状不同于其他鸟类，大多数鸟类的舌头是尖尖的，鹦鹉的舌头却是圆的，而且它的舌头非常灵活，有助于发出各种较为复杂的声音。

大部分人认为鹦鹉学舌只不过是简单的模仿，是为了讨好主人或想从主人那里获得奖赏而出现的条件反射，它没有智慧更不懂得交流。但美国一只叫做亚历克斯的鹦鹉彻底颠覆了鸟类智力低下的传统观念。亚历克斯是大学教授艾琳从宠物店购买来的一只非洲灰鹦鹉，艾琳是研究鸟类的专家，之前一直研究鸟类的大脑。亚历克斯陪伴艾琳度过了 30 年的岁月，在此期间艾琳教会了亚历克斯简单的算数，认识各种颜色，辨别至少 50 种物体并判断它们的大小。艾琳曾把两个大小相同的物体放到亚历克斯面前，亚历克斯告诉她它们一样大。亚历克斯还经常跟艾琳交谈和表露情感，每次主人出门时，它都会对主人说"我爱你"，如果不小心闯了祸，比如打翻了咖啡杯，它会非常礼貌地说"对不起"。据艾琳回忆说，亚历克斯的大脑跟胡桃一般大小，但它的智商不亚于一名 5 岁的儿童，情商接近 2 岁的儿童。

 第 331 天　洗衣树真能洗衣服吗

在我国一些地区生长着一种 10 多米高的带刺树木，人称"皂荚树"，

它们参天耸立，有三四个人合抱那么粗，据说结出的荚果可以清洗衣服，洗过的衣衫还散发着一股好闻的清香。那么这种说法是真的吗？树真的能洗衣服吗？

答案是千真万确的。皂荚树所结的皂荚的确可以洗涤衣物，不但清洗得特别干净，而且洗好的衣物还格外清爽。那么皂荚为什么有洗衣的功能呢？这是因为皂荚的荚皮中含有皂素，它像肥皂那样具有去污功能，还能产生很多气泡，完全可以洗净衣物上沾染的污渍。

在阿尔及利亚地区有一种叫做"普当树"的洗衣树，它也能去除衣服上的脏污。当地人经常把穿脏的衣服捆绑在树上，过几个小时再将衣服取下来用清水漂洗一遍，这样衣服上的污秽就全部干净了。洗衣树能洗衣服是因为它的树皮表面分布着许许多多的小孔，能分泌出一种碱性的黄色液体，这种汁液恰恰具有去除污迹的作用。普当树生长地区的土壤含碱量较高，导致树木吸收了过多的碱，树木为了维持正常的生理活动，就会通过树皮上的小孔将多余的碱排出，这样它就可以健康地生长。普当树排掉的碱性物质，正好可以用来漂洗衣服，当地人的做法也算是废物利用了。

洗衣树洗衣既环保又节能，比我们现在使用肥皂、洗衣粉、洗衣机好多了。洗衣树分泌的洗衣物质是纯天然物质，对人体没有任何刺激，而且洗出的衣服清新干净，在阳光下一晒焕然如新。

第332天　蚂蚁为什么能搬动比自己重几百倍的东西

你也许想象不到，一只小小的蚂蚁体内聚集了多大的能量，它居然能够举起超过自己体重400倍的东西，这是多么不可思议的啊！这个看起来如此柔弱渺小的生命体居然是自然界里的举重高手。蚂蚁还是当之无愧的大力士，据力学家测定，一只小蚂蚁可以拖运超过自身体重1700倍的重物。10多只蚂蚁齐心协力可以成功搬运超过它们自身体重5000倍的食物，这就相当于10名体重80公斤的壮汉一起搬走4000吨的重物，每人平均承担的重量为400吨，这简直太难以置信了。那么小小的蚂蚁为什么会具有比大力水手还大的力气呢？

为了揭开这个谜团,科学家们做了很多研究工作。他们发现蚂蚁体内储存的营养和它的独特的身体构造,可以使其产生巨大的能量。据估计平均每 100 克蚂蚁产生的热量就能达到 2929 千焦。蚂蚁腿部的肌肉十分发达,我们可以把它形象地比作一台高效的微型肌肉发动机,它是由几十亿台小肌肉发动机的零部件组成,因此蚂蚁可以拥有如此强大而又惊人的力量。蚂蚁的肌肉发动机,需要以一种叫做三磷酸腺苷化合物充当燃料,它是机体肌肉大量活动时产生的一种酸性物质,我们平时活动过量感到全身酸痛,就是因为体内的三磷酸腺苷发生了剧烈变化,由于这种变化肌肉蛋白的长形分子会在刹那间猛地收缩起来,从而产生非凡超常的力量。这种特殊的酸性物质,无须燃烧就可以直接释放能量,并将其转化成机械能,而且由于不产生机械摩擦,能量完全没有损耗和浪费,使蚂蚁肌肉发动机的效率达到 80% 以上。当蚂蚁搬运物体的时候,它腿部的肌肉便会产生三磷酸腺苷,引起这种酸性物质剧烈变化,导致肌肉瞬间收缩,牵动几十亿台小肌肉发动机产生动力,所以蚂蚁能把比它自身重好几百倍的重物举起来。

第 333 天　为什么说猫有九条命

一只叫塞布丽娜的猫从 32 层高楼坠落到地面上,奇迹般生还,除了牙齿损坏和一点轻伤,身体并无大碍,跌到地面后它很快调整好心态喵喵叫着离开了事发地。塞布丽娜顽强的生命力真让人不可思议。如果一个人从同样高的楼层摔下来,一定是凶多吉少,不但会出现严重的外伤,如颅骨、背骨骨折,还会出现致命性的内出血,比如内脏、颅腔出血,即使抢救及时存活的概率也很小。那么为什么偏偏猫就那么坚强呢?它真的像有人说的那样有九条命吗?

猫当然只有一条命,但是它们比人类耐摔多了。其中一个原因是它们身体轻,所以从高处坠落到地面时受到的冲击力较小。当然这不是它们耐摔的唯一原因,与和它们差不多大小的动物相比,它们从高处跌下确实更容易生还。

猫在自由落体时，是可以调整自己下落的姿势的。假如它的下落姿势不安全，比如四脚朝天，它内耳中的器官就像是罗盘一样，具有平衡和定位功能，使它在极短的时间里了解自己所处的位置并迅速调整好身体，确保跌落到地面时是对自己最有利的姿势，即四肢着地。猫在着地时四肢会弯曲，这样产生的冲击力就会分散到四条腿的肌肉和关节之间，而不是直接沿着骨骼传播，这就最大限度地保护了自己的骨头。

猫从高层坠落比从低层坠落更不容易摔死。这是因为物体在坠落时会产生加速度，所有物体（忽略质量）下降时加速度均为 35 千米/小时，那么短短几秒钟工夫，猫下降的速度将达到 160 千米/小时。在真空环境中，两个不同质量的物体从高处落下会在同一时间着地。但在正常环境中，物体坠落时由于空气阻力的影响，下降速度将达到一个终止速度。如果从低处落下，猫在着陆前可能没有达到终止速度。如果从高处降落，猫就有足够的时间调整姿势伸展肢体，直到达到终止速度，舒展开的四肢起到降落伞的作用，可以把它安全地送到地面上。

第 334 天　世界上哪种鸟最长寿

据鸟类学家研究，漂泊信天翁是世界上最长寿的鸟类。为了更好地了解鸟类，人们给鸟儿们佩戴脚环，并定期拜访这些有标志的鸟类，以此了解更多的信息。结果显示，皇家信天翁和漂泊信天翁的寿命都在 40 年以上。

专家们认为信天翁的真实寿命远远超过这个期限，野生的信天翁可以活到耄耋之年，也就是说它们可能有 80 年左右的寿命，家养的信天翁因为生存环境舒适又远离天敌，活得会更长久。那么为什么信天翁的实际寿命会跟脚环反馈的信息相差那么大呢？因为脚环的使用寿命至多只有 40 年，40 年之后它们就会严重变形。因此，人们不能通过脚环来准确推算信天翁的寿命。

信天翁之所以可以长寿并颐养天年，是因为它们的生活环境较为安全，它们将寒冷的南极洲和周围偏僻的岛屿选为栖息地，成功避开了大多数天敌。信天翁的喂养方式很独特。成年信天翁需要一直喂养幼鸟,直到幼鸟的体重超过自己,那时的幼鸟的体型已经无比巨大了。成年信天翁将幼鸟抚养大后,就会进行长达一年的旅行。它们沿着长长的海岸线一路乘风飞行,充分享受翱翔的乐趣。幼鸟待在巢穴里,也没有出去觅食的打算,只靠消耗体内的脂肪过活,慢慢等待成鸟回家。长大的幼鸟会成为成鸟群体中的一员,它们开始向异性展示自己的魅力,向对方求爱。它们的求爱过程也十分有趣。雌雄双方用彼此的鸟喙频繁地互相拍击,发出一阵阵清脆的响声,就好像两个挥着利剑的侠客在比武决斗似的。

第 335 天　大熊猫为什么有黑眼圈

大熊猫是我国的国宝,它们长得胖胖的、憨憨的,全身大部分为白色,耳朵、鼻子、四肢等局部为黑色,尤其是眼睛周围的一圈黑色,看起来像涂了一层黑眼圈,极具化妆效果。那么熊猫的黑眼圈是怎么来的呢?

当然不是因为熬夜。熊猫和其他动物一样,为了更好地适应环境,进化成了自己独特的样貌。熊猫生活在高海拔地区,那里冬季漫长而寒冷,常常下雪。在这种恶劣的环境下生存,仅凭一身白色的皮毛是不行的。为了不让自己的嘴巴、鼻子、耳朵冻伤,大熊猫的局部毛色由浅变深,这样就可以吸收足够多的阳光,其道理和人类在严寒的冬季穿深色衣服吸光保暖一样。大熊猫进化出黑眼圈,是为了防止眼部冻伤。冬季日照时间短阳光不足,黑眼圈更好地吸收阳光并有效减少热量的散失,起到保护视觉器官的作用。

大熊猫的黑眼圈还是一种保护色和警戒色。大熊猫在暮色降临时还是可以照常活动的,因为它们的眼睛对光线的变化具有良好的调节功能。而全身雪白局部为黑的毛色,与高山密林的雪地上环境融为一体,成为很好的保护色。大熊猫的黑眼圈会使它们的眼睛看起来更大,正如很多小眼睛的女孩化了浓艳的烟熏妆而使眼睛看起来更大更亮一样,大熊猫的黑眼圈也具有一定的迷惑性。大熊猫的眼珠其实是很小的,黑眼圈会使它们的眼睛表面上看去像是扩大了好几倍,这样跟其他动物怒目而视的时候,威慑效果更强，和人类戴上墨镜来增加气场的道理是一样的。

第 336 天　食人花真能吃人吗

近年来，有关食人花吃人的报道不断出现在各类报刊上，报道中绘声绘色地描绘着这些植物的形态和生长地，然而却没有统一的答案，有人说食人花生长在亚马孙河流的原始森林中，有人说它生长在印尼的爪哇岛上。但是除了一些大肆渲染的文字外，没有任何食人花的标本或照片，于是食人花吃人的真实性引起了广泛的怀疑。

有关食人花吃人的说法始于一位叫做卡尔·李奇的探险家，他战战兢兢地向人们描述了自己目睹的可怕的一幕：非洲马达加斯加岛上生长着一种能吃人的树木，在当地被视作神树，一位妇女因为违反了族规，被当地居民赶上了神树，神树立即展开八片带刺的树叶牢牢裹住妇女，几天之后，树叶里只留下了一堆惨白的骸骨。不久，这个骇人听闻的消息传遍了世界。

植物学家们为了证实传闻，组成探险队亲自来到马达加斯加岛寻找吃人树木，没有什么太大收获，不过他们发现了一些以昆虫为食的猪笼草。毕生从事食肉植物研究的权威专家艾得里安·斯莱克说，迄今为止，学术界从未发现过吃人的植物。绝大多数植物学家也认为，世界上或许不存在吃人的植物。

据统计，世界上存在 500 多种食肉植物，最知名的有瓶子草、猪笼草和狸藻等。有些食肉植物能分泌出一些消化昆虫的物质，它们通过捕食虫类来汲取营养。这些植物生长在缺乏矿物质的酸性土壤中，氮素营养匮乏，为了生存，它们进化成以动物为食的植物。有关吃人植物的传闻很可能就是在此基础上夸张想象出来的。有关食人花的描述是在吃人植物的基础上加工出来的，据说它色彩艳丽，有幽香，能够诱惑人，然后将整个人慢慢消化，致人于死地。

第337天　松柏为什么能常青

每逢秋季，北方的阔叶林纷纷落叶，到了冬季这些阔叶树只剩下光秃秃的枝丫，一片萧索荒凉的景象。可是松树和柏树却能四季常青，这是为什么呢？

树木秋季落叶主要是因为秋季气候干燥，天气转冷，落叶可以降低蒸腾作用，减少水分蒸发，并有效减少蒸腾作用带来的热量散失，防止冻伤或冻死。而松柏树原本生长在寒带和高山地区，已经适应了寒冷的环境，其机体构造足以抵挡任何严寒。松柏树的叶子又细又小，呈针形，由于叶片面积小，叶的气孔少，可有效减少蒸腾作用带走水分和热量。松柏树的叶片表面具有一层蜡质，有的叶片上还生着密密的白色绒毛，触摸时有光滑感，这些独特的构造都能起到防止水分蒸发的作用。此外，松柏树叶片所含的水分不多，里面又带有油脂，当天气变冷时，可迅速增大细胞液的浓度，增加糖分和脂肪，防止被冻伤。因此，即使到了秋冬季节，松柏树依然不缺乏水分，叶子也不会干枯，看起来依旧郁郁葱葱，充满生机。

所有树木的叶子都有生活期，每片叶子到了一定时期都会脱落，松柏树也是这样，树叶也终归是要脱落的。不过松柏树叶子的存活期长达3～5年，比一般树木要长得多，而且叶片脱落时是互相交替进行的，新叶长出来之后，老叶才枯萎脱落，我们平时很难发现这个过程，好像它们的树叶不曾飘落过一样，所以松柏给人以四季常青的印象。在冬季，松柏树叶片的颜色远不如其他三季葱绿，仔细观察会发现叶片有点发红，它之所以有这种变化，是为了使叶内的光合作用变弱，从而减缓自己的生理活动，以便安然度过漫长而寒冷的冬天。

 第338天　夹竹桃真的含有剧毒吗

电视剧《甄嬛传》中，齐妃用添加了夹竹桃汁液和花粉的糕点暗害甄嬛，意图使其流产，那么夹竹桃真的含有剧毒吗？

夹竹桃的确含有剧毒。它的叶、花粉、皮、根、籽等各部分都具有毒性，其中毒性最强的部分是种子，其次是它的叶，花粉的毒性相对较小。它的茎也具有相当的毒性。据说，某个地区人们以夹竹桃的茎当木柴烤制食品，结果导致好几名儿童食物中毒。

既然夹竹桃毒性这么强，人们为什么还要栽种它呢？因为夹竹桃属于观赏性植物，可以起到美化环境的作用，人们喜欢培栽欧洲夹竹桃和黄花夹竹桃装点生活，其中欧洲夹竹桃多用于装饰城市绿化带。

这两种夹竹桃因为含有几种强健心脏的配糖体，所以具有一定的药用价值，但它们的毒性非常大，可以使生物在极短的时间内毒发身亡。两种夹竹桃所含的成分可扰乱心脏的正常功能，还会引发恶心、呕吐、腹泻、腹痛等不良症状，甚至引起心悸和心律失常，严重的情况下会使生物休克死亡。夹竹桃的毒性除了刺激肠胃道系统外，还能引起子宫平滑肌收缩，因此误食夹竹桃的汁液确实会造成孕妇流产。但皮肤接触汁液并不会引起中毒。夹竹桃汁液味苦且黏稠，一般情况下人们不会食用。

为了保证人和动物的安全，栽种夹竹桃需格外注意，修剪枝叶时也需小心。饱食的动物通常不会去吃夹竹桃的叶子，但是不排除有的动物不在乎夹竹桃的苦味，照常把它的叶子当成餐点，结果不幸中毒而死。因此，如果居住地种植了夹竹桃，要尽量让自家宠物远离它，以免发生误食。

 第 339 天　麻雀站在电线上为什么不会触电

我们经常看到灰溜溜的小麻雀三五成群地站在电线上玩耍嬉戏，却没有一只小麻雀触电身亡，这是为什么呢？

我们知道在直流电中，电源分为正负两极，电流流出端为正极，电流流入端为负极，在两极之间连接导体，就会有电流从导体上通过。在交流电中，有火线和零线之分，火线对地存在电压，零线接入大地，对地电压为零。零线与火线通过开关构成回路形成电流。人是导体，如果站在地上触到了火线，触碰火线的身体部分和双脚之间会形成电压，便会有电流从人体经过，也就发生了触电现象。如果触碰的是零线，由于零线对地电压为零，所以人体各部分之间电压也为零，大多不会有触电危险。火线和零线一旦接通，两者之间存在电压，产生的电流非常大，这种情况是非常危险的。

麻雀之所以站在电线上不触电，是因为它们是站在一根电线上的，而且它们两只脚之间的电位是相等的，不存在电位差，没有电压，不会有电流从它们的身体上通过，所以麻雀不用担心触电身亡。其次麻雀的脚上有角质层，非常干燥，导电性差，所以电阻比较大。而高压线电缆的电阻很小，麻雀双脚的电阻并联了两只脚之间的高压导线电阻，所以通过麻雀脚上的电流会非常小，几乎为零，它们当然不会触电。

举个例子来说，一只小麻雀站在 1 万伏特的高压电线上，左脚和右脚都是 1 万伏特电位，电压为 1 万伏特，再减去 1 万伏特，等于 0。所以根本不会有电流从麻雀身上通过，它当然是安全的。但是，如果是一只体型硕大的飞鸟触碰到电线可就没那么幸运了，它的一只翅膀碰到火线，另一只翅膀碰到了零线，身体各部分产生了电压，就会当场被电死。

第 340 天　鳄鱼流眼泪是在哭吗

鳄鱼是一种迅猛凶残的猎食动物，它有着坚硬的铠甲和可怕的牙齿，尤其是一张血盆大口撕咬猎物的时候毫不留情，但是这位鼎鼎大名的浅水杀手每次进餐的时候都会流下眼泪，这是为什么呢？难道是它为自己残忍的行为感到抱歉，流下的是对弱小者悲悯的眼泪吗？

从自然界弱肉强食、适者生存的现实法则来讲，这当然是不可能的，捕食和反捕食是大自然永恒的主题，没有哪种动物会用感性色彩来评判自己的进食行为，鳄鱼自然也不会例外。"鳄鱼的眼泪"被人类解读成"假慈悲"。其实，鳄鱼不曾慈悲过，更不曾装假。生物学家认为鳄鱼大口进餐时所流下的眼泪其实是一种含盐的液体，由于鳄鱼的肾脏器官功能不完善，鳄鱼需要借助眼睛附近的腺体排出体内多余的盐分，所以即使它看起来像在痛哭，它的眼泪里也不含一点忧伤的成分。

后来科学家发现这种解释并不完全正确，鳄鱼排盐的主要方式并非借助眼泪而是借助舌头。在一次实验中，人们给鳄鱼注射了氯醋甲胆碱来刺激盐腺分泌，并收集鳄鱼眼泪作为对比。结果鳄鱼的舌头不断地分泌出液体，经测定分泌液的盐分比血盐浓度高3～6倍，而鳄鱼眼泪的盐分只是血盐浓度的2倍左右。随后，人们解剖了鳄鱼的舌头，在舌头上面找到了盐腺，这足以说明鳄鱼主要是靠舌头上的分泌液来排盐的。

那么鳄鱼为什么还要流泪呢？它的眼泪具有什么作用呢？答案是鳄鱼的眼泪可以滋润眼球，使眼部不至于太干涩。佛罗里达大学的动物学家曾经对自己饲养的4头凯门鳄、3头短吻鳄进行观察，发现在进食时有5头鳄鱼会流眼泪，有的鳄鱼眼睛还会冒出泡沫，它们自然没有哭泣，而是因为鳄鱼进食时伴着吹气，使得鼻窦中的空气和眼泪一起排了出来。

第341天 音乐有助于植物生长吗

据传，加拿大安大略省的一位农民突发奇想，为田里的小麦播放巴赫的《小提琴奏鸣曲》，结果那片麦田产量大大增加，而且麦粒非常饱满。美国的一位农学家为他的玉米、土豆昼夜不停地播放《蓝色狂想曲》，结果发现听过美妙音乐的庄稼长得又快又茁壮，比没听过乐曲的庄稼长势要好得多。美国一位养花人给温室里的花卉播放悠扬的乐曲后，发现花卉提前发芽，而且到了开花时节，花开得更加旺盛，花朵更为妖娆艳丽，经久不谢。那么这是否意味着音乐可以促进植物生长呢？

研究表明，音乐的确能促进植物的生长。其原理是音乐可以产生带有节奏感的声波，这种声波可以刺激植物的细胞加速新陈代谢。植物叶片表面有很多气孔，音乐动听的旋律在空气中传播时可产生富有节奏的声波，叶片气孔在声波的刺激下张大，植物就吸收进了更多的二氧化碳气体，增强了光合作用，合成了更多的有机质，与此同时，植物的呼吸也变得更加活跃，促成更多能量的产生，为机体的进一步生长提供了更好的条件，如此一来，植物就变得生机盎然了。但不是所有的乐曲都能促进植物的生长，只有合适的曲目才能触动植物的音乐敏感区。音乐中的乐章与植物机体内蛋白质的氨基酸分子是一一对应的，也就是说一首乐曲对应的是一个蛋白质的氨基酸排列顺序。在这种情况下，播放这种乐曲给植物听时，音乐的旋律就会使植物机体内的某特殊酵素变得更活跃，植物的生化作用增强，生长也会加快。植物喜欢轻柔典雅的音乐，噪声和狂野的摇滚乐不但不利于植物的快速生长，而且会促使植物枯萎、生长减慢，这是因为过强的声波可以使植物细胞破裂甚至坏死，对植物的杀伤力和破坏力非常大。

第342天　向日葵的花盘为什么总是朝向太阳

向日葵花盘硕大，花瓣呈温暖的橘红色，黄白色的花蕊点缀其中，显得极其富有生命力。梵·高笔下的向日葵就非常具有动感，事实上向日葵也是经常运动的，否则它的花盘怎么会一直朝向太阳呢，但是这又是为什么呢？

有一种理论认为向日葵的趋光性是因为其茎部含有一种怕光的植物生长素。这种生长素一旦遇到强光照射就会背过光去，与此同时，它还促使背光面的细胞快速增殖，导致背光面的生长速度快过向光面，这样向日葵就发生了向光性的弯曲，花盘就会朝向太阳。

近年来植物学家提出了全新的看法。他们发现向日葵花盘基部向光面和背光面的生长激素几近相等，并不存在较大差异，因此向日葵向阳根本不是因为背光面比向光面生长得快造成的。有人用日光灯模拟太阳对温室里的向日葵进行照射，早晨从东方照射花盘，晚上改为从西方照射，向日葵的花盘没有随着光源而改变朝向。随后，用火盆当道具模拟太阳，并遮住火光，奇怪的是向日葵的花盘立刻转向了火盆，无论火盆移动到哪个位置，也无论是早晨还是晚上，花盘都随着火盆而转动。可见，向日葵花盘朝向太阳，并非是因为体内生长素害怕阳光照射造成的，而是因为向日葵花盘中的管状小花在阳光的暴晒下变热，致使基部纤维收缩，从而使花盘转向阳光方向。因此向日葵向日不是因为光线影响，而是因为热度影响。它并非趋光而是趋热。

第 343 天　贝壳里是怎么产生珍珠的

珍珠是一种非常名贵的珠宝饰品，它光滑莹润，色彩夺目，古往今来一直深受人们喜爱。我们知道它是从贝壳里孕育出来的，那么这个过程究竟是怎样的？贝壳里又是怎么产生珍珠的呢？

河蚌、螺蛳等贝类动物，都属于无骨的软体动物，为了保护自己，它们体外都有一个坚硬的贝壳做盔甲。这些贝类动物后背的中央两侧，长有两片大膜瓣，用以盖住自己柔软的身体，这个部分就叫做外套膜，就好比给它们穿了一套防护服。贝类动物进食时，贝壳就会张开，如果突然有沙粒或寄生虫掉了进去，夹在外套膜和贝壳之间的结缔组织内，外套膜受到刺激，就会急剧分泌珍珠质，把意外侵入的异物层层包裹起来，久而久之，一粒又大又圆，带有漂亮光泽的珍珠就形成了。

珍珠形成的原理是，贝类动物的外套膜表皮细胞在外界的强烈刺激下，剧烈地分裂增殖，迅速将刺激源包围，形成珍珠囊，然后以刺激源作为中心点，一层又一层地分泌出珍珠质，于是就产生了珍珠。如果珍珠质能均匀地包裹在刺激源周围，形成的珍珠的形状就会非常圆，如果珍珠质薄厚不均地裹住了刺激源，形成的珍珠就不会是标准的圆球形了。

天然珍珠的产生有两种成因。一种是上述所说的成因。沙粒或寄生虫等异物意外侵入贝壳内，外套膜表皮细胞受到刺激分裂增殖形成包裹异物的珍珠囊，然后分泌层层珍珠质，进而形成珍珠，这种情况下成形的珍珠都是有核的。还有一种成因是外套膜部分表皮细胞由于发生病变或受伤而脱离了原本的位置，侵入到结缔组织之中，急剧分裂增殖形成珍珠囊，时间一久，珍珠成形。此种情况下成形的珍珠是无核的。

 第 344 天　为什么狗的鼻子总是湿漉漉的

我们发现狗的鼻子总是湿湿的、凉凉的，那么这是什么原因呢？

鼻子是狗获取外界信息的重要器官。狗鼻子里存在大量褶皱，褶皱上覆盖着一层带有无数嗅觉细胞的黏膜，黏膜可以分泌黏液，黏液的作用是滋润嗅觉细胞，并捕捉气味分子使其溶解在里面，进而对嗅觉细胞产生刺激作用，嗅觉细胞便会立即向大脑嗅觉中心传递信号，于是它就可以判断出自己闻到的是什么气味了。据说狗的鼻子可以分辨的气味约为200万种，主要归功于狗鼻子的独特构造，鼻内的褶皱大大增加表皮的面积，使其容纳了更多的嗅觉细胞。人类拥有2500万个嗅觉细胞，狗的嗅觉细胞却多达1.25亿~2.2亿个，这无疑是天文数字，也难怪它们的嗅觉灵敏度要远远高于人类。

狗需要让鼻子时刻保持湿润，是因为湿漉漉的鼻子可以最大限度地沾附空气中的气味分子。就连狗鼻内光秃无毛的部分也有许多突起，上面附有黏膜组织，常常分泌黏液使嗅觉细胞保持湿润，以便收集更多的气味分子，增强感知气味的灵敏度。狗的鼻头总是湿湿的，不是因为鼻头能分泌黏液，而是狗为了让自己的鼻子保持高度灵敏状态，经常用舌头舔鼻头，这是狗的日常行为，通常来讲是驾轻就熟的事。一旦狗不舒服生了病，就会无精打采，没有兴致舔鼻头了，它的嗅觉就变得不灵敏了。如果狗长时间不舔鼻头说明它的健康状况出现了问题，需要及时就医。因此，摸摸狗的鼻头是否湿润，就可以判断它是否感染了疾病。

第345天　公蚊子是素食主义者吗

大部分人认为所有的蚊子都是传播疾病的吸血鬼，靠吸食人类和动物的血液为生。其实世上有上千种蚊子，危害人类的只有少数几种。蚊子平常是吃素的，花蜜和植物的汁液就是它们的营养大餐。我们平时只看到蜜蜂吸食花蜜，事实上公蚊子一辈子都是以花蜜为食的，是个百分百的素食主义者。母蚊子吸血是为了繁殖的需要，人类或动物的血液中含有使蚊卵成熟不可或缺的物质，所以母蚊子在产卵期就会叮咬人或动物。

蚊子吸血主要是依靠口器，口器是6根分布于不同部位的口针，上唇和舌上各一根，上下颚各两根。母蚊子可用口针直接刺破人或动物的微血管，就像使用吸管那样从受害者身上汲取血液进食，也可以游移口器划破微血管，较多的血水涌出时再取食。无须产卵的公蚊子不需要汲取过多的营养，它们的口针已经严重退化了，下颚很细而且非常短小，难以刺入人或动物的皮肤，所以是吸不了血的。

母蚊子冷天会潜伏在温暖潮湿的角落，所以冬天我们看不到蚊子。等到第二年开春，母蚊子又会飞出来采集血液产卵繁殖。这便是天气转暖蚊虫增多的原因。母蚊子的寿命不长，通常为一个月，公蚊子寿命更短，仅为一周左右。

有人曾经在实验室里饲养库蚊，将小白鼠放到培养室内为母蚊子提供产卵所需的血液，以蜂蜜水来喂食公蚊子。据了解母蚊子只喜欢在黑暗时吸血，而公蚊子对它们的单一的素食很满意，从未用它们退化的嘴袭击过小白鼠。

第 346 天 树也能产奶吗

动物产奶不是什么稀奇事，可是你知道树木也能产奶吗？

在南美亚马孙河流域的热带雨林里生长着一种可以生产牛奶的牛奶树，每逢旱季，当地人都会用小刀在树皮上割开一个小口，白色的乳汁就会流淌出来，不仅色泽和味道跟牛奶非常相似，就连营养成分也和牛奶相差无几。"奶汁"里含有蛋白质、脂肪、糖分，营养物质丰富，完全可以当作牛奶饮用。每棵奶树一次可以流出 3～4 升的"奶汁"，当地居民经常从树上获取汁液当作饮料食用。在南美的很多地方都生长着一种叫做"木牛"的牛奶树，它流出的汁液味道就像无脂牛奶，割开树皮后奶树就会流出"树奶"，这种树木恢复能力很强，伤口用不了多久就会愈合。

希腊的吉姆斯森林里，生长着一种被当地人称作"马德道其莱"的树木，"马德道其莱"就是喂奶树的意思。喂奶树树干粗糙，表面凹凸不平，相隔几十厘米就会凸出一个聚满了乳汁的奶包，奶包里经常滴出奶水来。牧人们常常把处在哺乳期的小羊赶到树下，让小羊羔吸吮奶包喝奶，因此人们又把这种喂奶树叫做"羊奶树"。

摩洛哥生长着一种被称为"蓬尹迪卡里尼特"的奶树，"蓬尹迪卡里尼特"意为善良的母亲，它可以像哺乳动物那样用自己的乳汁哺育自己的后代。奶树进入成熟期会绽出无数白色的花朵，花落之后结出一个个奶包，奶包尖上垂下又细又长的"奶管"，黄褐色的"奶汁"顺着"奶管"流出，滴落到树根上派生出来的幼树的树叶上。幼树靠喝母亲的"奶汁"成长，长大后便会从母亲的根部断开，彻底脱离母亲独立生活。

第十六章
终极异想

 第 347 天　克隆人会合法化吗

自多莉绵羊克隆出来以后，人类又成功克隆出了牛和其他哺乳动物，于是就有人幻想未来社会一定会出现克隆人。克隆人并不像克隆动物那样简单，这不仅仅是技术层面的问题，还涉及道德和伦理问题。

科幻电影《逃出克隆岛》描述的就是利欲熏心的人类从大量克隆人身上夺取器官牟取暴利的故事。如果人类社会真的出现大量的克隆人，他们的合法权益能得到充分保障吗？人类会专门设立克隆人法案吗？如果克隆人不能在人权方面获得和人类同等的权利，他们将有可能成为器官买卖的受害者。

即使人类没有将克隆人当成器官供体，克隆人的出现也会引发世界混乱。未来的战争很可能演变成《星球大战》里的克隆人战争。交战方只要以基因优秀的人为蓝本，大量复制军队，就会在战场上获得优势。毕竟招募的人类战士良莠不齐，而克隆人军队因为拥有相同的基因，所以整体素质较高。让克隆人充当战争的炮灰当然也涉及道德问题，由于人类利益的冲突而引发的暴力行为并不应该让无辜的克隆人埋单，因此克隆军队的计划必将受到正义之士的抵制。

克隆人不单会给人类带来危害，也能给人类带来好处。比如儿女罹患癌症，医治无望，父母可以利用克隆技术得到子女的副本。这样儿女离世后，父母通过他们的克隆体仍然可以延续这份亲情，内心的悲痛也会减轻。再比如说克隆各领域杰出的伟大人物，使其更好地为人类社会服务，那么人类社会的发展将会日新月异。

可是比起克隆人带来的好处，由克隆人引发的危机更为让人担忧。一旦克隆人合法化，人类逐利的本性将会使自己迷失在科技的陷阱里，最终既伤害到克隆人也伤害到人类自己。

第 348 天　将来人类能随心所欲地造出新的物种吗

人类不是造物主，但是发现了 DNA 的奥秘，理论上讲只要通过将一种物种的 DNA 植入到另一种物种体内，就能造出全新的物种。

世界上所有的生物都含 DNA，虽然不同生物的 DNA 存在差异，但两者之间也存在相同之处。只要它们的遗传物质中含有有用的基因，人类就可以根据自己的意愿来创造更好的物种。同种生物的不同品种可以通过基因移植而相互取长补短，比如近年来加拿大政府批准上市的一种转基因鱼，就是采用大洋鳕鱼、王鲑等基因改造的大马哈鱼，此鱼味道更为鲜美，而且生长速度更快。跨物种转基因未来也是可以实现的，比如将花瓣的基因移植到鱼类体内，这样鱼肉就会散发出淡淡的花香，带给味蕾的感觉会更加特别。转基因技术还可用来挽救濒危物种，如果该物种已无法适应目前的环境，可以通过转基因让其摆脱进化上的局限，当然这样一来它们就成为了全新的物种，和之前有了差异，但在这个世界上它们依然是独一无二的物种。

基因改造技术存在着一定的难题，迄今为止，人类发现的 DNA 大多没有什么用处，要想从浩瀚的基因储存库中找到具体特别价值的基因就好比在沙土里淘金。即使人类攻克了所有有关基因的技术难关，也避免不了科技本身的双刃剑属性。科技在为人类谋福利的同时也会带来负面的影响。人类如果随心所欲地改变自然规律、破坏自然法则，必然会产生一系列问题。对此电影《长毛狗》的导演已有预见，当一条蛇发出汪汪的狗叫声时，我们还能认为它是蛇吗？人类对动物权利的侵犯最终也会祸及自身。所以人类在创造一种全新物种的时候需要三思而后行。

第 349 天 人造器官将充斥医疗市场吗

有关人体器官移植的课题一直困扰着广大的医学专家们，每年全球都有大量器官衰竭的人排队等候与自己相匹配的器官，而真正能提供给他们的器官数量相当有限。许多人在漫长的等待中寂静地死去。虽然科学家们已经耗费心力从动物身上培养出移植给人类的各个器官，但排异性的问题很难解决。即使是人的器官，都不能保证不存在排异反应，动物的器官自然更难与人类的身体合二为一。那么人类能不能造出适合人体的人造器官呢？

设想一下，如果人造器官成为一种高科技产品。人造心脏、人造耳朵、人造肺、人造肝脏都可以在医疗市场上买到，那么人体器官移植的问题不就解决了吗？器官厂商可以根据你的DNA为你提供个性化服务，打造出最适合你的器官，这样你就不必担心会出现排异反应了。人造器官将使那些长年在生死线上挣扎的病人看到希望，无疑会给那些严重的心脏病患者、肝癌患者和尿毒症患者带来契机。只要及时购买到人造器官，人们就不会再死于器官衰竭。总之人造器官的上市将大大改变人类的生活。

失明的人可以通过人造眼睛重新看见这个色彩缤纷的世界，失聪的人可以通过人造耳朵重新谛听世间所有美妙的声音，失声的人可以安装人造喉咙享受被剥夺讲话和唱歌的乐趣，常年受胃病折磨的人干脆扔掉自己的胃换上人造胃，得了类风湿关节炎的人可以安装上人造关节。

第 350 天 人类能到其他星球定居吗

如今地球人口已经超过70亿，人口的急剧膨胀、环境污染、各种能源的不合理开发和利用等诸多问题，已经严重威胁到后代子孙的生存。移民其他星球成为人类化解生存危机的一种手段。富于冒险精神的人类最终会向宇宙进发，寻找适合居住的星球繁衍生息。

在其他星球兴建家园，首先要解决空气、水和食物的问题。太阳系中的其他星球并不像地球这样充满生机，那里的环境颇为严酷，因此首批定居外星球的人势必要做好吃苦耐劳的准备。或许那时人们并不介意生活的种种不便，即使每天要身穿防辐射的特质服装，头戴呼吸氧气的面罩，吃着并不美味的太空蔬菜，也会因为开始了一种崭新的生活而兴奋不已。他们是星际的开拓者，聪明勇敢的冒险家，代表着人类文明和科技的进步。

那么人类选择哪些星球拓荒比较合适呢？木星、土星、天王星和海王星首先会被排除在外，它们都是高速旋转的气雾状星球，没有固体表面，人类不可能在星球表面居住生活。水星也同样不适合人类居住，它的地表温度高达400℃以上，没有任何生命体能在这样的高温下存活。月球也不是人类理想的家园，它的引力只有地球引力的1/6，给人类行走带来很大不便。而且月球上经常有陨石坠落，表面砸出那么多坑坑洼洼的环形山，太不安全了。引力小于月球的星球更不能考虑，因为那样人类没办法直立行走。较为适合定居的理想星球是火星，火星与太阳的距离跟地球与太阳的距离相近，它的体积也和地球差不多，火星上有大气层，只是氧气量少，经改造后或许能满足人类呼吸的需要。另外，火星上存在水冰，而且土壤属于良性土壤，土壤里含有镁、钾和氯化物等组成生命营养成分的化学物质。因此人类移民的第一个星球应该选择火星。

第351天　记忆可以被移植吗

我们知道信息可以从一台电脑复制移动到另一台电脑上。那么如果把人类大脑里储存的记忆转化成信息，可以将它移植到电脑上或其他人的大脑中吗？

人类的大脑结构是很复杂的，储存的信息量也颇为庞大，如何实现记忆的移植呢？首先被移植者的头部需要被固定住，然后记忆识别机器将会扫描人类大脑的各个区域，识别并记录捕捉到的信息。先读取外层信息再逐层深入，直到将大脑中存储的全部信息都读取完毕，之后转移到电脑上。其他人可以直接从电脑中搜索有价值的信息，也可以把电脑上的信息导入到自己或别人的大脑里。这就是所谓的记忆移植。

记忆移植有什么用呢？它可以用于窃取国家和商业机密，还可以通过改变一个人的记忆来达到其他目的。电影《盗梦空间》中人类通过侵入梦境盗取信息，并利用造梦手段改变一个人的认识和决策。记忆移植当然也能起到这样的作用。盗取至关重要的机密或者改变重大人物的决策，在技术上是可行的，问题在于这样做违法吗？是在跟法律打擦边球还是在违背社会道德的同时严重触犯了法律。未来社会的法律是约束还是放任记忆移植，目前是无法预料的。

记忆移植并不局限于盗取信息，它还可以应用于心理治疗领域，用于治疗心灵创伤。生活在巨大压力和痛苦中的人，如果植入了快乐和幸福的记忆，极有可能变得开朗和乐观起来。与此同时，他们脑海里的那些痛苦的记忆可以被转移到电脑上，至于以后是否想取回自己的记忆全凭被移植者个人意愿。这样心灵受过伤害的人大脑中只有积极的记忆，而消极的记忆已经被移除，那么他们看待世界的眼光也会发生根本性的转变，他们的人生从此也会变得不同。

第 352 天　如果人类能活到 200 岁，世界将会怎样

如果人活到 100 岁，看起来还非常年轻，而且充满活力，这是多么不可思议呀。但在未来世界这却是可能的。人类的寿命将在特效药的帮助下大幅度延长，那时也许人类可以活到 200 岁。全球老龄化将不再是个问题，无论哪个国家随便走在大街上看看，那些拄着拐杖、行动迟缓的老年人越来越少，而 100 多岁穿着时髦的年轻人正步履矫健地出入各种场所。

人类寿命的延长将彻底改变自身的生活方式。如今大部分人都是 20 多岁参加工作，30 岁左右成家立业，40 岁事业有成或者止步不前，60 多岁退休，之后的岁月就是晒太阳、遛狗，享受剩余的人生。如果人类能活到 200 岁，一切都必须重新规划。低死亡率意味着人口暴增，那时世界各国都会提倡晚婚晚育，搞不好你 70 岁时还是过着单身生活。至于退休，恐怕要拖延到 160 岁以后了。以前人类寿命短的时候只需为社会服务 40 多年就

可以享受退休生活,生命延长以后则需要工作至少140年,很多人都会对工作产生厌倦情绪,虽然他们精力充沛但工作效率越来越低,社会发展会随之减慢。

如果人类的生命不再短促,就没有人格外珍惜时间,手中握着大把大把的时间,几乎所有人都会误以为死亡是遥遥无期的事。于是,虽然人类变得更长寿,但可能在临终之际才发现其实有很多梦想并未付诸实践,而自己只能带着遗憾离开世界。

人口的扩张会给地球带来难以承受的压力,那时人均资源更少,社会竞争更激烈,人类的生存空间也将变得更为狭窄。有人认为过度延长人类的寿命会给世界造成混乱,奉劝科学家尽快停止这方面的研究,可是这种呼吁并不能阻止科学家们的热忱。因为对死亡的恐惧,永远都是人类寻求长寿乃至永生的驱动力。

第353天 将来人类的工作方式要如何调整

现代社会的办公方式尚未出现多元化发展趋势,大部分人需要乘车或开车到固定的办公场所进行一天的工作,soho一族在一座城市所占人口的比例并不多。那么未来人类的工作方式可能发生哪些变化呢?

未来世界,人类的工作和生活都将变得更加便捷,高速发展的科技势必颠覆传统的工作模式。上班一族将不必费力地赶公交、挤地铁,因为居家办公将成为社会主流的工作方式。用户之间硕大的电子屏幕将实现公司老板、上司、基层员工的紧密连接,人们只需对着屏幕讲话即可交流沟通,虽然存在着空间阻隔,但工作起来就跟同在一个屋檐下没什么区别。老板和上司可以随时查看员工的工作状态,员工也可以按时汇报自己的工作进展。至于传递纸质文件什么的,只需把文件置于屏幕下方的一只抽屉内,短短几秒钟,另一方就会从他或她的抽屉里接收到。

这样办公族就变成了宅男和宅女,身体素质会逐渐下降,健身行业会随之兴起。面对面的交流减少了,人类更习惯独立生活,所有的团队合作都隔着一张屏幕,或许有人会怀念曾经的集体生活,在个人自由和归属感的选项里，有人更看重后者，因此会因为怀旧而回归传统生活。社会的发展给了人类越来越多的选择，而选择本身会令人愈加困惑，所以未来社会的办公方式会趋向于多元化，即一部分人居家办公，一部分人仍然在办公室中工作。

召开商务会议，人们也可能不需要会面了，可视屏幕可以使身处不同地域的人自由交流，生意的洽谈也可采用这种科技手段。人类的工作氛围会变得更为轻松和自由，工作的自主性和创新性将大大提升，未来的人类不会再把工作当成谋生工具和展现个人价值的途径，而会把工作本身当成一种人生乐趣和生活中的一部分。

第 354 天　未来高速公路发展趋势会是什么样

未来的高速公路将完全实现智能化和信息化。高速公路将随着时间的变化而变换颜色，以此减轻驾驶员的视觉疲劳。火热的夏季，路面会以冷色调为主，行人和司机即使在烈日的炙烤下也会感到分外凉爽。到了寒冷的冬季，路面会变成火焰或枫树的颜色，那种熊熊燃烧的感觉会带给人融融的暖意。早晨路面是清新的颜色，是为了让刚刚出行的人在一日之初就有个好心情；中午路面是醒目的颜色，主要是防止气温升高，行人困倦；下午路面是温馨的颜色，提醒人们珍惜眼下美好的生活；到了晚上，路面会自动发光照明，所有高速路段会变得像白昼一样明亮。高速公路完备的照明机制，将彻底打破白天与黑夜之间的界限。

五颜六色又会发光的高速公路可缓解司机疲劳驾驶，但真正降低事故率的是公路的防护设计。高速公路带有自动感性系统，一旦感应到两辆或多辆车有相撞的危险，就会及时在事故发生前鸣笛警告，并自动弹出防护装置，使即将相撞的车与车相分离。届时车祸率将大幅度降低，人类的出行安全会得到全方位的保障。

此外，高速公路还会设有超速抓怕系统，自动拍下超速行驶的车辆，为管理人员执法提供便利。高速公路重点路段设有车流量统计系统，每天精确地计算出通过的车流量。路面还会铺设雨水蒸发系统和冰雪消融系统，保证路面时刻干爽清洁，这样车辆就不会因为雨雪天气而出现打滑现象。总之，未来的高速公路安全系数非常高，司机们在高速公路上驾车一路心情舒畅，而且路旅途平安。

第355天 远程手术能实现吗

你相信吗，将来人类足不出户就可以做手术？患者只需打一个电话跟移动医院预约，医院就会立即派遣智能机器人医生为患者实施手术。当然智能机器人不是主治医生，而是助手，真正的主治医生可能在国外，但他可以通过遥感控制系统指挥机器人工作。患者躺在手术台上时，一点也不需为智能机器人的医术担心。手术期间，主治医生和智能机器人会穿上一种配套的白大褂，这种特殊材质的服装可以使人与机器身体各部位对应相连，比如说主治医生抬起手臂，智能机器人也会抬起手臂，主治医生俯下身来，智能机器人也会做相同的动作。主治医生和机器人手上还必须同时戴上一种轻薄的虚拟手套，这样主治医生就可以远程操控机器人的手部动作。主治医生可以通过电脑大小的电子屏幕观看手术的整个过程。

在实施手术时，智能机器人的动作与主治医生分毫不差，其精准度之高，使得这种远程手术跟主治医生亲自手术的效果毫无二致。一台智能机器人可以为多个主治医生和不同的患者服务。患者不用再漂洋过海赶往医疗技术发达的国家治病，一个简单的预约电话和一台智能机器人就能使其获得最优质的手术服务。假如有人突发疾病或者受了重伤需要急救，不需再跟时间上演生命的拉力赛，一个急救电话后智能机器人会携带必要的医疗设备和药物以超乎想象的速度赶到现场，根据急救医生的远程遥控立刻实施急救。如果有人不幸摔断了三根肋骨，其中一根断掉的肋骨已经插入肺部，情况非常危险，这时智能机器人将在第一时间赶往事故现场，确保受伤者得到最及时的医疗手术服务。如果有人从高处坠下，颅骨和脊柱多处骨折，内脏出现严重的内出血，智能机器人及时的手术服务意味着跟死神争分夺秒地抢夺时间，加大患者生还的概率。诸如此类的情况，将彻底改变患者在送往医院的途中死于救护车上或在救护车到达时提前死亡的历史。

第 356 天　飞行汽车将成为车市新宠吗

随着私家车辆的不断增多，交通拥堵愈演愈烈。社会节奏的加快，人类对物质的欲求，给拥挤的都市带来了诸多的问题。当滚滚车流同时堵在一个路口，消耗的不仅是人们的时间，而且还有人们的耐心和心情。于是有人把头探出车窗，有人频频看表，有人则赌气或大声抱怨。怎样终结这样一个烦躁的时代？或许飞行汽车的出现将在一定程度上真正缓解交通压力。

飞行汽车可以像直升机那样垂直起降。每辆汽车都配有高级计算机系统，汽车可以自行监视路况，并完全实现自动驾驶。驾驶员只需输入目的地，其余事项无须过问。由于空中不像地面那样存在种种限制，飞行汽车可以选择最适合行驶的一层空间，这样开动起来几乎可以畅通无阻。如此一来，交通将真正实现立体化，地面上车辆依然川流不息，高空各层空间悬浮着无数高速飞驶的汽车，那种景象必然很壮观。飞行汽车不可能发生在空中相撞坠落的事故，因为车内的智能系统会自动避开所有的障碍物，即使智能系统发生故障损坏，空中的虚拟路面也会及时为汽车提供必要的保护。

届时能拥有一辆飞行汽车将是让人引以为傲的事，追求时髦的年轻人早已玩腻了路面漂移，都把兴趣转移到飞行汽车上了。他们不再炫耀自己的驾驶技术，而是热衷于在汽车内体验飞翔的快感。在飞行汽车内俯瞰整座城，满眼繁华，耳边是呼啸的风声，心中是一种无以言说的奇妙体验。更高层的空间开设了赛车道，每层空间仅限一辆车通过，这样不管车速达到何种程度，都不会妨碍其他车辆行驶。精彩与刺激依然会在赛场上上演，只是这项活动已经不再危险，赛车手们不再充当冒险家的角色，赛车本身会变成一种寻常的体育竞技。

第357天 跑步鞋能直接充电吗

节能已成为一种大众理念，人们使用节能灯照明、节能风扇吹风，这种用电方式既能照常生活又能节约电能。其实节约电能的方式有很多种，比如说如果让一双跑步鞋自动充电，然后把积聚的电能提供给手机、音乐播放器和笔记本电脑。

未来科学家将研制出一种特殊的跑步鞋，它能把人类运动产生的能量转化为电能储存起来，用来给各种设备充电。想想看，你在锻炼身体的时候就能把自己的一双脚变成小型发电机，这种获得电能的方式要比当年富兰克林用风筝捕捉雷电更新奇。如果你是运动达人的话，每月需要交纳的电费将会大幅度下降，因为跑步收集的电量就可以满足最基本的生活需求，你可以用跑步鞋收集的电能供给电灯、空调、电视机、电脑等设备以足够的电量。在节约开支的同时也可以实现自己的减肥计划。

奥运会将大力推广这种跑步鞋，无论是参加短跑还是马拉松比赛的运动员都将穿上充电跑步鞋。他们运动产生的电能将无偿捐助给慈善机构，主要用于为条件落后的贫困地区提供照明。监狱也会普及此款跑步鞋，囚犯们只要达到一定的运动量，就可以获得减刑，他们的劳动成果主要用于城市工业用电。

充电跑步鞋的风行可以改善低收入群体的生活，即使因为失业家里被断了电，他们也无须慌张，只要到外面跑几圈就可以自己发电。跑步鞋制造商可以跟慈善机构合作，将志愿者提供的电能输送给严重缺电的发展中国家，届时世界上将没有一个国家在黑夜到来时还生活在黑暗中。给人类带来光明的电能将成为全球共享资源。

 第358天 建造海上城市可行吗

人口激增的趋势在以后的世界还会持续下去，将来建筑物越来越密集，即便为了节省有限的土地资源，所有建筑都向高空发展，霸气地拥吻蓝天，还是无法安置过剩的人口。如今许多国家已大规模填海造陆，荷兰20%的国土都是通过这种方式造出来的，国土面积狭小、人口稠密的日本在填海造陆方面做出了不遗余力的努力，迄今已造出1600多平方公里的土地，我国许多沿海城市也展开了不同规模的填海造陆活动。人类未来缓解人口的压力就是通过填海造陆解决吗？显然是不能的，因为这么做会严重破坏海洋生态环境。那么人类能不能在大海中央建造出漂浮的海上城市呢？

这种奇妙的构想极有可能是可行的。一座海上城市至少可以容纳5万人，它呈标准的圆盘状，远远看去就像一朵在大海中盛放的绮丽花朵。这座海上城市一部分浮出海面，上面的建筑群从外观上看和陆地建筑没有太明显区别，不过它们的材料更轻而且更为坚固。海上城市的下部浸在水下，整座城市像一艘豪华巨轮一样，任意行驶或者到处漂流。海上城市的能源供给主要依赖于风能、太阳能和海洋能，完全可以自给自足，而且可以实现零污染。城市的绿化率很高，几乎所有的人工建筑都是被绿树和花朵环绕，满眼的葱绿和扑鼻的花香时时令人神清气爽。城市中的居民可以随时与阳光大海亲密接触，也可以与水下五彩斑斓的鱼类一起游泳。水下建有透明的海底隧道，人们可以沿着隧道尽览海底无限风光，成群的鱼虾、漂亮的水母、色彩艳丽的海葵构成了一个多姿多彩的世界。总之，未来的海上城市可能会比陆地更宜居。

 第 359 天　农业也能立体化吗

随着全球人口的快速增长，有限的农田恐怕不能生产出足够的粮食满足过剩人口的需求，农场不得不向高空垂直发展，农业立体化将成为一种必然趋势。"垂直农场"不仅可以减少耕地的占用，而且便于管理、产量高、绿色环保，符合可持续发展战略和生态农业理念，势必取代传统农业。

未来"垂直农场"将遍布世界各个角落，成为城市中一道最具特色的亮丽风景。届时拔地而起的摩天大楼内每层都种植了绿意盎然的农业植物,纯天然绿色蔬菜和瓜果被大规模批量培育,农夫们乘坐电梯料理每层农场,他们每天的工作就是观察并记录农作物的生长情况,筛选出最优良的品种以备投入下一批垂直农场的培植,及时淘汰长势最差的劣质品种,防止资源浪费。如此农作物在人工选择的条件下便实现了优胜劣汰。为了节约用水,农场屋顶设有收集雨水的装置,收集好的雨水将全部用于农场灌溉。垂直农场配有自动浇灌的喷头,可以自行按照农作物的生长特点进行合理浇灌。农场温室可以自动调节室温,使室内温度完全符合农作物的生长发育。

农场产出的粮食和蔬菜瓜果,营养丰富,色彩鲜亮,口感极佳,极大地满足了人类对食品的需求。地球上将不会再有饥荒和饥饿,发达国家农场生产的粮食已经过剩,出于人道主义精神,国际间的援助将彻底解决贫穷国家的温饱问题。

农民会彻底告别传统的劳作方式,"垂直农场农夫"将成为一种十分时髦的行业。各国大学都会开设垂直农业课程,立体农业将越来越深入人心。

第360天　打印机真能打印出人体组织吗

未来的打印机将不再是普普通通的打印机器,它将破天荒地负责人体组织的再造工作,你没听错,打印机以后的重要功能是打印可供人类使用的人体组织。

如今,科学家已经成功地使具有特殊功能的打印出了动物皮肤,打印出的皮肤被证明具有促进伤口快速愈合的功效。不过要让打印皮肤完全覆盖在疤痕组织处,还需要进一步完善该技术。科学家们还利用"多光子聚合"技术打印出了人造血管,打印血管对人体没有任何排异反应,非常适合移植。在华盛顿展览会上,一台神奇的打印机引起了极大的轰动,它在短短的半个小时内成功打印出了一只人类的耳朵,这真是太不可思议了。近年来,科学家们致力于利用人体软骨打印各类身体组织的研究,目前已经取得了可观的进展。

这款具有特殊功能的打印机将彻底改变医疗领域，尤其会对人类器官移植产生重要影响。此后捐赠者不需捐出自己的器官，只需提供人体细胞，细胞经培育后装进打印机的墨盒就可以打印出一个全新的人体器官。由于打印出的器官取材于捐赠者的原始细胞，因此接受器官移植的患者不会对该器官产生排斥性，一次手术过后，他们便可以像正常人一样工作和生活。

打印机主要还是被广泛应用于创伤修复，它不仅可服务于植皮手术，还可以为毁容者换脸。从目前来看，换脸手术难度大、风险高，移植技术要达到吴宇森在《变脸》中描述的水平还需要一段漫长的时间。未来的换脸手术会变得更加简单，毁容者只需得到捐赠者捐赠的细胞，就可以打印出一张完整的脸，经过手术后便可得到一张新面孔。

第 361 天　空中度假村有望打造出来吗

美轮美奂的巴比伦空中花园被称为古代世界八大奇迹之一，它标志着古代文明曾有过的繁荣。如今现代建筑主要讲求简约和实用性，脱去了文化沉淀的外衣，也较少能给人带来震撼心灵的感觉。未来的建筑篇章将如何续写，人类能打造出比空中花园更为壮观的不朽传奇吗？

人类或将在距离地球表面几十万米的高空兴建空中度假村。度假村内设施完备，各种现代化建筑翱翔于云海之上，在金色的阳光下闪闪发光。妙趣横生的石子小径和数不清的奇花异草装点其中，最为壮观的是近百米高的观景塔，在高塔之上可以饱览度假村最美的风景，当然也可以俯瞰下面的整个世界。

在空中度假村度假与在地面上的感觉是完全不同的，失重带给你的奇特体验将使你终生难忘。悬浮在高空中俯视世间芸芸众生，或是仰望满天闪烁的星星，那种感觉定是无比奇妙的。空中漂移会带给你在宇宙中自由漫游的感觉。即使很普通的休闲运动，在失重的情况下也会变得格外有趣。想象一下打一场橄榄球的情形，球在空中运动，玩球的人在空中飞移，人追球的场景着实会令人捧腹大笑。

在几十万米的高空任何事情都有可能发生，人类没有翅膀，但也体会到了飞翔的感觉。不过失重状态下喝水吃东西会变得笨拙，到度假村娱乐的人也许会在进餐时彼此取笑。栖息在空中度假村，也许你会感到宇宙的浩瀚和人类的渺小，但又会为人类的智慧发出由衷的礼赞。巴比伦的空中花园以其奢华和壮观而著称于世，而我们的空中度假村是将人类创造的奇迹书写在数十万米高空上。

第362天　在未来，人类的基因能量身定做吗

在电影《千钧一发》中，绝大多数人都不是通过自然分娩的方式出生的，他们是基因工程环境下孕育出来的幸运儿。那时人类对基因的干涉和操控会达到前所未有的程度，不良基因将被完全剔除，新生儿保留下的基因都是几乎完美的。家族遗传疾病将彻底得到遏制，相貌上的缺憾也将得以弥补，上一代诸如酗酒、滥用暴力等恶习也会像编错的程序一样只需格式化就可以了。总而言之，那是一个人类可以凭借自由意志为下一代量身定做基因的时代。

如果你希望你的孩子身材匀称、容貌俊美，只需对基因工程师礼貌地说出自己的要求就可以了，他们会按照你的要求打造你未来孩子的基因。如果你觉得光有完美的外表还不够，希望孩子具有绘画、舞蹈等各种艺术天赋，而自己偏偏毫不擅长这些，不必过于担忧，基因工程师会改变孩子携带的平庸基因，全面激发他们的潜能，甚至可以使其成为某一领域的天才。如果你对孩子的品行和美德寄予过很高的期望，你依然可以美梦成真，你想让孩子谦逊、温柔、诚实、善良还是想让孩子自信、果敢、坚毅、公正？这些基因工程师都将帮你实现。

毫无疑问，因基因工程受益的孩子在智力、相貌、天赋等各方面都将比自然出生的孩子更优越，长大后他们将更成功、更富有、更健康。未来的世界显然会是他们的。但那些没有参与过基因改造的人类该怎么办呢？他们极可能在贫困、疾病和种种歧视中沉沦。世界将变得两极分化。随着社会矛盾的日益尖锐化，两种截然不同的人将站在对立面上，他们还能和

平共处吗？显然人类改造基因会带来深刻而广泛的社会问题。

 第 363 天　机器人会和人类争夺地球统治权吗

　　科幻大片《终结者》系列电影，塑造出的机器人战士几乎都具有无坚不摧的战斗力。比如《终结者3》中美丽冰冷的女机器人即使被子弹打得面目全非，也会在极短的时间内恢复原样。毋庸置疑，未来的机器人确实会比人类强大。那么新的问题就产生了，机器人如果意识到自己的力量远远超过人类，还会心甘情愿地为人类服务吗？他们会不会在野心的驱使下与人类争夺统治地球的霸权呢？

　　人类是机器人的设计者和创造者，在制作他们之初就会充分考虑这个问题。阻止机器人背叛人类的方法是给他们输入一套特殊程序。这套特殊程序包含所有机器人都必须遵守的三条基本原则，它们分别是：一、机器人绝不可以做伤害人类的事；二、机器人要听从人类的指挥，服从人类的命令；三、在不违反第一条和第二条原则的情况下，机器人必须保护自己。这样机器人依然处于人类的掌控之下，一般情况下不会作乱。

　　但是，如果个别机器人程序出现问题人类又没有及时发现怎么办？倘若这台机器人智慧超群并精于战斗，就有可能成为机器人大军的首领，密谋伤害人类。未来机器人和现代机器人最大的区别是他们是有智慧、有思想的，本质上跟人类没什么差别，也许总有一天他们也会清楚地意识到这一点，一旦他们认为自己也应该享有自由，并该与人类平起平坐，分享世间的一切，就不会满足自己仅仅是台机器的社会属性。那么机器人和人类就会展开一场旷日持久的战争。

　　机器人真能取代人类统治地球吗？人类会不会成为他们的俘虏呢？这些问题现在很难有确切的答案。不过可以肯定的是机器人在与人类相处的过程中，会对人类产生复杂而丰富的情感，这种微妙的情感在某种程度上会影响他们对待人类的态度，所以即便是与人类为敌，他们也不至于将人类全部消灭，独霸整个地球。

第 364 天　清洁能源取代石油是大势所趋吗

众所周知，石油是不可再生资源，总有耗竭的那一天，不断抬升的石油价格，并不能改变这种趋势。如果人类不能寻找到更好的替代资源，那么有关石油的国际纷争和战争还将继续存在，石油仍是国际之间不和谐因素的重要一环。另外，由石油引发的污染日益受到关注，石油的泄露，使大片蔚蓝的海域受到严重污染，鱼虾死亡，沾了油污的水鸟健康岌岌可危。

在未来世界，石油等传统战略资源将彻底退出历史舞台，绿色环保的清洁能源在人类社会的发展中将发挥重要作用。科学家们把目光投向了核聚变领域。核聚变产生的巨大能量足以满足全人类的需求。然而开发核聚变技术需要大量资金，即使是富有的发达国家也不可能单枪匹马独立完成项目，因此各国之间展开广泛而深远的国际合作是十分必要的。核聚变装置的研发需要相当长的一段时间，目前人类还没有发明出有效的核聚变装置，但这并不意味着未来人类就不能有所突破。

海水可以成为核聚变的理想原料。地球表面的 71% 是海洋，海水几乎是取之不尽用之不竭的，它将源源不断地转化成人类所需的清洁能源。据统计，1 升海水含有的核聚变原料产生的能量等同于 300 升汽油燃烧释放的热量。

核聚变技术如今并不成熟，热核聚变需要极高的温度来实现，操作起来并不容易。冷核聚变的研究目前依旧停滞不前。未来世界，这些难题都会得到解决。《圣徒》中美丽聪颖的女博士艾玛计算出了冷核聚变方程式，并完善了冷核聚变装置，使清洁能源核能服务于全人类成为可能。核聚变的前景还是乐观的，在未来社会，清洁能源的应用将不再是科幻电影里的幻想，而会变成鼓舞人心的现实。

第 365 天　纸币会从世界上消失吗

原始社会时期，人们以物易物作为支付手段，那时的货币通常是一只羊。纸币出现以后，现金交易成为人类最常用的支付形式，与此同时，电子货币在人们的日常生活中扮演着越来越重要的角色。如今发达国家普遍刷卡消费，纸币的使用率越来越低。信用卡也越来越受到我国城市居民的欢迎。企业间的贸易往来和国际间的商业结算，通常都是通过电子货币进行支付的。否则巨大的支付金额如果换成现金，可能会装满好几大卡车，运送起来既不安全也不方便。由此看来，电子货币有可能取代纸币，纸币将从世界上销声匿迹。

我们日常使用的钞票，在流通过程中要经过多人，上面沾染了很多细菌，所以金钱是最具诱惑力但又最不卫生的物品。钞票很容易被伪造，假币在市场上流通会使很多人深受其害。钞票也容易丢失和被盗，它不能像信用卡或银行卡那样可以挂失，失去的钱财能被追回的可能性非常低。携带大量钞票会给人带来很大心理压力，如果随身携带一张信用卡，不管卡上的金额是多少，心理状态都是比较放松的。

纸币存在种种缺陷，被彻底取代只是时间问题。那么这是否意味着电子货币会成为支付方式的主流呢？电子货币当然会成为一种重要的支付方式，但也可能出现其他支付方式与电子货币共存。《时间规划局》的导演提出时间也能成为有效的支付方式，消费生活等同于消费时间，进一步说就是消费生命。未来会有人愿意透支生命来支付各种账单吗？明智的人不会，他们宁愿更努力地工作，多存一些电子货币，时间比金钱宝贵多了，人们当然更乐意消费金钱，不管它是以何种形式支付。